REPARACIONES CASERAS

JAVIER VILLAHIZÁN

LIBSA

© 2009, Editorial LIBSA
C/ San Rafael, 4
28108 Alcobendas. Madrid
Tel. (34) 91 657 25 80
Fax (34) 91 657 25 83
e-mail: libsa@libsa.es
www.libsa.es

COLABORACIÓN EN TEXTOS: Javier Villahizán
y equipo editorial LIBSA
EDICIÓN: equipo editorial LIBSA
DISEÑO: equipo de diseño LIBSA
MAQUETACIÓN: equipo de maquetación LIBSA
ILUSTRACIONES: Daniel Duque Conde
y archivo LIBSA

ISBN: 978-84-662-0929-8
Depósito legal: S-129-09

Impreso en España/*Printed in Spain*

CONTENIDO

CONTENIDO

INTRODUCCIÓN

INTRODUCCIÓN

¿QUÉ ES EL BRICOLAJE?

El término bricolaje proviene del francés y es una palabra que ha sido adaptada, prácticamente, por nuestro idioma y nuestra cultura como si se tratase de una auténtica práctica casera en donde cupiese de todo. Sin embargo, dependiendo del país o territorio en el que se resida y de la cultura a la que se pertenezca, la interpretación de bricolaje puede ser diferente, a pesar de que la mayoría de las perso-

nas entienden por bricolaje las mismas cosas. En este sentido, por ejemplo, los británicos y la cultura anglosajona interpreta bricolaje más como decoración, mientras que en los países mediterráneos se entiende como la realización o reparación de mejoras o reformas en la casa, es decir, como el típico «manitas».

En este extremo, la definición exacta que proporciona el diccionario es la de una actividad manual que se manifiesta en obras de carpintería, fontanería, electricidad, etc., y que son realizadas en la propia vivienda sin acudir al saber hacer de profesionales en la materia. Es decir, el significado exacto de la palabra hace referencia a una actitud y una disposición personal más que a la tarea a llevar que cabo propiamente dicha.

En consecuencia, se podría decir que bricolaje es más un arte o un oficio de hacer chapuzas, remiendos o menudencias dentro de la vivienda, siempre y cuando la persona en cuestión sea aficionada a hacer cosas manuales por sí misma. En último extremo, se podría considerar que la persona que acomete bricolaje es un individuo que pasa su tiempo libre arreglando pequeños desperfectos en la casa o mejorando los complementos de la vivienda.

El sentido estricto de la palabra francesa bricolaje sería la de hacer pequeñas chapuzas, aunque esta expresión es francamente peyorativa en nuestra cultura. Si bien, dicha lectura negativa del término bricolaje es debida a que, en general, las tareas de bricolaje de la casa suelen ser realizadas por personas no profesionales, que desconocen gran parte de los requisitos mínimos de la tarea en cuestión y que el efecto final no suele ser el deseado. Precisamente por eso, pretendemos asesorar a la persona que no es profesional en el oficio para que el acabado del trabajo casero o de la chapuza sea el idóneo y el más conveniente para el arreglo que se pretende acometer en la vivienda.

En otros países, por ejemplo, la tradición del arreglo casero o del «hágalo usted mismo» está muy extendida y se con-

sidera absolutamente normal que una persona intente realizar unas cuantas reparaciones sin tener que recurrir a la mano de un experto.

Ni que decir tiene que el bricolaje, entendido como una actividad de ocio, de ahorro y de mantenimiento de la propia casa, es propio de los países y de las culturas desarrolladas. Ya queda poco o nada de los tradicionales fontaneros o electricistas que formaban parte de la vida en común de la casa y de la familia; ahora lo más habitual es la empresa multiservicio, que atiende cualquier tipo de petición o de ayuda, ya sea de emergencia o para solventar cualquier pequeña chapuza que puede realizar perfectamente el propietario del inmueble.

Lo importante, cuando surge un arreglo o una pequeña mejora a realizar, es superar la barrera del miedo. Es decir, lo más relevante, antes de comenzar una labor de bricolaje en la casa es descifrar el enigma, comprender el origen del fallo o del desperfecto y proceder a su reparación con las herramientas e instrumentación necesarias.

Muchas veces, el bricolaje nace de una primera necesidad por reparar un desperfecto que surge de repente. Normalmente, la necesidad por arreglar algo suele ser la primera causa de esta afición que puede convertirse en un verdadero *hobby* para aquella persona que empieza a divertirse y entretenerse con el bricolaje.

Uno de los primeros pasos a tener en cuenta a la hora de ponerse a hacer un arreglo, una reparación o una mejora, es contar con las herramientas necesarias para ello, además de poseer el espacio suficiente para acometer la tarea casera, el tiempo necesario, paciencia suficiente y capacidad de observación para conocer a la primera el origen del problema y plantarle cara y solución. Después de esto, lo más importante es poseer un equipo básico de herramientas.

Una vez que disponga de los instrumentos necesarios, puede comenzar por practicar en cualquier rincón de la casa o en un objeto inservible, para comprobar en la práctica las cualidades innatas en el bricolaje, la paciencia que tiene, y la capacidad de observación para hacer o solucionar un problema dado.

Porque otra de las reglas fundamentales del bricolaje es la observación. Siempre que se vaya a acometer cualquier tarea, deberá primero observar minuciosamente cómo se encontraba la pieza en cuestión en origen, incluso llegando a tomar notas, planos o croquis del objeto a intervenir. No debe olvidar esta premisa: un buen manitas es una persona muy observadora. Además, si anota y toma planos de todas las piezas existentes cuando éstas están en perfecto estado, los croquis le servirán en un futuro para arreglar más eficaz y ágilmente la pieza rota.

En cualquier caso, el manitas no debe ser nunca una persona prepotente y que crea que lo sabe todo. El que práctica bricomanía en casa no es un profesional, y no debe comportarse como si lo supiese todo o como si pudiese arreglar cualquier destrozo sin tener que recurrir a la mano experta. En este sentido, no será necesario que se llame a un carpintero para reparar una puerta que roza con el suelo, pero sí será conveniente que recurra a un profesional si desea cambiar todas las ventanas de la casa, a no ser que realmente sea albañil y carpintero.

Igualmente, es de gran ayuda a la hora de ponerse a reparar algo de la casa tener en cuenta la opinión y los consejos de profesionales en el sector y de otros aficionados, así como seguir las indicaciones que se explican en las instrucciones de las herramientas o las orientaciones de los vendedores.

ASPECTOS PREVIOS

Embarcarse en el proyecto de reformar o modificar algunas de las partes o habitaciones de la casa puede resultar, sin duda, una experiencia muy agradable o una auténtica pesadilla. Por ello, es vital comenzar con buen pie y planificar paso a paso cada actuación concreta dentro de la vivienda, así se gastará menos dinero y se ejecutará cada modificación según lo previsto, proporcionando a la casa un valor añadido sobre el de la propiedad.

Hay que sopesar los beneficios e inconvenientes antes de acometer cualquier reforma casera.

En este sentido, es un inconveniente adquirir una vivienda sin conocer o no tener en cuenta las necesidades reales de la persona o personas que la van a habitar, o lanzarse a realizar nuevos y arriesgados proyectos sin meditar las consecuencias o sin planificar el trabajo a realizar. De una u otra forma, el resultado puede ser decepcionante, costoso e ineficaz en el tiempo.

El hecho de comprar una casa, ya sea nueva o de segunda mano, es sin duda un acontecimiento importante. En consecuencia, el nuevo inquilino de la vivienda deberá, nada más mudarse a la misma, comprobar todas las desventajas y defectos que tenga. Por esta razón, ya sea la nueva persona que adquiere una propiedad o la familia que la habita desde hace unos cuantos años, se debe preparar una lista con los puntos básicos que deben ser revisados a la hora de comenzar cualquier trabajo de bricolaje o de reforma. No olvide que ninguna vivienda es totalmente ideal, y que si los arreglos se planifican con anterioridad, la casa será óptima y perfecta para ser habitada y vivida a máxima satisfacción.

VALORACIÓN DE LA SITUACIÓN

Evidentemente, no existe una valoración exacta sobre el coste en tiempo y esfuerzo para llevar a cabo una reparación o una mejora, porque ello depende de las habili-

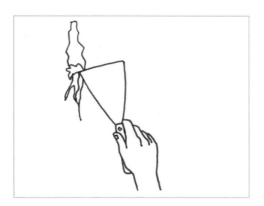

Arreglo de una grieta.

dades personales de cada uno y del tiempo e ilusión que se aplique. Además de la experiencia y habilidad en el uso de las herramientas, así como la cantidad de horas o de días que se desean utilizar para terminar el trabajo.

Independientemente de las capacidades o de las condiciones personales de cada individuo, también se debe tener en cuenta otro tipo de factores como el estado de la habitación en cuestión o el nivel de arreglo que se quiere realizar.

En este sentido, quizá una habitación en buen estado en una casa nueva tal vez

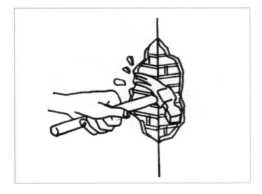

Arreglo de un desconchón.

sólo necesite una mano de pintura para decorarla o arreglarla al gusto del propietario, lo que supone en trabajo diario una media de entre dos y tres días. Sin embargo, en una casa vieja donde la habitación ha sido decorada una y otra vez, o donde haya humedad, madera podrida o grietas en el suelo y en las paredes, será necesario mucho más tiempo, incluso se pueden llegar a emplear hasta varios meses hasta que la sala este completamente adecuada.

OBJETIVO: REALIZAR UN BUEN TRABAJO

Es muy complicado conocer exactamente el tiempo que se va a invertir en la realización de un determinado trabajo. Es cierto que, en la mayoría de las ocasiones, se puede llegar a calibrar cuánto se va a tardar en solucionar un determinado problema evidente, sin embargo no hay manera de saber, por ejemplo, qué es lo que se esconde detrás del viejo papel pintado de la pared, o si una zona desconchada o una humedad es irreversible. Por eso, sabemos lo que se va a realizar o lo que se quiere cambiar, pero se desconoce el fin de la obra o de la reparación hasta que no se comienza y se termina.

Otro problema añadido es que, en muchas ocasiones, no hay manera de conocer el alcance de la obra hasta que no se retira la pieza que se quiere cambiar o el papel que oculta la superficie.

En este sentido, el arreglo o retirada del papel pintado de las paredes, en una casa vieja o de segunda mano, suele ser una

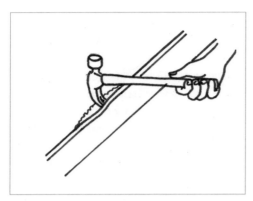

Reparación de un rodapié.

buena fuente de futuras reparaciones, ya que una vez que se ha retirado el material en cuestión, éste suele dejar a la vista un sinfín de nuevos problemas: humedades, desconchones, grietas, etc.

Tampoco se debe olvidar el tamaño de la habitación en la que se va a actuar, además de la propia reparación en sí, ya que el espacio mayor o menor de la sala también influye, a su vez, en el factor tiempo final. Si la habitación dispone de muchos huecos, arcos, ventanas y puertas, pegar o despegar el papel le llevará mucho más tiempo que si lo realiza en una simple habitación rectangular y sin aristas ni recovecos de ningún tipo.

Muchas veces, antes de empezar una faena lo más conveniente es ponerse en lo peor. Sólo en este caso no se sentirá frustrado por los inevitables retrasos que se van acumulando para solucionar un problema simple, a primera vista.

Igualmente, es muy conveniente que por querer acabar pronto termine haciendo una chapuza. No proceda nunca de

esa manera, ya que terminar un trabajo deprisa y corriendo siempre originará en el futuro un nuevo arreglo, que con toda seguridad será mucho más costoso, e incluso, quizá tenga que recurrir a la ayuda de profesionales.

EVALUACIÓN EXTERIOR DE UNA CASA NUEVA O USADA

Antes de decidirse a comprar una nueva vivienda, deberá asegurarse de que la estructura exterior del edificio está en buenas condiciones. Para ello, nada mejor que recurrir a un experto para que compruebe y certifique que las condiciones estructurales del edificio son buenas. En este sentido, se deberá comprobar la pared, si tiene grietas tanto por dentro como por fuera; los conductos de la chimenea, ya que si se encuentran en mal estado pueden provocar daños irreversibles; el estado del tejado; y la existencia o no de humedades.

El aislamiento es otro de los elementos a comprobar, así como el tipo de aislamiento empleado y la garantía del mismo.

No debe olvidarse, sobre todo en las viviendas usadas, el estado de las instala-

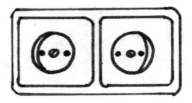

Enchufe doméstico.

ciones y servicios. En este sentido, el hecho de que los interruptores sean antiguos puede inducir a pensar que los cables y la instalación eléctrica también lo son, aunque la presencia visible de elementos actuales no es ninguna garantía de que la instalación sea igual de moderna. En estos casos, el estado y condición de los cables que rodean al contador de la luz es uno de los detalles más significativos para saber el nivel de antigüedad de la instalación eléctrica. Igualmente, se debe comprobar la existencia de suficientes enchufes en las habitaciones. Las tuberías son otro de los puntos fuertes de una vivienda de segunda mano; es necesario conocer en este extremo de qué tipo son las tuberías y si son modernas, ya que si las cañerías son de plomo seguramente sea necesario cambiarlas. En el supuesto de que la vivienda posea calefacción central, deberá comprobar que la caldera es lo suficientemente grande como para abastecer a los radiadores adicionales, si la calefacción dispone de sistema de control de temperatura por termostato o si los tiros de la misma van a dar a una chimenea suficiente.

Hay que comprobar el estado del tejado.

La seguridad es otro de los puntos a tener en cuenta. En este caso, se deberá comprobar si las puertas y ventanas tienen buenos cierres o si la puerta principal cuenta con un sistema adecuado.

El último punto por comprobar es el estado de la decoración exterior del edificio, y si ésta está cuidada o mantenida de la forma adecuada para proteger la estructura de la vivienda y realzar la apariencia exterior del inmueble.

En el caso de que se compruebe que la casa, desde el punto de vista de la estructura o del esqueleto de la misma, carece o posee irregularidades en algunos de estos extremos, será necesario una intervención planificada para solucionar el problema. Algunos de los defectos que puede plantear la vivienda en un análisis externo son: rejuntar; mampostería agrietada; grietas en las paredes; hormigón defectuoso; enlucido defectuoso; problemas de cimentación; cambio de suelos; puertas carcomidas; ventanas rotas; ventanas carcomidas; reparaciones en las escaleras; problemas destacados en el tejado; necesidad de reparar el tejado; tuberías nuevas; tratamientos contra la carcoma; podredumbre; tratamiento contra las humedades; aislamiento defectuosos del tejado, de las paredes o del suelo; arreglos en seguridad, en cerraduras y cierres, en alarmas o en prevención contra incendios; reparaciones en instalaciones eléctricas, en fontanería, en desagües, en calderas, en tiros, en controles de calefacción o en sustitución de radiadores; preparación y aplicación de pintura; y mejoras o sustitución de puertas, ventanas y acristalamientos.

EVALUACIÓN INTERIOR DE UNA CASA NUEVA O USADA

Una vez haya comprobado el estado exterior y de estructura de la nueva vivienda, continúe con la inspección interior de la casa, habitación por habitación. De esta manera comprobará el estado de cada sala e irá haciendo sus primeros diseños sobre las posibilidades de cada estancia: modificar una habitación en dos, tirar tabiques, cambiar distribuciones, añadir armarios, ubicar sistemas eléctricos, etc.

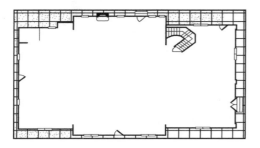

Plano de una habitación.

Lo primero que se necesita para la comprobación interior de la vivienda es una cinta métrica para medir paredes, anchuras, larguras, alturas o longitudes de todo tipo. Además, un buen plano sobre la habitación en cuestión le ayudará a posteriori a conocer las superficies y las medidas de cada pared y zona.

El recibidor

Es la zona donde se recibe a las visitas y donde se produce el primer contacto con la vivienda. Debe ser un lugar acogedor y relativamente amplio para recibir y proceder a ponerse o quitarse el abrigo o la chaqueta. A la hora de planificar el recibidor, conviene diseñar un espacio de, al menos 1,5 m de ancho para poder quitarse el abrigo o la chaqueta con comodidad.

El recibidor tendrá un mínimo de 1,5 m de ancho.

La sala de estar

Si se dispone de más de una sala de estar en la casa, se permitirá a todos los miembros de la vivienda poder realizar distintas actividades dependiendo de los gustos y aficiones de cada uno. Si, por el contrario, la casa sólo tiene una sala de estar, habrá que asegurase de que existen otras zonas en la vivienda para poder hacer más actividades (estudiar, tocar o escuchar música, leer, oír la radio, etc.).

Otro de los puntos a tener en cuenta es si la sala de estar es lo suficientemente amplia como para colocar los sofás y sillones deseados; en este sentido, puede ser muy útil colocar puertas correderas con las que se pueden dividir espacios o comunicar la salita con el comedor u otra zona más amplia. La distancia correcta a la hora de enfrentar los sofás o sillones es de 1,1 m entre ambos.

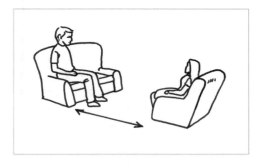

Los sofás se distancian a 1,1 m como mínimo.

El comedor

Debe comprobar si el comedor dispone del espacio suficiente para colocar la mesa y las sillas que se desean, así como para el tránsito de las personas por el mismo. Igualmente, es importante que la zona de comer se encuentre próxima a la cocina, de modo que las comidas y los platos lleguen calientes. En el supuesto de que el área de comedor forme parte de la cocina, ésta deberá tener una ventilación eficaz para extraer los humos, los vapores y los olores.

Los dormitorios

Es bastante común que la familia elija una vivienda dependiendo de las necesidades actuales de la misma; es decir, en correspondencia con los integrantes de la familia; sin embargo, no debe olvidarse nunca el futuro y la posibilidad de una ampliación de los miembros de la casa o de la inclusión de algún animal de compañía. Tampoco se debe olvidar la posibilidad de recibir huéspedes en la casa o, incluso, la de ofrecer alojamiento durante un periodo de tiempo prolongado a algún familiar de edad. La amplitud de

los dormitorios dependerá de la ubicación y colocación de las camas y de la instalación de los suficientes armarios y cajones para dar cabida a la ropa, libros, juguetes y demás elementos. Es importante que no se instale ningún dormitorio cuyo acceso sea a través de otra habitación, a la larga el mejor uso que se puede dar a una habitación comunicada es el de vestidor o cuarto de baño.

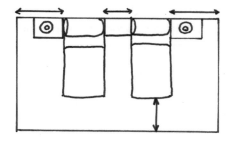

Los dormitorios deben ser amplios.

El cuarto de baño

Si el aseo no tiene todos los elementos necesarios, deberá calcular y planificar si hay suficiente espacio para instalar los nuevos aparatos. Muchas de las casas actuales disponen de dos cuartos de baño, uno más amplio y accesible desde todos los rincones de la casa y otro más pequeño y con ducha, normalmente en un lugar más apartado de la vivienda o más íntimo.

PLANIFICACIÓN DEL TRABAJO

La planificación previa de la obra es fundamental para que el resultado final sea el

deseado sin más contratiempos que los propios de la reparación. En esta línea deberá tener en cuenta el tipo de arreglo que se va a acometer, el tiempo del que se dispone, el tipo de herramientas a usar y el procedimiento a ejecutar; es decir, tener todos los cabos bien atados antes de iniciar el proceso de reparación que se desea llevar a efecto.

Cuando se acomete una reparación en una de las habitaciones de la casa se debe tener presente que, a lo mejor, el resto de estancias de la vivienda pueden verse afectadas por la obra, ya sea como lugares de almacenamiento de muebles o herramientas o como extensión de la propia reparación. Por esta razón, lo aconsejable es realizar el trabajo en sesión continua o en el menor periodo de tiempo posible, para que de esta forma el resto de la casa no se vea afectada por la reparación por tiempo indefinido.

El verano es una de las mejores épocas para decorar, ya que los días son largos y calurosos. Además, dependiendo del tipo

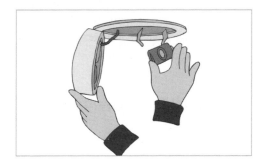

Colocación de un aplique de techo.

de reparación que se haga, el periodo de terminación de la misma puede variar en función de la temperatura o del ambiente cálido, húmedo o frío que haya. Por ejemplo, el hecho de pintar con bajas temperaturas puede afectar negativamente a la pintura y su secado; tampoco es buena idea pintar con poca luz o con iluminación artificial, ya que puede llegar a ser realmente complicado comprobar cuáles son las zonas que se han pintado y cuáles no. En el supuesto de que tenga que acometer el trabajo en invierno, lo recomendable es realizar la tarea con luz natural, sobre todo si se trata de pintar.

Si lo que desea es realizar renovaciones importantes en la casa, como cambiar tabiques o variar el uso o la distribución de la casa, ya sea de forma interior o exterior, tal vez tenga que solicitar el correspondiente permiso o licencia de obra al ayuntamiento.

Si, por el contrario, lo que quiere es instalar enchufes, interruptores o insertar nuevos apliques eléctricos, deberá realizarlo y planificarlo antes de que redecore o instale muebles o electrodomésticos. En este sentido, deberá planificar y meditar la posición de dichos elementos eléctricos, ya que si los coloca sin sentido, puede que después no coincidan con la distribución que había pensado. El mismo principio es perfectamente aplicable a las instalaciones de agua y gas.

Igualmente, dentro de la planificación de la obra, deberá realizar previamente una lista de materiales y equipamiento necesarios para ejecutar el arreglo en perfec-

tas condiciones técnicas. Esta circunstancia puede acarrear retrasos inesperados por la falta de ciertos materiales que son imprescindible para el comienzo del arreglo. Solamente cuando todo esté listo para empezar es cuando se debe iniciar la reparación correspondiente.

En el supuesto de que vaya a estructurar toda la casa, lo aconsejable es que se trabaje de arriba hacia abajo. Empero, si desea comenzar primero por el piso de abajo (en el caso de que se trate de una casa o un adosado), deberá asegurarse de que entre el menor polvo posible en las habitaciones de los pisos superiores, ya que de lo contrario puede darse la circunstancia de que cuando esté lijando un suelo tenga que detenerse a retirar y limpiar los restos que se han introducido en la habitación.

Una vez que haya decidido por dónde comenzar, deberá sacar todos los muebles existentes en la habitación y apilar en el centro de la sala aquellos que no puedan ser extraídos, tapándolos con algún trapo o sábana.

Una vez hecho esto, deberá comenzar por aquellos trabajos y reparaciones de mayor envergadura, dejando las estanterías y los armarios para el final.

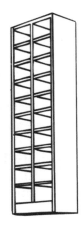

En el caso de una reparación completa de una habitación, el sistema a seguir es empezar por el techo para terminar en el suelo. El orden, por tanto, es el siguiente: techo, paredes, elementos de madera como puertas o rodapiés, elementos de metal como radiadores o ventanas, y suelo. La única excepción de este cronograma es el papel pintado; en el caso de tratar con papel pintado, se deberá pintar con antelación tantos los elementos de madera como los de metal.

La mayoría de los arreglos, ya sean pequeños o medianos, que se realizan en una vivienda nueva o usada se pueden acometer, perfectamente, por uno mismo; de esta manera se ahorra dinero y se entretiene mejorando la habitabilidad y decoración de la casa. Probablemente, los materiales a utilizar sean más caros debido a que usted no es un profesional que adquiere los elementos al por mayor, pero por el contrario se ahorrará la mano de obra del trabajo de un especialista. Además, tendrá la satisfacción de que el trabajo está bien hecho y de que ha sido realizado por uno mismo.

Para llevar a cabo una pequeña chapuza o un arreglo en la casa, debe tener presentes dos aspectos principales de la organización de la labor: planificar las prioridades del trabajo y planificar el tiempo.

Planificar las prioridades del trabajo

Aunque en un primer momento no parezca destacado planificar las prioridades del trabajo, lo cierto es que un buen cronograma de tareas y tiempo le servirá para reducir al máximo las molestias en la casa y le evitará estropear la decoración ya existente. En esta línea, deberá realizar un plan de trabajo por medio de una lista de labores que será ejecutado según las prioridades existentes: algunos de los arreglos serán urgentes si se trata de cambios en la estructura de la vivienda o si el invierno que se avecina requiere una preparación previa de la misma. No obstante, la primera consideración obedece a una secuencia lógica que evite tener que retomar estadios anteriores de trabajo por haberse olvidado de ellos.

Planificación del tiempo

Otro de los aspectos que merece tenerse en consideración es el tiempo que se invertirá en realizar la tarea. A no ser que se pueda trabajar durante semanas o durante meses en un mismo proyecto por tratarse de una segunda residencia o de una vivienda en la que todavía no se habita, lo recomendable es plantearse un tiempo de ejecución del trabajo, de esta manera se incomoda lo menos posible al resto de los habitantes de la casa y se trabaja según una planificación.

La planificación del trabajo y del tiempo depende de lo que se vaya a cambiar y de la estructura y dimensiones de la casa, en este sentido, si la vivienda tiene varios pisos de altura, lo normal es que se empiece por los pisos inferiores y se termine en los superiores; también es conveniente dejar un pasillo o zonas de paso durante

las obras para que el tránsito y el día a día del resto de los familiares sea lo más rutinario y menos incómodo posible.

La secuencia del trabajo debe ser planificada de la siguiente forma:

Trabajo prioritario
Se trata de aquellas reparaciones urgentes que necesita la vivienda y que se deben acometer lo antes posible para el buen funcionamiento de la misma y la habitabilidad de sus moradores. En este sentido se debe prestar especial atención a todos los defectos encontrados y que se refieren a la propia estructura del edificio: podredumbres, mamposterías inestables, grietas, carcoma, cañerías y desagües defectuosos, muros exteriores inestables o tejado defectuoso.

También es necesario hacer referencia dentro de las reparaciones urgentes a los elementos de seguridad, así como a los permisos municipales si se desea modificar tabiques, reparar el tejado o cambiar algunas de las vigas de la casa.

Las reparaciones urgentes deben ser las primeras.

Trabajos interiores

Son todos aquellos relacionados con el quehacer diario dentro de la vivienda; es decir, fontanería, electricidad, reparaciones varias y decoración de las salas.

Dentro de los trabajos de interior, destacan: bajar techos, construir nuevas paredes interiores, eliminar tabiques, nuevas instalaciones de fontanería y calefacción, colocación de nuevos enchufes y aparatos varios, aislamiento del suelo, dobles acristalamientos en las ventanas, cambio de suelos, colocación de nuevos zócalos, construcción y revestimiento de armarios empotrados, pintar techos y paredes, barnizar piezas de madera, o colocar revestimientos en los suelos.

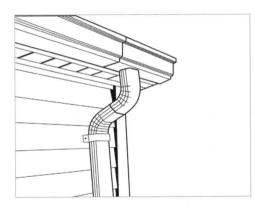

Los canalones son trabajos exteriores.

Trabajos exteriores

Son todos los referidos a las labores externas de la casa, como reparación de paredes y muros externos, colocación de puertas de acceso y ventanas, o arreglos diversos en la zona del jardín como reparación o construcción de nuevas vallas, colocación de pavimentos o instalación de estanques.

Contratación de profesionales

No todas las personas son igual de manitas y de hábiles con las manualidades o el bricolaje, ni que decir tiene que mientras un aficionado puede tardar un par de días en pintar una habitación, otro se puede alargar a más de una semana, eso sin contar el resultado final del trabajo.

En otras ocasiones, la dificultad de la tarea a realizar obliga a contratar especialistas que ejecuten la obra de forma eficaz y rápidamente.

Sea como fuere la circunstancia particular, lo cierto es que en determinadas circunstancias merece la pena pagar para que realicen un trabajo ágil y de calidad. También es recomendable que en aquellos arreglos en los que no se sienta del todo seguro de sus habilidades, se contrate a expertos para que acometa la realización del mismo. Por ejemplo, puede contratar a un electricista para efectuar el grueso de la instalación eléctrica o a un fontanero para montar un nuevo cuarto de baño y usted encargarse de ejecutar los trabajos periféricos y los acabados.

En ocasiones, el mejor modo para resolver ciertos problemas complicados, como solucionar humedades, filtraciones, condensaciones, plagas o hundimientos, es contratar a un experto.

Humedades

La humedad es un elemento que suele subir desde el suelo produciendo manchas. Si el mal no se ataja a tiempo, la humedad

Los revestimientos que aíslan el techo pueden solucionar filtraciones.

puede llegar a ocupar hasta un metro de la pared. Por este motivo, las viviendas suelen contar con una capa impermeable embutida en las paredes de la casa a unos 30 cm sobre el nivel del suelo. Asimismo, los suelos de cemento llevan incorporada una membrana antihumedad que aísla las paredes del frío y del agua. En ambos casos, estos elementos mantienen la casa seca. En el caso de que una de estas membranas falle, es cuando se produce la mancha y la consiguiente humedad. Si existe la sospecha de que la casa tiene humedades, se tiene que comprobar primero si se ha creado un puente de tierra apilada entre la capa impermeable y el muro exterior. De ser así, se pueden utilizar tratamientos caseros, pero lo más eficaz es contratar a un profesional que instale de nuevo la susodicha capa impermeable. Otra solución más sencilla es aplicar varias manos de pintura antihumedad para evitar que aparezcan manchas o hilos de humedad o de agua.

Filtraciones

Se llama filtración al agua que penetra desde el exterior al interior de la casa.

Los síntomas de las filtraciones son manchas en las paredes o en los techos, o incluso cerca del marco de las ventanas, pero su origen puede ser muy diverso, llegando a encontrar la fuga de agua a cierta distancia del lugar de la aparición. Normalmente, el aspecto de las filtraciones tiende a empeorar cuando el tiempo es lluvioso o hay mucha humedad en el ambiente. La manera de tratar las filtraciones es corrigiendo el fallo de manera estructural, por ejemplo reparando la teja o el canalón roto, y después aplicar silicona repelente al agua; también se puede pintar la pared con pintura para mampostería exterior de gran calidad.

Humedades, filtraciones y condensación son los mayores problemas de una vivienda.

Condensación

El aire frío contiene menos vapor de agua que el aire caliente, en consecuencia, el vapor se deposita en las superficies frías en forma de gotas de agua, como sucede con el vaho de las ventanas en las mañanas frías. Los síntomas de la condensación son manchas de humedad ocasionales en las paredes de la casa y el moho negro. Para distinguir si una mancha ha sido producida por humedad o por condensación, deberá secar la zona afectada con un secador y colocar encima un trozo de cristal sujeto con unas puntas de masilla; al cabo de unos días el cristal tendrá humedad en uno de sus lados: si la humedad se encuentra en el lado de la habitación, se trata de condensación, pero si se encuentra en el lado de la pared es filtración. La solución a la condensación puede ser más sencilla o más complicada, dependiendo siempre de la causa y del origen de la misma, es decir, si la condensación ha sido producida porque la habitación está siempre fría, la solución es tan sencilla como calentar la sala, o añadir ventilación al cuarto de baño, sin embargo, si el origen de la condensación es producido por las tuberías o porque la vivienda es el último piso, la solución es más complicada. En este último supuesto habría que aislar el ático o las tuberías de agua fría.

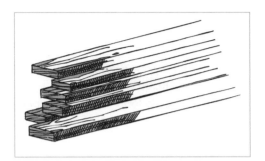

La carcoma puede atacar a vigas y tarimas.

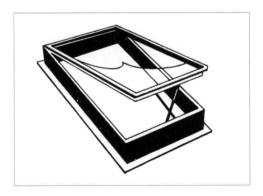

Una ventilación adicional evita la condensación.

Plagas

La carcoma es un insecto que ataca a las estructuras de madera de la vivienda, incluidas las vigas del tejado y los entarima-

dos. En este sentido, detectar los agujeros de salida resulta relativamente sencillo, al igual que su tratamiento si se detectan a tiempo. Los síntomas de la presencia de plagas, del tipo hongos lignícolas y hongos lignívoros, son grietas en la veta de la madera, olor a moho y la aparición de una serie de fibras parecidas al algodón. Normalmente, este tipo de plagas suelen darse en zonas poco ventiladas como sótanos o bajos de suelos entarimados.

Hundimiento

Dos de las causas de hundimiento son la sequedad extrema del suelo que hay debajo de la casa y el agua que puedan verter las raíces cercanas de algún árbol. Los síntomas de un posible hundimiento son grietas anchas en las paredes, sobre todo cerca de las ventanas y puertas, y ladrillos partidos. Para estos casos, lo mejor es recurrir a la experiencia de profesionales, que colocarán una serie de elementos arquitectónicos sobre las grietas para conocer el movimiento de la casa y su evolución. En el supuesto de que la casa se esté hundiendo, se deberá apuntalar los cimientos para evitar el derrumbe de la misma.

Igualmente, antes de realizar determinadas reformas en la casa, deberá informarse de si se requiere un permiso de obra para llevar a cabo el arreglo grueso. El requisito de la licencia de obra consiste, simplemente, en la obtención de un permiso para realizar obras exteriores o interiores de cierto calado. En cualquier caso, deberá asesorarse con anterioridad para conocer si una u otra obra requiere

A veces es completamente necesaria la ayuda de un profesional.

de la perceptiva licencia. Como referente general sobre obras o reparaciones caseras, las autoridades locales suelen exigir licencia de obra para los siguientes arreglos: cambio de la calefacción central, cambios estructurales en el interior de la casa, reforma del desván, construcción de un muro o valla en el jardín, instalar una piscina, construir un pequeño cobertizo o edificio exterior, construir un porche, construir un invernadero, construir un garaje, ampliar la casa, demoler la casa, convertir una vivienda en apartamentos o convertir una vivienda en oficinas.

No se suele necesitar licencia de obra para las siguientes reparaciones: pintar y reparar exteriores o interiores, sustituir ventanas o puertas, modificaciones eléctricas, cambio de tuberías, plantaciones de setos o jardines exteriores, realizar una rampa de acceso para personas o coches, podar o talar árboles y acometer una plataforma para el vehículo privado.

CAJA DE
HERRAMIENTAS

UNA HERRAMIENTA PARA CADA COSA

Al igual que sucede con otro tipo de utensilios o elementos, las herramientas o la caja de herramientas es algo muy personal. En este sentido, se entiende que todas y cada una de las herramientas que se encuentran en el cajón donde se guardan tienen la impronta y la peculiaridad de su dueño. La forma de usar un instrumento, la manera de trabajar con el mismo o la

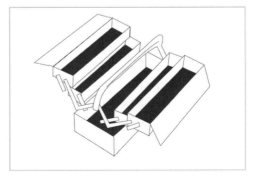

La caja de herramientas debe tener compartimentos para todos los utensilios.

Es imprescindible tener las herramientas bien ordenadas y a mano.

postura que se adopta para afilar una herramienta es única de cada propietario. Esta circunstancia sucede de una manera mucho más intensa si además se trata de herramientas viejas o de madera: la herramienta se ha hecho al dueño y a su mano y viceversa.

La elección de las herramientas es algo igualmente muy personal. Es decir, no existen dos cajas o dos cajones de herramientas exactamente iguales. Cada persona, dependiendo de sus necesidades o de sus inquietudes, selecciona y guarda un número determinado de herramientas. En esta línea, no suele ser habitual que una persona compre una caja de herramientas completa; lo rutinario es que el manitas o la persona de la casa vaya acomodando la caja de herramientas conforme a las necesidades reales de utilización de las mismas.

Tampoco se debe olvidar, en este sentido, el alto costo de algunas de las piezas instrumentales para arreglar o reparar determinados aspectos de la vivienda. Por ejemplo, si lo que se va a rea-

lizar es una reparación de pintura, lo normal es que la persona se decida por comprar lo necesario para llevar a cabo la tarea que desea acometer: un juego de brochas, rodillos, rasquetas, etc., en lugar de adquirir un completo y complejo juego de todo tipo de herramientas que después no va a utilizar para realizar la reforma en cuestión.

También es cierto que muchas de las herramientas que se requieren para hacer un arreglo concreto, después se van a utilizar para arreglar otra reforma totalmente distinta a la realizada en un primer momento. Es decir, hay muchos instrumentos comunes para actividades muy diversas, lo que supone que cada vez se tendrán que adquirir un número inferior de herramientas.

De todos es conocido que hay ciertas herramientas manuales que son caras. Sin embargo, en este aspecto es preferible que se adquiera un buen instrumento de calidad antes que dos o varias herramientas de calidad inferior o peor. La calidad siempre es y será una buena in-

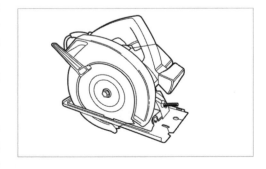

Además de las herramientas manuales, están las máquinas.

versión. Si la herramienta es buena, de calidad excelente y realizada en un material resistente y duradero, el instrumento desempeñará mejor su función que cualquier otra y durará, seguramente, toda la vida.

En el caso de las herramientas eléctricas, éstas suelen ser bastante caras, así que si no se van a utilizar muy a menudo, la mejor opción es pedirla prestada o alquilarla. Si se decide alquilar algunas de las herramientas a utilizar, uno se debe cerciorar de que el elemento o máquina en cuestión se encuentra en buenas condiciones de uso, ya sea por medio de la realización de una prueba o por medio del acompañamiento del manual de instrucciones correspondiente. Indudablemente, si se desea realizar un trabajo excelente,

es imposible llevar a cabo esa labor por medio de herramientas mediocres, baratas o que se encuentran en mal estado de conservación.

HERRAMIENTAS PARA CARPINTERÍA

Evidentemente, un conjunto completo de herramientas de carpintería sería bastante extenso y muchas veces poco utilizable; por eso, se entiende que para el mantenimiento general de la casa basta con un conjunto limitado de instrumentos.

Las herramientas esenciales y básicas para la caja de herramientas de carpintería son las siguientes:

HERRAMIENTAS PARA MEDIR Y MARCAR: se deben manejar con cuidado este tipo de herramientas que sirven para medir y marcar las superficies, ya que si se tiran descuidadamente dentro de la caja de herramientas, pueden sufrir alteraciones, descuadrarse o perder su precisión exacta.

- CINTA MÉTRICA Y METRO DE CARPINTERO: el metro plegable de madera es la herramienta tradicional en carpintería, sin embargo, las cintas métricas enrollables son las más prácticas a la hora de usarlas, llegando algunas de ellas a medir hasta los 5 m. Además, la cinta puede ser anclada perfectamente a cualquier punto.

- ESCUADRA DE TACÓN: se utiliza para verificar la exactitud de los ángulos rectos y para marcar las tablas que deben ser contadas conforme a un ángulo recto. La mejor herramienta es aquella que está formada por una única pieza y es de metal.

- ESCUADRA COMBINADA: es una herramienta tremendamente versátil. Básicamente, se trata de una escuadra normal, pero con una regla calibrada que puede deslizarse sobre la base. En este sentido la escuadra combinada es muy útil para medir y marcar fondos, marcar ingletes e incluso para verificar superficies horizontales y verticales, gracias a un pequeño nivel que lleva incorporado.

- COMPROBADORES DE HORIZONTALES Y VERTICALES: en el primer caso, se tiene que desmontar la hoja y situar la cara larga sobre la superficie horizontal; en el segundo, se debe apoyar la hoja contra la vertical y comprobar que el nivel es correcto.

- CUCHILLO DE MARCAR: antes de proceder a serrar una madera, se debe marcar la línea de corte con un cuchillo. De esta manera, el corte será más preciso.

SERRUCHOS: los serruchos no son más que un conjunto de hojas flexibles y sin soporte que se utilizan para cortar madera sólida y tableros prefabricados.

- SERRUCHO PARA TABLEROS: en este supuesto, la forma y la disposición de los dientes son iguales a los del serrucho de corte trasversal, pero mucho más pequeños y juntos, lo que proporciona al corte una sendero más fino. Normalmente, este serrucho se utiliza para serrar tableros prefabricados.

- UTILIZACIÓN DEL SERRUCHO: la manera de utilizar el serrucho es la siguiente: sujete la herramienta con el dedo índice extendido en la dirección de la punta, apoye el tablero o la pieza a serrar en unos caballetes de madera y comience a serrar por uno de los extremos por medio de movimientos cortos y ligeros hacia atrás para ir fijando el canal; continúe serrando con el mismo movimiento; una vez que se vaya aproximando al otro extremo de la tabla, deberá dar la vuelta al tablero y comenzar desde el extremo posterior que todavía no está serrado.

SIERRAS: las diferencias entre unas y otras radican en la forma de sus dientes y en el modo en que éstos están afilados. Es conveniente que se utilice una sierra diferente para cada tipo de trabajo, dependiendo del material que se quiera cortar y de la precisión de la tarea a llevar a cabo.

- SIERRA DE HENDER: está diseñada para cortar madera sólida de forma longitudinal. Los dientes de este tipo de sierra están inclinados hacia fuera en direcciones opuestas y alternativamente, con el fin de que el canal del corte sea ligeramente más ancho que el grosor de la hoja.

- SIERRA DE CORTE TRASVERSAL: en este caso, los dientes están  afilados formando un pequeño ángulo; de esta manera, al serrar se van formando puntos que trazan líneas a ambos bordes del canal. Este tipo de sierras permiten cortar contra la veta de la madera maciza sin llegar a rasgar las fibras.

- UTILIZACIÓN DE LA SIERRA: coloque la madera sobre el borde del banco y sierre en vertical con ligeros movimientos hacia arriba y hacia abajo.

- SIERRAS DE LOMO: en este tipo de sierras, el borde superior está protegido por un metal, lo que las confiere cierta rigidez. Este tipo de herramientas están diseñadas para serrar maderos estrechos en sentido longitudinal y para cortar juntas.

  – *Sierra de espiga*: es la sierra perfecta para uso general y para todo tipo de trabajos en madera, especialmente útil para serrar juntas grandes.

  – *Sierra de ensamblar*: se utiliza este tipo para trabajos finos de ebanistería.

  UTILIZACIÓN DE LAS SIERRAS DE LOMO: sujete la madera con un tornillo de banco o con un tablero de serrar y coja la sierra en ángulo cerrado par proceder a realizar el corte; según va serrando, vaya enderezando la sierra hasta que quede perpendicular a la superficie de la madera.

- SIERRAS DE BASTIDOR: son las típicas sierras de marquetería; es decir, poseen una hoja muy pequeña que está especialmente diseñada para realizar cortes curvos. La hoja está tensada, para que no se corte, por un arco de metal.

  – *Segueta:* gracias a su finura y sus dientes, este tipo de sierra es capaz de cortar desde maderas de considerable tamaño a finísimos tableros.

– *Uso de la segueta*: una hoja atornillada o fija al arco permite a la sierra moverse en todas las direcciones, sin que sea entorpecida o interrumpida por ningún elemento.

– *Colocación de la hoja*: afloje la palomilla e introduzca el pelo de la sierra en la clavija opuesta al mango, a continuación presione el bastidor contra el banco e introduzca el otro extremo de la hoja en el alojamiento contrario correspondiente. Una vez colocada la hoja, proceda a tensar el pelo girando las palomillas. Debe asegurarse de que los dientes quedan en la dirección y sentido deseados.

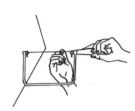

• Sierras eléctricas: son herramientas indispensables para serrar grandes piezas y tableros de gran tamaño.

– *Sierra circular portátil*: es conveniente que adquiera una sierra portátil de 190 mm de hoja y con un motor lo suficientemente potente como para cortar maderas gruesas y grandes tableros. También existen hojas de sierra especiales para cortar metal y piedra.

– *Sierra de vaivén*: tienen un motor potente y hojas de hasta 300 mm de longitud, lo que permite realizar trabajos finos, como abrir agujeros en la madera.

– *Sierra de calar portátil*: sirve para realizar cortes curvos en madera y en tableros artificiales. Es conveniente en este tipo de sierras desechar las hojas cuando se doblen o tengan algún desperfecto.

– *Precauciones*: desenchufar la sierra antes de ajustar o cambiar la hoja; no utilizar una hoja torcida; acoplar las nuevas hojas según indica el manual de instrucciones; toda sierra circular debe poseer una protección fija y otra inferior que permite moverse a la herramienta hacia atrás; la madera debe estar bien sujeta; hay que mantener el cable eléctrico por detrás de la sierra; no se debe forzar a la sierra al cortar; no se debe sujetar la sierra hasta que ésta no haya dejado de moverse; no se debe trabajar con ropas sueltas, corbatas o cualquier tipo de prenda que pueda engancharse a la máquina.

CEPILLOS: la madera siempre debe ser cepillada antes de colocarse, a no ser que vaya a ser utilizada en tabiques o similares, de esta forma se eliminan las marcas dejadas al serrar. Los cepillos también pueden ser utilizados para reducir el tamaño o la forma de la madera. Los cepillos más comunes son los metálicos, que son fáciles de manejar y de ajustar al grosor requerido para cada ocasión.

- CEPILLOS DE BANCO: sirven para aislar la madera, para hacer ensamblajes y para nivelar la superficie de varios tablones unidos. Por lo general, los cepillos son casi todos similares en el diseño, aunque suelen diferir en la longitud de la base.

  - *La garlopa:* es un cepillo de banco largo, ya que suele tener una base de hasta 600 mm de longitud. Está especialmente diseñado para tableros que van a ser empalmados y para nivelar paneles de gran tamaño.

  - *Cepillo de desbastar:* tiene una superficie de base de entre 350 y 375 mm y es una herramienta muy útil para trabajos en general. En el caso de que sólo vaya a comprar un tipo de cepillo es recomendable que adquiera únicamente el cepillo de desbastar, porque es suficientemente ligero como para que se pueda cepillar cualquier cosa sin que uno se canse. El resto de los cepillos se pueden pedir prestados o alquilarlos en un establecimiento especializado.

  - *Cepillo de afinar:* se utiliza para dar el toque final al acabado de una superficie después de haber sido reducida la misma con un cepillo de desbastar o con una garlopa.

  - *Ajuste de un cepillo de banco:* lo primero que se debe hacer es ajustar el ángulo y la profundidad de la cuchilla, a continuación se comprueba el ángulo observando la base del cepillo y se utiliza la palanca de ajuste lateral que se encuentra detrás de la cuchilla para nivelar el filo, de tal manera que quede al mismo nivel a través del ancho de la base del cepillo. Por último, se ajusta la tuerca que hay delante del mango para fijar la profundidad y obtener así un cepillado limpio y liso.

— *Cepillado de un solo borde*: hay que mantener el cepillo sobre el borde del trabajo sujetando la parte delantera con el dedo pulgar de la mano libre y presionando el resto de los dedos contra el lateral de la madera para dirigir el cepillado.

— *Cómo cepillar a contraveta:* hay que marcar una línea alrededor del trozo de madera que se desea cepillar y sujetar la madera verticalmente por medio de una abrazadera. Después hay que dejar el filo cuadrado y cepillar en la dirección a la línea del lado opuesto hasta que el bisel desaparezca.

— *Cepillar utilizando un listón:* se puede cepillar a contrafibra con un cepillo de banco apoyado sobre un listón que sirva de rail. La cuchilla, en este caso, debe estar muy afilada y la pieza se debe sujetar contra el tope.

• CEPILLOS DE MOLDURAS: existen numerosas ocasiones en las que es necesario cortar una acanaladura; es decir, un canal, y abrir con el cepillo rebajes o molduras en los bordes. Para ello nada mejor que un cepillo combinado o una fresadora eléctrica para realizar cualquier tipo de acanaladura o moldura para trabajar bien la madera.

— *Cepillos múltiples y combinados:* este tipo de cepillos cuentan con un juego de cuchillas variado que sirven para abrir ranuras, acanaladuras y diversas molduras. Tanto el cepillo múltiple como el combinado poseen espuelas y un par de cuchillas ajustables que sirven para cortar líneas paralelas por delante de la cuchilla propiamente dicha, lo que evita que la madera se astille cuando se cepilla a contraveta. Normalmente, el cepillo múltiple cuenta con una mayor selección de cuchillas que en el caso del cepillo combinado.

— *Guillome:* es un cepillo similar a cualquier cepillo de banco, con la diferencia de que su cuchilla se extiende a lo ancho de la base. Este tipo de cepillo es capaz de cortar cualquier número de acanaladuras.

— *Cepillo de arado*: las cuchillas de este tipo de cepillo son estrechas y sirven para abrir ranuras.

UTILIZACIÓN DE LOS CEPILLOS DE MOLDURAS: los tres tipos de cepillos de molduras (guillomes, cepillo de arado y cepillos múltiples y combinados) se utilizan de forma similar. Primero se sujeta la guía contra el borde de la madera en el extremo más alejado y se comienza el cepillado por medio de movimientos cortos, para a continuación llevar el cepillo hacia atrás y realizar cepillados más largos hasta que el gramil descanse sobre la madera. Para terminar, se ejecuta una pasada que abarque toda la longitud de la madera.

FRESADORAS: las fresadoras manuales se utilizan para el acabado de una caja después de haber quitado la mayoría de la madera con el formón. Por el contrario, las fresadoras eléctricas son herramientas sofisticadas que realizan las mismas tareas que los cepillos múltiples y combinados, y que pueden seguir un borde curvo con la misma facilidad que uno que es recto. La máquina realiza un corte limpio y rápido.

• USO DE UNA FRESADORA MANUAL: para rebajar el fondo de una caja o superficie, se deben sujetar los mangos de la fresadora con ambas manos y empujar la herramienta como si se tratase de un cepillo.

• USO DE UNA FRESADORA ELÉCTRICA: una vez que la fresa haya alcanzado el máximo de velocidad (la fresa gira siempre en el sentido de las agujas del reloj), ponga la máquina en contacto con la madera en sentido contrario a la rotación, de esta manera se producirá la perforación de la madera por la fresa.

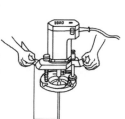

• FRESAS Y PIEZAS: las fresas de una fresadora manual tienen una serie de ejes cuadrados que son los que quedan sujetos a la herramienta y se ajustan verticalmente para establecer la profundidad que se desee. Las fresas eléctricas se ajustan a un portabrocas que está en la base de la fresadora hasta que se traspasa el pie de las mismas.

FORMONES Y GUBIAS: los formones son herramientas de uso general para cortar madera, sin embargo se suelen utilizar principalmente para eliminar la madera sobrante de los ensambles o para rebajarlos a la medida requerida. El tamaño del formón depende de la anchura del extremo cortante. Las medidas habituales de los formones van desde los 3 mm de ancho hasta los 50 mm, aunque una selección de los que van desde los 3 mm hasta los 25 mm sería suficiente para poder acometer la mayoría de los trabajos a realizar en la casa. Las gubias son similares a los formones de carpintero, pero con la salvedad de que las cuchillas son curvas, habiendo sido especialmente diseñadas para recortar el espaldón de una junta para que se pueda ajustar a un lado curvo, o para hacer un tirador rebajado en un cajón o en una puerta corredera. El mango de los formones suele ser de madera de boj o de plástico resistente a los golpes.

- ESCOPLO: posee una hoja muy fuerte, lisa y de sección rectangular para cortar la madera sobrante. Es una herramienta lo suficientemente fuerte para ser dirigida a golpes de mazo o de martillo, aunque se recomienda no utilizar martillos contra los mangos de madera.

- FORMÓN: se utiliza para rebajar, especialmente en aquellas juntas en las que hay cola. Los cantos de los formones son biselados, lo que permite trabajar en espacios estrechos que serían inaccesibles para otro tipo de instrumental. En principio, el formón no es tan fuerte como el escoplo y se suele romper si es utilizado para labores especialmente duras.

- FORMÓN DE MORTAJA: es un instrumento fuerte y de sección rectangular, sirve para cortar y para hacer palanca en el sobrante de las juntas de caja. Casi siempre se precisa un mazo para dirigir el formón de mortaja.

- PROCEDIMIENTO DE ELIMINACIÓN DE LA MADERA SOBRANTE: no se recomienda en ningún caso eliminar demasiada madera de una vez, ya que la madera podría astillarse o salirse el escoplo de la línea de la junta. Hay que quitar la madera que sobra poco a poco.

- LAS GUBIAS: hay gubias de cuchilla interna y externa, la de cuchilla interna se utiliza para cortar espaldones redondos y la de cuchilla externa para abrir canales.

ESCOFINAS: son limas gruesas que sirven para dar formas curvas a la madera. Las escofinas tradicionales suelen ser de dientes de metal que desgastan la madera; los modelos modernos tienen cuchillas huecas comprimidas para así formar numerosos filos cortantes. Las limas suelen mantenerse afiladas durante mucho tiempo, eliminan la madera con bastante rapidez y no se atascan.

- TIPOS DE ESCOFINAS: estas herramientas difieren según el grado de aspereza que tengan: grande, media y fina. La escofina de ebanistería tiene un lado liso y el otro curvo; la plana tiene los dos lados lisos y un filo cortante; y la redonda tiene una sección circular que se va estrechando en dirección a la punta.

- UTILIZACIÓN DE LA ESCOFINA: esta herramienta sólo lija con movimientos hacia delante, por esta razón se debe controlar la punta mientras se trabaja y no ha de utilizarse nunca sin mango. Es muy peligroso cogerla por la espiga metálica.

PAPEL DE LIJA: el papel de lija se utiliza para alisar la madera después de haber sido trabajada con la escofina. Se debe lijar siempre siguiendo la línea de la veta. Aunque las superficies en madera suelen quedar bastante bien con papel de lija, se consigue un mejor acabado con un raspador de ebanistería. Los papeles de lija difieren unos de otros en la aspereza y en el espacio entre los granos. En este sentido, los granos pueden ser gruesos, medios o finos, aunque también se les puede definir por números; es decir, cuanto más alto sea el número, más fino será el grano.

- TIPOS DE PAPEL LIJA
  - *Papel cristal:* es un papel barato y relativamente suave. Se usa para la primera etapa de lijado, y está especialmente indicado para madera blanda.

  - *Papel granate:* es de color rojo, su granulado es fino y desgasta más la madera que el papel cristal. Se utiliza para maderas nobles.

  - *Papel de silicona-carburo o llamado también de agua:* se utiliza principalmente para lijar pintura, aunque también se puede usar para los acabados extra finos en maderas nobles.

- USO DE LOS PAPELES LIJA: se debe cortar el papel lija en tiras de fácil manejo. Para alisar superficies planas o cantos es conveniente que se envuelva la lija en una tablilla de madera; en el caso de superficies curvas, se deberán usar las yemas de los

dedos para lijar; para lijar molduras, se usa un listón redondo envuelto en papel de lija. Antes de realizar el acabado final, se debe humedecer la madera con agua para hin-
char la veta; una vez que éste esté seca, se debe lijar con un
papel muy fino. Para lijar el canto a contraveta, lo mejor es
pasar los dedos por el canto, si al hacerlo parece menos ás-
pero en una de las direcciones, se deberá lijar en esa dirección y no hacia delante y hacia atrás. Cuando el grano
del papel de lija quede cubierto por el polvo de la madera,
se deberá dar unos golpes contra el banco de trabajo o pasar un cepillo de alambre para eliminarlo.

LIJADORAS ELÉCTRICAS: son herramientas que lijan la madera con una gran rapidez, pero que no producen un buen acabado final.

• LIJADORA DE CINTA: posee una cinta continua de papel abrasivo que pasa por dos tambores, uno a cada extremo de la
máquina. La superficie plana entre los dos cilindros rotati-
vos presiona el papel abrasivo contra la madera produciendo la raspadura de la madera.

• LIJADORA ORBITAL: esta lijadora deja la superficie lista a falta
tan solo de un ligero lijado a mano. La máquina en cuestión
tiene una almohadilla plana de goma sobre la que se extiende el papel abrasivo, que es movida por el motor en
forma orbital. Lo recomendable es que no ejerza mucha
presión sobre la madera con este tipo de herramienta o de
lo contrario el papel abrasivo dejará pequeñas marcas en la
superficie de la madera.

• LIJADORA DE DISCO: este tipo de herramienta no sirve para
acometer un trabajo fino y cuidado, ya que inevitablemen-
te dejará marcas que deberán ser eliminadas con una lijadora orbital o con un rascador de ebanistería. Esta lijadora
se utiliza principalmente para quitar la pintura y para limpiar suelos de madera en aquellas partes que son inaccesibles para una lijadora de suelos. La lijadora de disco más
sencilla tiene una almohadilla flexible de goma con eje cen-
tral y que se puede meter en el portabrocas de una taladradora eléctrica. El pa-

pel abrasivo va acoplado a la almohadilla. Un modelo más avanzado de lijadora de disco es aquella que tiene un disco metálico sujeto a una articulación de rótula y que permite que el disco permanezca plano.

CUCHILLAS PARA AFILAR MADERA: las cuchillas de ebanistería proporcionan el más fino acabado en la madera, dejan la superficie lisa allá donde el papel abrasivo siempre deja pequeñas marcas.

- CUCHILLAS DE EBANISTERÍA: se trata de un simple rectángulo de fino acero que se utiliza para lijar superficies planas. Los hay también de forma curva para molduras y tallas en madera.

- CUCHILLA DE GANCHO: la cuchilla se sujeta dentro de un rascador de gancho que es asida por la persona por medio de un mango de madera. La forma de usar la cuchilla de gancho es tirando de la misma hacia uno mismo y siguiendo la veta de la madera, así como realizando una ligera presión sobre la madera.

TALADROS: la taladradora eléctrica, dada su gran versatilidad, es una herramienta indispensable en la caja de herramientas. También existen taladradoras manuales o taladros de pecho.

- BERBIQUÍ: con esta herramienta, la broca va penetrando en la madera mientras se hace girar el mango, a la vez que se presiona sobre el instrumento. Un buen taladro de pecho debe tener siempre un trinquete para que la broca gire sólo en una dirección.

- TALADRADORA DE MANO: es un buen complemento para taladrar agujeros de pequeño diámetro.

- TALADRADORA ELÉCTRICA: es conveniente que se adquiera una buena taladradora eléctrica que pueda hacer toda clase de trabajos. En la actualidad, la mayoría de las eléctricas tienen una cubierta de plástico que protege al usuario de las corrientes eléctricas. Las características a tener en cuenta en la taladradora eléctrica antes de adquirirla son:

– *Velocidad:* una taladradora que tenga sólo una velocidad tenderá a ser una herramienta demasiado limitada para un uso general. Lo normal es que la taladradora tenga entre dos y cuatro velocidades y un seleccionador para elegir la más apropiada en cada trabajo. Una velocidad baja sirve para taladrar cemento o metal, sin embargo una velocidad alta produce un corte limpio en la madera.

– *Fijador de velocidad:* es un botón que fija el taladro a una velocidad constante cuando se utiliza con diversos accesorios.

– *Tamaño del portabrocas:* un portabrocas de 10 mm suele ser adecuado para la mayoría de los trabajos a realizar, aunque puede llegar a haber hasta brocas de 16 mm.

– *Percusión:* en algunos taladros, a la continua rotación del cabezal se le puede añadir también una percusión de varios cientos de golpes por segundo. Esta labor se requiere cuando se desea que el martillo rompa partículas duras antes de que la espiral de la broca limpie los restos.

– *Rotación inversa:* si se quiere utilizar un destornillador con un taladro eléctrico, se debe asegurar que el taladro puede rotar a la inversa, con el fin de que se puedan sacar tornillos al igual que insertarlos.

– *Mangos:* la mayoría de los taladros eléctricos tienen un mango de forma semejante a la culata de una pistola y otro secundario para sujetar la herramienta.

MARTILLOS Y MAZOS: clavar un clavo parece tan sencillo que, en una primera impresión, cualquier martillo parece adecuado para tal faena, sin embargo el hecho de tener uno con el peso y la forma adecuada hace más sencilla y cómoda la tarea. En el caso de los mazos, éstos tienen unos usos específicos y nunca se deben utilizar para clavar clavos.

• MARTILLO DE OREJAS: es un martillo pesado y probablemente el más útil de todos. Además, las orejas del martillo sirven para quitar clavos. La cabeza del martillo de orejas está sujeta a un mango duro de madera de nogal, aunque el modelo de mango de hierro es aún mejor que el de madera.

• MARTILLO DE CUÑA: para aquellos trabajos demasiado delicados para un martillo de orejas, se recomienda utilizar un martillo de cuña, que tiene un peso inferior. Su boca en forma de cuña facilita el comienzo del trabajo mientras se sujeta el clavo con un dedo y el pulgar.

- MARTILLO DE AGUJA: es de peso ligero y es perfecto para clavar clavos y tachuelas en los tablones.

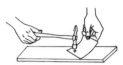

- UTILIZACIÓN DEL MARTILLO: introduzca un clavo en la madera de tal manera que se sujete por sí solo, a continuación martillee con golpes firmes y regulares, manteniendo la muñeca de la mano y la cabeza del martillo perpendicular al clavo.

- DESCLAVAR UN CLAVO TORCIDO: en el caso de que se doble un clavo al clavarlo con un martillo de orejas, se puede sacar el clavo deslizando las orejas del martillo bajo la cabeza del clavo y tirando hacia atrás del mango. En el caso de que el clavo torcido sea demasiado pequeño para sacarlo con un martillo de orejas, se deberá utilizar unas tenazas; en este supuesto, se debe sujetar la cabeza del clavo con las tenazas, apretar las asas de éstas y tirar en la dirección opuesta.

- MAZO DE CARPINTERO: estas herramientas se utilizan para introducir formones y gubias en la madera. Además, las superficies con las que se golpea están especialmente diseñadas para dar golpes rectos en el mango del formón.

- MAZO BLANDO: con este tipo de mazo, que puede ser de goma, plástico o cuero, es menos probable que se dejen marcas en la madera.

DESTORNILLADORES: en una caja de herramientas siempre debe haber un conjunto amplio de destornilladores de varios tamaños, tanto planos como de estrella para que se ajusten perfectamente a la cabeza del tornillo. Si la punta es demasiado grande o pequeña, el destornillador puede salirse de la ranura mientras se está trabajando, dañando el tornillo, la madera o ambas cosas.

- DESTORNILLADOR DE VAIVÉN: el mango de este destornillador es lo que hace girar la punta. El cabezal del destornillador de vaivén admite diferentes tipos de puntas de destornillador, tanto planas como de estrella.

- DESTORNILLADOR DE EBANISTERÍA: esta herramienta tiene un vástago o cuello limitado para poder producir una punta plana. El mango puede ser de madera o de plástico.

- DESTORNILLADOR DE CARRACA: con este instrumento se puede atornillar y desatornillar un tornillo sin necesidad de tener que volver a meter la punta en la ranura del tornillo a cada vuelta, o sin la necesidad de soltar el mango. Igualmente, también se puede seleccionar el sentido del giro, a derecha o a izquierda, o utilizar la herramienta como un destornillador normal.

GATOS: los gatos sirven para sujetar piezas de madera encoladas, para juntar y ensamblar temporalmente estructuras y para sujetar piezas de madera en un banco mientras se trabaja con ellas.

- GATO DE BARRA: este tipo de gato es una barra larga y metálica con una mandíbula ajustada por un tornillo en un extremo de la barra y en el otro extremo se encuentra otra mandíbula que se puede colocar en diferentes puntos a lo largo de la barra por medio de una espiga de metal que se inserta en los diferentes agujeros que hay a lo largo del recorrido de la barra. Normalmente, esta herramienta se utiliza para sujetar grandes estructuras encoladas de madera. Es conveniente tener a mano este tipo de gato de barra en su tamaño medio.

- CABEZAS DE GATO: si se necesita un gato de barra de una gran longitud, lo mejor es comprar o alquilar dos cabezas de gato. Para estos casos, y sin necesidad de poseer la extensa barra para aprisionar la estructura, puede utilizar como barra extensible un raíl de madera de 75 x 25 mm y colocar las cabezas en el raíl; una vez hecho esto, proceda a meter las espigas metálicas en los agujeros perforados de la barra media que posee.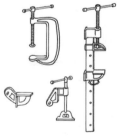

- GATO EN «G»: un gato en «G» tiene un tornillo que sujeta la madera entre el pie, en el extremo inferior, y el bastidor de rueda. Es recomendable tener en la caja de herramientas dos gatos, uno de 150 mm y otro de 300 mm.

- GATO DE CREMALLERA: este gato ejerce una acción de torniquete en las grandes estructuras. Consta de un tejido de nailon que se tensa por medio de un mecanismo de trinquete con una llave inglesa o un destornillador.

BANCOS DE TRABAJO Y TORNILLOS DE BANCO: un banco de trabajo de carpintero debe ser fuerte y estable para poder soportar maderas pesadas y tableros de todo tipo. Además, sobre el banco de trabajo se realizarán todo tipo de labores, desde serrar, a martillear o lijar, por eso su estructura no debe ser frágil.

• BANCO DE CARPINTERO: la estructura del banco se realiza en madera dura, la gruesa plataforma del banco suele ser de madera de haya de veta fina. El banco constará de un hueco para herramientas que mantendrá la superficie central del mismo despejada. Los bancos de mejor calidad disponen de un tornillo empotrado en un extremo de la plataforma para sujetar maderas entre unas pinzas metálicas llamadas «topes».

• TORNILLO DE CARPINTERO: casi todos los bancos de carpintero disponen de un tornillo fijado a la superficie inferior de la plataforma del banco, próximo a la pata, con el fin de que la plataforma no se doble cuando se trabaje con una madera sujeta por el tornillo. Para proteger la madera sobre la que se trabaja de los posibles arañazos o marcas del tornillo, es conveniente colocar unas tablillas de madera entre la pieza a usar y el tornillo, de esta forma no se dañará la madera. El tornillo de carpintero se aprieta y se afloja con un sencillo movimiento de mango.

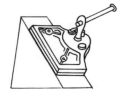

ENSAMBLES: hay numerosos e ingeniosos modos y maneras de unir dos trozos de madera. A continuación se describen las juntas y uniones básicas para los trabajos habituales de reparación y reforma en una casa.

• JUNTA A TOPE: se necesita algún tipo de elemento para mantener unidos y juntos dos trozos de madera en ángulo recto, ya que la cola en estos casos no es suficiente como para empalmar ambos tablones. Para estos supuestos, se pueden utilizar cuatro tipos de juntas: junta a tope sujeta con clavos, uniones con escuadra, placas para unir madera y uniones con taco.

– *Juntas a tope sujetas con clavos:* en este caso se utilizan los clavos para unir dos tablones que se encuentran en ángulo recto.

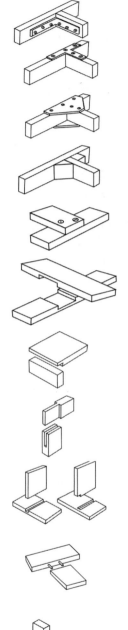

– *Uniones con escuadra*: son juntas atornilladas en lugar de clavadas. Este tipo de uniones son muy fuertes y resistentes, pero poco estéticas.

– *Utilización de placas para unir madera:* las placas con afilados dientes metálicos que fijarán la madera igual que si se tratase de clavos.

– *Uniones con tacos:* se utiliza un taco de madera clavado, encolado o atornillado para fijar una madera con la otra en ángulo.

• JUNTAS DE SOLAPA: se trata de cualquier unión de dos piezas de madera sobrepuestas una encima de la otra.

• UNIONES RECTAS A MEDIA MADERA: es cuando un listón cruza a otro y se realiza una unión entre ambos por medio del corte de dos cajas iguales.

• JUNTA A REBAJO: consiste en unir dos tablones anchos por uno de los extremos.

• JUNTA A HORQUILLA: es una unión muy recomendable cuando se desea empalmar dos juntas en un marco por medio de un listón trasversal y otro longitudinal.

• JUNTA DE ENCAJE: son uniones cruzadas que pueden observarse por ambos lados de la estructura o estar ocultos.

• UNIONES CON ESPIGAS: son extensiones que sobresalen de uno de los listones para introducirse en el otro. Generalmente, son uniones fuertes y versátiles. Es recomendable utilizar espigas de madera de un tercio de espesor de la madera sobre la que se esté trabajando.

• UNIONES DE CAJA Y ESPIGA: es una unión fundamental para sillas y mesas y se trata de introducir una espiga gruesa de uno de los tablones o listones en la caja existente en el otro tablón. Se trata de una junta fuerte y resistente.

- JUNTA A INGLETE: se utiliza para unir los ángulos de un marco, siendo especialmente útil para secciones decoradas con molduras o rodapiés.

- JUNTA BISELADA: esta unión se utiliza para unir dos tablones largos por medio de una junta en ambos extremos.

HERRAMIENTAS PARA ALBAÑILERÍA

Los profesionales en la construcción requieren de una cuidada y específica caja de herramientas; sin embargo, el aficionado que no se dedica a este tipo de materias, necesitará un conjunto de herramientas menos profesional, pero más variado. De cualquier forma, no debe faltar nunca en el cajón de herramientas la paleta, la paleta de punta, la llana, el soporte para hacer la argamasa, el nivel de brújula, la escuadra de tacón o la plomada. Todas ellas son esenciales para acometer cualquier tipo de reforma o rehabilitación en la estructura de la casa, así como para arreglar o mejorar jardines y pavimentos.

PALETAS: para el profesional, la paleta tiene un uso específico en el trabajo de albañilería, pero para los cotidianos trabajos de mantenimiento de la casa, basta con tener una pequeña paleta para retocar o alisar pequeñas zonas de la pared o de cemento.

- PALETA PARA EL ENLADRILLADO: este instrumento sirve para sujetar y poner mortero a la hora de enladrillar y de colocar cemento. Se puede utilizar una paleta de tipo mediano, pero de buena calidad. En algunos casos, la paleta dispone de un lado curvo para cortar ladrillos y de otro recto para recoger la argamasa.

- PALETA DE PUNTA: este tipo de paleta no suele medir más de 70 o 100 mm de longitud y suele estar diseñada de tal forma que sirva para arreglar o dar forma al mortero que une ladrillos.

- CUCHILLA DE JUNTAS: es una herramienta que está especialmente diseñada para hacer juntas cóncavas entre los ladrillos; además, su forma le permite deslizarse adecuadamente por las juntas y los extremos.

- RASCADOR: se trata de una herramienta especializada para quitar el exceso de mortero en las juntas de los ladrillos.

- FRATÁS DE MADERA: sirve para dar una textura fina a la mezcla de cemento y hormigón. Los fratás caros poseen el mango desmontable para poder cambiar de pala cuando ésta se encuentre demasiado usada, pero en el caso de un fratás de principiante es posible que la paleta se use tanto que se amortice el gasto completo de la misma.

- LA LLANA: se trata de un fratás de acero que se utiliza para revocar con yeso y cemento las paredes de la casa. También se puede utilizar para pulir si se moja, una vez que el yeso o cemento hayan secado.

HERRAMIENTAS PARA MEDIR Y NIVELAR: necesitará un nivel y una buena cinta métrica.

- NIVEL: es una herramienta de lados y ángulos rectos que incorpora unos tubos especiales de cristal en su interior que contienen un líquido, además de llevar dentro cada uno, una burbuja de aire. El nivel se coloca sobre la superficie y si la burbuja se encuentra exactamente entre las dos líneas marcadas en el tubo, significará que la estructura sobre la que está apoyada el nivel se encuentra perfectamente horizontal o vertical, dependiendo de la orientación del marcador. Es recomendable que se compre un nivel de madera o uno ligero de aluminio de entre 600 y 900 mm de longitud.

- ESCUADRA DE ALBAÑIL: la escuadra se utiliza para los rincones de ladrillos o los bloques de hormigón de la vivienda. Las mejores herramientas son las de metal, pero puede utilizarse cualquier otro tipo de material.

- PLOMADA: cualquier tipo de objeto pequeño y pesado colgado de un cordel servirá de plomada para comprobar si una superficie o estructura se encuentra en vertical o no.

- CINTA MÉTRICA: una cinta métrica corriente es adecuada para la mayoría de los trabajos, pero si lo que se quiere es marcar o medir una parcela grande se tendrá que recurrir a una cinta métrica de hasta 30 m de largo.

MARTILLOS: los martillos son más comunes en la carpintería, sin embargo la construcción y albañilería también requiere de ciertos componentes especiales de martillos y mazos.

- MARTILLO DE OREJAS: sirve para construir tabiques divisorios, clavar tablones de madera para suelos y hacer marcos para ventanas, así como para colocar vallas y setos. Es recomendable elegir un martillo de oreja fuerte y robusto para poder realizar el trabajo con completa seguridad.

- MACETA: se utiliza para dirigir el cortafríos y para ciertos trabajos de demolición. También es útil para clavar clavos grandes en los muros de madera.

- ALMÁDENA: se utiliza para romper el firme del suelo y las baldosas de la casa. También es útil para clavar los postes de una valla en el suelo.

SIERRAS: existen muy diversos tipos de sierras, aunque la más servicial es la eléctrica, que además de cortar maderos grandes puede servir para segar metal o incluso mampostería.

TALADRADORAS: pueden utilizarse taladradoras eléctricas o manuales de pecho. Al igual que en las herramientas de carpintería, el instrumento del taladro será eficaz y muy servicial para muchos de los trabajos de albañilería o construcción.

HERRAMIENTAS DE CRISTALERO: el cristal es un material duro y quebradizo que requiere de la utilización de unas herramientas especiales para su manipulación y colocación.

- CORTAVIDRIOS: esta herramienta, en realidad, no corta el vidrio, sino que traza una línea sobre el cristal por medio de un diminuto disco de acero o de una punta de diamante. Una vez realizada la línea con el cortavidrios, el cristal se rompe por la recta marcada cuando se presiona sobre ella.

- BROCA PARA VIDRIO: esta herramienta posee una punta plana en forma de lanza con una espiga de madera a modo de sujeción. La forma de lanza reduce la fricción sobre el vidrio, ya que de otra manera provocaría su rotura.

• ESPÁTULA: tiene una hoja de acero duro que sirve para la masilla de las ranuras donde va el cristal en las ventanas y puertas.

CINCELES Y CORTAFRÍO: al igual que se necesitan y utilizan formones para cortar y rebajar la madera, en la albañilería se utilizan cinceles para, igualmente, rebajar y realizar trabajos especiales en los materiales de construcción.

• CORTAFRÍO: está formado por una barra de acero macizo que sirve, principalmente, para cortar barras de metal y para quitar las cabezas de los remaches. También se puede utilizar para abrir una muesca de yeso o para rejuntar ladrillos viejos. El cortafrío, por lo general, está recubierto por un mango de plástico de seguridad para proteger la mano del operario contra un golpe erróneo.

• CINCEL DE RESANAR: este tipo de cincel tiene una punta plana que sirve para resanar, es decir, para reparar los desperfectos que presenta una pared o un mueble en superficie.

• CINCEL DE CORTE: es un instrumento que se utiliza para cortar ladrillos y bloques de cemento gracias a su punta ancha.

HERRAMIENTAS PARA CAVAR: en muchos casos será preciso cavar antes de comenzar a realizar el trabajo en cuestión, ya sea para cimentar primero o para proceder a realizar un agujero para poner postes o vallas.

• EL PICO: el pico de peso medio se utiliza para romper el suelo, sobre todo si debajo del mismo se encuentran escombros.

• AZADÓN: se utiliza para romper suelos de arcilla y donde haya raíces de los árboles. La hoja ancha de esta herramienta permite acometer el trabajo sin dificultades.

• LA PALA: la pala se utiliza para excavar los suelos y mezclar el cemento. La mejor pala es aquella que está realizada en acero inoxidable. También existen las palas con mango en forma de «D», éstas suelen ser más resistentes y se practica una mayor fuerza sobre ellas.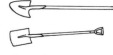

- PALA CUADRADA: es buena para mezclar elementos y cemento, aunque por regla general se suele preferir la pala redonda.

- CARRETILLA: la carretilla de jardín no es lo suficientemente resistente como para realizar y cargar materiales pesados de construcción; sin embargo, puede ser muy útil para acometer pequeños trabajos y llevar cargas medias. Procure no adquirir una carretilla demasiado barata, ya que se suelen soltar las ruedas durante los primeros días de uso.

HERRAMIENTAS DE PINTURA

Lo habitual es que los trabajos de pintura y empapelado sean realizados por el propietario de la casa, por esta razón, la mayoría de las personas suelen tener en la caja de herramientas los instrumentos necesarios para acometer este tipo de arreglos y mejoras en la vivienda.

HERRAMIENTAS DE PREPARACIÓN: existe una serie de elementos y herramientas que sirven para eliminar y limpiar las superficies sobre las que se va a trabajar. En este sentido, es importante eliminar todo tipo de residuo para que la zona sobre la que se va a pintar, a empapelar o a colocar azulejos sea sólida y esté completamente limpia.

- ESPÁTULA: sirve para quitar la pintura reblandecida o el papel mojado. Las mejoras espátulas del mercado son las hechas en acero de alta calidad y con mangos remachados en madera de palo de rosa. La espátula dentada está indicada para eliminar papel impermeable. En cualquier caso, se deberá tener cuidado para no dañar la pared.

- GUANTES: los mejores guantes para trabajar sobre estas superficies son los de vinilo, que son fuertes y protegen las manos de los productos tóxicos.

- MÁQUINA DE VAPOR PARA QUITAR EL PAPEL: si lo que desea es eliminar el papel de la pared de forma rápida, lo mejor es alquilar una máquina eléctrica de vapor. Es conveniente que antes de encender y utilizar la máquina, lea las instrucciones de uso y de seguridad detenidamente.

- RASQUETA: se trata de una espátula especial para eliminar la pintura vieja y el barniz. En el caso de la rasqueta triangular, ésta es buena para trabajar sobre superficies lisas; y la combinada para molduras. La forma de utilización es tirar de la rasqueta en dirección a la persona que la está utilizando para eliminar eficazmente la pintura.

- ESPÁTULA DE EMPLASTECER: sirve, gracias a su hoja flexible, para penetrar la masilla en las grietas de madera o el yeso en las paredes.

- CEPILLOS DE ALAMBRE: sirven para eliminar la pintura descascarillada y el óxido de las paredes justo antes de pintar. Es mucho más fácil y sencillo realizar este trabajo por medio de un cepillo de alambre redondo, de forma giratoria y, además, ajustable a una taladradora eléctrica.

- BAYETA PARA IMPREGNAR: sirve para limpiar pequeñas superficies de polvo en molduras y hendiduras de madera antes de pintar. En principio, se puede utilizar cualquier tipo de brocha siempre que esté limpia y se dedique exclusivamente a esta función.

BROCHAS: las mejores brochas son aquellas que están fabricadas con cerdas de jabalí, aunque en la mayoría de los casos, para abaratar costes, éstas se mezclan con pelo de cola de caballo o de buey. Las brochas más baratas y más utilizadas para trabajos domésticos son las hechas con pelo sintético. Las cerdas naturales son ideales para las brochas porque tienen forma cónica de forma natural y porque cada cerda está despuntada en diminutos filamentos que retinen a la perfección la pintura; además, este tipo de cerdas son duras y flexibles. Por el contrario, la cerda sintética, normalmente de nailon, está fabricada a semejanza de la natural y suele servir para cualquier tipo de trabajo de pintura. En principio, para seleccionar una brocha, se debe tener en cuenta que cuente con un gran número de cerdas; es decir, que cuando se pasen los dedos por las cerdas, vuelvan fácilmente a su posición normal.

- BROCHA PLANA: en este caso, las cerdas están asociadas entre sí por medio de brea, goma o resina, y se encuentran unidas a un mango de plástico o de madera por un casquillo metálico. Deberá adquirir distintas medidas de brochas planas, hasta 50 mm, para pintar, barnizar y teñir la madera.

- BROCHA DE NUDO: las cerdas de está brocha están unidas a un mango cilíndrico por medio de un cordel, un alambre o un casquillo metálico. En principio, las cerdas están agrupadas de forma flexible, pero cuando se las presiona contra la superficie, se abren como cualquier otro tipo de brocha.

- BROCHA PARA PAREDES: sirve para aplicar pintura de dispersión a brocha. Deberá utilizar una brocha plana de unos 150 mm o una de doble nudo.

- PINCEL PARA CONTORNOS: las cerdas de este tipo de brocha están cortadas en ángulo para poder pintar molduras de vidrieras sin que se manche el cristal.

- RASCAVIDRIOS: en el caso de que el cristal se manche cuando se está pintando, deberá eliminar esos restos por medio de un rascador de vidrios.

ALMOHADILLAS PARA PINTAR: este tipo de herramientas son de reciente creación y se destinan para ayudar a los pintores inexpertos a aplicar la pintura de forma rápida y fácil. Son elementos sencillos para cubrir grandes superficies con precisión y, además, no gotean.

- ALMOHADILLA ESTÁNDAR: es la típica rectangular de pelo de angora y con asas. Se utiliza para pintar paredes, techos y superficies lisas de madera.

- ALMOHADILLA PARA MARCOS: está especialmente diseñada para pintar las molduras de las vidrieras. La mayoría de las almohadillas de marcos tienen unas guías de plástico en su parte posterior para evitar que se adentren en la zona acristalada.

- BANDEJA PARA ALMOHADILLAS: lo normal es que estas bandejas para pintar se vendan conjuntamente con su instrumental, pero en el caso de que se compre por separado, se recomienda que se elija con escurridor, así la pintura se distribuirá uniformemente por toda la superficie de la almohadilla.

RODILLOS: el rodillo cubre de pintura con rapidez y eficacia las grandes superficies de pared. El tamaño de los mismos puede variar entre los 175 mm y los 337 mm de longitud; aunque también los hay más pequeños para pintar tiras estrechas en paredes o madera. Igualmente, los rodillos pueden ser de diversos materiales de acuerdo con el tipo de pintura, la textura que se desee y el material sobre los que se aplique el tinte, aunque la mayoría de los rodillos son de lana de oveja o de fibra sintética. Por el contrario, los rodillos más baratos están fabricados de esponja, lo que proporciona un resultado insatisfactorio, ya que suelen dejar pequeñas burbujas de aire en la superficie pintada, además de que la esponja se estropea con mucha más facilidad. En el supuesto de que el rodillo disponga de un mango hueco, se le podrá acoplar un mango telescópico; así podrá pintar los techos de la casa sin necesidad de utilizar una escalera.

PISTOLA: este método es tan rápido y eficaz que merece la pena considerarlo en el caso de que se vaya a pintar una superficie bastante extensa, como por ejemplo un fachada. Una vez que se ha tomado la consideración de realizar el trabajo a pistola, se debe tener presente que el sistema elegido es caro, por eso una de las opciones para reducir costes es alquilar el equipo. Se necesitará también gafas y mascarilla para completar el equipo de pintura a pistola.

- PINTAR A PISTOLA: antes de comenzar a pintar a pistola es recomendable que se seleccione un día despejado y preferiblemente sin viento. A continuación, deberá cubrir aquellas superficies que no deben ser pintadas, como puertas, ventanas y tubos. Es conveniente que si no se ha trabajado antes con pistola, se practique un poco para coger soltura y maña.

  Con un equipo de pintura a pistola, la pintura se mezcla con aire a presión para producir una fina pulverización y un buen acabado sobre la superficie. En algunos compresores, el aire comprimido pasa a un depósito intermedio, sin embargo en la mayoría de los equipos alquilados, este aire comprimido van directamente a la pistola.

- ERRORES MÁS FRECUENTES: a la hora de realizar un trabajo a pistola, hay algunos errors típicos como:

  – *Franjas*: sucede cuando no se cubre adecuadamente uno de los pases horizontales o verticales a pistola con el siguiente.

– *Parches*: la pintura no quedará lo suficientemente consistente si se realiza una distribución de la misma en forma de arco. En estos casos, se debe apuntar directamente a la pared y no ladear la pistola.

– *Rugosidades:* en el supuesto de que la pintura esté muy espesa, aparecerán rugosidades semejantes a la textura de la piel de una naranja, pero si la pintura tiene la consistencia adecuada, es posible que se trate de un problema de movimiento, es decir, que se está acometiendo el trabajo muy lentamente.

– *Chorretones:* caerán chorretones en la superficie si se pone demasiada pintura en una zona o si se sujeta la pistola demasiado cerca de la pared.

– *Acabado polvoriento:* esta circunstancia es debida a que la pintura se seca antes de llegar a la pared. Para corregirlo, deberá sujetar la pistola más cerca de la superficie en la que se está pintando.

– *Salpicaduras:* si la presión es demasiado alta se producirán salpicaduras. Para corregir está situación deberá reducir la presión hasta que la capa de pintura salga a su gusto.

– *Borbotones:* la pintura saldrá a borbotones cuando el pulverizador esté obstruido. Para evitar estos casos, deberá limpiar el pulverizador con la cerda de un cuchillo y secarlo con una bayeta humedecida en disolvente.

HERRAMIENTAS PARA EMPAPELAR: como el equipo necesario para empapelar la casa no es excesivamente caro, lo recomendable es que se adquiera en su conjunto y no su alquiler.

• CINTA MÉTRICA: la cinta métrica retráctil es lo más aconsejable para medir paredes y poder calcular la cantidad de papel que se necesita.

• PLOMADA: cualquier tipo de plomadas, incluso las realizadas de manera casera, servirán para marcar la línea del cordel en la pared con una serie de puntos.

• BROCHA PARA ENGRUDO: el engrudo se extiende sobre la parte trasera del papel con una brocha ancha para paredes, aunque también se puede utilizar un rodillo de angora. Una vez utilizados, se recomienda lavarlos con agua templada.

- ESCOBILLÓN DE EMPAPELADOR: sirve para alisar el papel una vez que éste ya se encuentra colocado en la pared.

- TIJERAS PARA EMPAPELAR: en principio, cualquier tipo de tijera grande sirve para cortar el papel de la pared, sin embargo existen una clase de tijeras especiales que tienen las hojas particularmente largas, con las que se consigue un corte más largo y recto.

- CUCHILLOS: los cuchillos se utilizan para cortar el papel que está alrededor de los enchufes, interruptores de la luz y los bordes montados en las juntas.

HERRAMIENTAS PARA EMBALDOSAR: la mayoría de las herramientas para embaldosar están diseñadas para colocar azulejos y baldosas en paredes y suelos, pero si lo que se quiere es colocar otro tipo de materiales como azulejos de cerámica y láminas de vinilo se requerirán otras herramientas.

- NIVEL DE BURBUJA: se necesita un nivel para colocar un listón guía, con el objetivo de colocar azulejos tanto en vertical como en horizontal.

- PERFILADOR: esta herramienta sirve para contonear las formas de tubos o molduras en las puertas, con el fin de disponer de una planilla lisa para colocar los suelos. Es decir, lo que se hace es perfilar con la herramienta los obstáculos para que no sean un impedimento a la hora de embaldosar.

- CORTADORA DE AZULEJOS: consiste en una barra de sección cuadrada que posee una punta afilada, que sirve para marcar una línea en el azulejo que posteriormente romperá fácilmente.

- RAEDERA: es una herramienta que sirve para derramar la lechada que después será la argamasa de separación entre los azulejos. La raedera tiene una hoja de goma sobre un mango de madera.

- TENAZAS: normalmente, es prácticamente imposible cortar de cuajo una tira estrecha en un azulejo de cerámica, por eso se utilizan las tenazas para realizar esta operación. Poco a poco y rompiendo el azulejo a trocitos con las tenazas, se consigue eliminar la parte que no se necesita.

HERRAMIENTAS DE FONTANERÍA

A pesar que cada vez están proliferando más las tuberías y los desagües de plástico, los accesorios de tubo de latón y las tuberías de cobre y otros materiales son todavía los más comunes en el ámbito doméstico. En este sentido, el equipo de herramientas en esta dirección (tuberías de cobre) sigue siendo fundamental para acometer la mayoría de los arreglos y chapuzas en la casa.

HERRAMIENTAS PARA FREGADEROS Y DESAGÜES: el equipo necesario para desatrancar o desatascar los aparatos sanitarios puede comprarse o alquilarse fácilmente.

- DESATASCADOR: es una herramienta muy sencilla y muy efectiva para limpiar cualquier tipo de obturación en fregaderos y retretes. Consiste en realizar una acción de bombeo con la goma del desatascador para dispersar de una manera eficaz la obstrucción.

- DESATASCADOR DE CABLE PARA EL RETRETE: consiste en una herramienta de alambre corto y en espiral diseñada especialmente para desatrancar el retrete y el sifón del inodoro. La maniobra a ejecutar consiste en girar el desatascador por medio de una varilla rígida. Existen modelos rectos, más o menos largos, para desatascar el desagüe.

HERRAMIENTAS DE MEDIDA Y MARCADO: las herramientas para medir y marcar el metal son muy similares a las utilizadas en la madera, sin embargo, éstas suelen estar fabricadas y calibradas para proporcionar al usuario una mayor precisión.

HERRAMIENTAS PARA CORTAR EL METAL: las herramientas especiales para utilizar en el metal dan una mayor precisión al usuario que las utiliza.

- SIERRA PARA CORTAR METALES: las sierras modernas para cortar metales poseen un brazo tubular de acero con un mango ligero de metal fundido. Además, este tipo de sierras disponen de un marco en el que se pueden ajustar hojas de diferentes longitudes y que son tensadas por una tuerca.

- TORNILLO DE BANCO: es una herramienta que va sujeta al banco de trabajo por unos pernos.

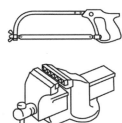

- CORTAFRÍOS: se utiliza para desbastar tabiques, sacar tuberías y cortar cabezas de los remaches. Es conveniente mantener el filo del cortafríos afilado para que cumpla su función a la perfección.

- TIJERA PARA METAL: esta herramienta es como una tijera y sirve para cortar chapas de metal. Hay dos clases de tijeras para metal: la recta y la universal; la recta tiene hojas anchas para cortar en línea recta; y la universal posee hojas gruesas y estrechas para cortar en recto y en curvo.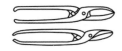

- CORTATUBOS: con esta herramienta se podrán cortar los extremos de las tuberías en perfecto ángulo recto. Al principio, la tubería queda sujeta entre la cuchilla del disco y una guía ajustable que posee la herramienta, una vez que se gira, el cortatubos corta con la cuchilla la sección del tubo.

BROCAS: en fontanería se utilizan brocas especiales de acero para taladrar agujeros en superficie de metal.

- BROCA DE ESPIRAL: las brocas para cortar metales se asemejan a las que se utilizan en carpintería, pero con la salvedad de que son de acero de alta velocidad y tienen las puntas afiladas con un ángulo menos pronunciado. La manera de utilizar este tipo de brocas para fontanería es por medio de una taladradora eléctrica a baja velocidad. El proceso de agujerear el metal es el siguiente: marque el centro del agujero, después coloque la punta de la broca y sujete la pieza de metal en un tornillo para ello, por último proceda a taladrar lentamente el metal a ritmo constante, pero con la broca bien lubricada.

- SACABOCADOS: se utiliza esta herramienta para abrir grandes agujeros en chapas metálicas.

INSTRUMENTOS PARA CURVAR EL METAL: siempre será necesario calentar el metal antes de proceder a su curvatura, a pesar de que algunas tuberías de cobre finas o las planchas de metal puedan ser doblabas de forma manual y en estado frío.

- MUELLES PARA CURVAR EL METAL: los muelles se introducen en el interior del tubo que se desea doblar para evitar que las paredes del tubo se aplasten cuando se esté doblando el tubo de forma manual.

- CURVADORA DE TUBOS: es una herramienta fija que permite doblar el tubo en el ángulo que se desee.

- MAZO BLANDO: son mazos que tienen una cabeza de goma dura, o de plástico o de cuero. La manera de proceder es a base de muchos golpes y siempre siguiendo una línea de doblaje.

HERRAMIENTAS PARA UNIR EL METAL: hay dos tipos de uniones fundamentales en el metal: una es por medio de uniones impermeables a través de una aleación fundida que actúa como cola cuando se enfría; y otra es por medio de una serie de accesorios con remaches o tuercas.

- SOLDADORES: para que la soldadura se realice con éxito, será necesario derretir la soldadura y conseguir que fluya, ya que de lo contrario, la soldadura se solidificará antes de tiempo y antes de que pueda penetrar completamente la unión. Teóricamente, un soldador debe producir el calor  necesario para que el proceso de unión sea completo. Existen en el mercado soldadores sencillos que se calientan directamente en el fuego, y soldadores eléctricos, en donde la temperatura es controlable y constante. El proceso de la soldadura es el siguiente: limpie las superficies a unir y cúbralas del material a unir; después, ponga el soldador a lo largo de la juntura para calentar bien el metal y el elemento que servirá de unión entre ambos; a continuación, corra la punta del soldador por el borda de unión; por último, la soldadura fluirá inmediatamente formando la unión deseada.

- ABOCARDADOR: para realizar una unión no mecanizada, los extremos de los tubos de cobre se deben cortar rectos y deben ser pulidos para evitar que los bordes queden afilados. La forma más sencilla es realizar la unión por medio de un ensanchador de acero.

LLAVES: normalmente, los fontaneros utilizan una gran variedad de llaves de tuerca para una amplia gama de uniones y fijaciones, pero el manitas puede comprar tan sólo aquellas que necesita o, incluso, alquilarlas.

- LLAVE PLANA: el juego de llaves planas es necesario para cualquier tipo de arreglos en la casa. Ello se debe a que, en la mayoría de los casos, las tuberías llegan hasta una unión en donde no es posible el acceso.

- LLAVE DE ESTRELLA: se trata de una llave de circuito cerrado, por eso la cabeza de este tipo de llave es más fuerte y ajusta mucho mejor. Es una llave especialmente útil para soltar tuercas oxidadas.

- LLAVE DE TUBO: es una herramienta excelente para alcanzar una tuerca en un espacio muy reducido.

- LLAVE INGLESA: es una herramienta que posee una cabeza móvil, lo que la permite ajustarse a las necesidades de la tuerca.

- LLAVE GRIFA: es un instrumento que tiene una boca dentada y ajustable especial para sujetar tubos. Además, al ejercer fuerza, la boca de la llave se va ajustando cada vez más al tubo.

LIMAS: las limas se utilizan para dar forma y para suavizar los accesorios del tubo y los bordes afilados del mismo. En principio, hay dos tipos de limas, las sencillas y las dobles. La lima sencilla es aquella que sólo tiene una disposición de dientes, normalmente es la misma por las dos caras. Por el contrario, la lima doble tiene una doble disposición de los dientes cruzados, una sobre la otra. En algunos casos, se da la circunstancia de que la lima es sencilla por una de las caras y sin embargo, es doble por la otra.

- TIPOS DE LIMAS: desde la *lima plana* hasta la *lima de aguja*. La lima plana es aquella que tiene bordes paralelos, pero que disminuyen progresivamente de grosor; la lima redonda es la que se utiliza para dar forma a las curvas cerradas y para agrandar los agujeros; la *lima cuadrada* es la que abre ranuras estrechas y lima los bordes de pequeños agujeros rectangulares; la *lima triangular* sirve para limar con precisión y para suavizar aberturas; y por último, la *lima de aguja*, es una versión en miniatura del resto de las limas.

ALICATES: los alicates se utilizan para sujetar pequeñas piezas y para doblar y dar forma a los tubos de metal y de alambre.

- ALICATES UNIVERSALES: son herramientas de uso general. Este tipo de instrumentos tienen unas pinzas dentadas, con una sección curva para sujetar piezas redondas, y con cuchillas laterales para cortar el alambre.

- ALICATES AJUSTABLES: la particularidad de estos alicates es que poseen una mandíbula ajustable.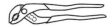

HERRAMIENTAS DE ELECTRICIDAD

La mayoría de las herramientas que se utilizan para trabajos de electricidad y hay que tener en la caja de herramientas son elementos para fijar los accesorios y aparatos eléctricos de la casa, tan sólo un número limitado de herramientas son utilizadas para realizar las conexiones eléctricas en sí mismas.

DESTORNILLADORES: los mejores destornilladores son aquellos que están realizados en un buen material, son precisos y caros. Los destornilladores baratos se tienden a despuntar en seguida y a perder precisión.

- DESTORNILLADOR TERMINAL: la forma del destornillador terminal es alargada, con una espiga delgada y cilíndrica y con punta plana. Para trabajos en enchufes y accesorios mayores, es recomendable adquirir un destornillador con mango de plástico, así el material hará de aislante ante un posible calambre.

- DESTORNILLADOR DE EBANISTERÍA: es imprescindible este tipo de destornillador para fijar la caja de la luz en la pared de la casa. Se trata de una herramienta más fuerte, de más consistencia y con una punta más grande, de esta forma se puede proceder adecuadamente ante aquellas labores que así lo requieran.

ALICATES PELACABLES: son herramientas que se utilizan para quitar el aislamiento que cubre el cable y el cordón eléctrico. Son unos alicates que se sirven para quitar los aislantes de colores que cubren el positivo, el negativo y los cordones eléctricos, sin llegar a dañar el cable.

TALADRADORAS: para el trabajo habitual de colocación, reforma o cambio de la instalación eléctrica, se requerirá para su fijación realizar agujeros en madera y albañilería. Para ello, se utilizan dos tipos de elementos, el berbiquí y el taladro eléctrico.

- BERBIQUÍ: es una herramienta que admite brocas estándar y que su mecanismo de carraca le permite taladrar en espacios difíciles y limitados para otro tipo de taladradoras.

- LA TALADRADORA ELÉCTRICA: es la mejor herramienta para abrir agujeros en paredes y en madera y así poder instalar todos los registros y mecanismos eléctricos que tiene la casa.

COMPROBADORES DE ELECTRICIDAD: es conveniente que antes de comenzar a trabajar en los aspectos eléctricos de la vivienda, desconecte la corriente y se cerciore de que ha sido apagada. Para comprobarlo, nada mejor que los llamados comprobadores eléctricos.

- BUSCAPOLOS ELECTRÓNICO: es un instrumento en forma de destornillador que posee una luz en el mango y una punta a modo de destornillador. La luz del mango del elemento se enciende cuando el destornillador toca un cable eléctrico y la corriente no ha sido desconectada.

- COMPROBADOR DE CONTINUIDAD: este instrumento comprueba si un circuito está completo o si un aparato eléctrico tiene la toma de tierra. Para utilizar un comprobador de continuidad, primero desconecte la electricidad de la vivienda antes de realizar cualquier tipo de comprobación, y después, junte los conductores fase y neutro en un extremo de un cable desconectado que se encuentra empotrado; a continuación, sujete con las pinzas del instrumento esos mismos conductores en su extremo opuesto; en el caso de que la bombilla se encienda, significará que los dos cables pertenecen al mismo conductor. Para comprobar si un enchufe tiene bien la toma de tierra, deberá conectar una pinza a la terminación de tierra de la clavija macho y tocar la caja metálica del aparato con la otra pinza; si la conexión de tierra está bien, la bombilla se iluminará, si la bombilla se ilumina de forma pobre significará que la toma de tierra es también pobre.

ALBAÑILERÍA
GENERAL

ENLUCIDO INTERIOR

El enlucido se emplea para dotar a las paredes de la casa y techos interiores de una superficie fina, suave, lisa y apropiada para que, a continuación, la pared pueda ser decorada o tratada a base de pintura o papel. El enlucido se realiza con yeso, que proporciona un aislamiento térmico, acústico y protege contra el fuego.

Existen, básicamente, dos formas o métodos para realizar el acabado en yeso: el tradicional, por medio de un enlucido de yeso húmedo; y el moderno, en donde se utiliza un cartón-yeso que se denomina «revestimiento seco».

Técnicas tradicionales de enlucido con yeso

En el modelo tradicional se utiliza una mezcla de yeso y de agua que se extiende sobre la superficie en diferentes capas. Cada una de las capas a aplicar se realiza por medio de una llana y luego se nivela la superficie; una vez que el yeso ha fraguado, éste se integra dentro de la pared o techo sobre el que se ha aplicado.

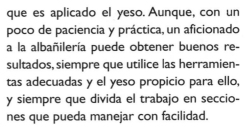

Llana para aplicar yeso.

El enyesado por el método tradicional se realiza con listones de madera que se clavan en la carpintería y que sirven de sujeción al yeso. El yeso se introduce entre los listones y se extiende. La técnica tradicional requiere cierta práctica por parte del usuario si quiere conseguir una superficie lisa y suave en el área de trabajo sobre el

que es aplicado el yeso. Aunque, con un poco de paciencia y práctica, un aficionado a la albañilería puede obtener buenos resultados, siempre que utilice las herramientas adecuadas y el yeso propicio para ello, y siempre que divida el trabajo en secciones que pueda manejar con facilidad.

Revestimiento en seco con cartón-yeso

Se trata de paneles de yeso forrados en papel que se utilizan para revestir paredes y techos, sobre todo, en las casas de reciente construcción y en las remodelaciones de casas antiguas. En estos supuestos, el operario ahorra tiempo en el secado del yeso y lo coloca mucho más fácilmente. Estos paneles de yeso, se clavan o adhieren a los techos y paredes y ofrecen una capa con un acabado perfecto. A continuación, la superficie puede ser decorada directamente, una vez que las juntas han sido selladas, o cubrirse por medio de una capa de yeso acabado.

Revestimiento antiguo.

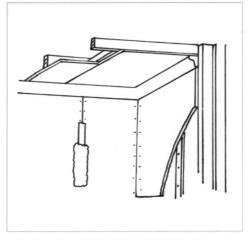

Paneles de cartón-yeso adheridos a paredes y techo.

Adquisición del yeso

Normalmente, el yeso se vende en sacos de papel de 50 kg, aunque para reparaciones caseras de pequeño tamaño, el usuario puede adquirir sacos de menor cantidad (de hasta 2,5 kg) en los establecimientos de construcción y bricolaje. Si bien, adquirir sacos de mayor tamaño será siempre mucho más barato que comprar los recipientes pequeños. Además, es conveniente calcular más de lo que se va a emplear, ya que siempre hay algo que se desperdicia durante el trabajo.

Para conservar el yeso seco, éste se deberá cubrir con láminas de plástico para que esté protegido de la humedad. Igualmente, deberá evitar que los sacos de papel estén en contacto con el suelo por medio de una lámina de plástico o de madera. No olvide tampoco cerrar bien los sacos de yeso, ya que si se quedan abiertos, el yeso puede absorber la humedad y, en consecuencia, acortar el tiempo de fraguado y debilitar el material.

También existe en el mercado un yeso que ha sido fabricado listo para usar y que se vende en cubos de plástico. Evidentemente, este material sellado en plástico resultará más caro, pero será mucho más fácil de manejo para el aficionado.

Tipos de yeso

El enlucido en yeso se realiza con una mezcla a base de cemento, cal y arena. Aunque existen diferentes tipos de yesos

dependiendo de la modificación del proceso de elaboración y de la introducción de aditivos.

Básicamente, hay dos tipos de yeso, el de base y el de acabado. Los yesos de base están previamente mezclados y contienen áridos de grano fino; por el contrario, los yesos de acabado pueden emplearse utilizando simplemente agua.

Yesos

La mayoría de los yesos provienen de la roca de yeso y se obtienen mediante un proceso que elimina la mayor parte de la humedad, dando como resultado un compuesto que fragua al mezclarlo con agua.

Yeso de París

Es un yeso de fraguado rápido y tiende a desprender calor cuando fragua. Suele ser blanco o rosado y se mezcla con agua limpia hasta obtener una consistencia cremosa.

Yeso carlite

Son yesos de fraguado lento, y suelen estar mezclados con un árido fino. Tan sólo necesitan agua para su utilización.

Yesos Thistle

Thistle es la marca comercial de una serie de yesos de construcción. Los hay de dos tipos: el de acabado para utilizar sobre superficies que contengan arenas, y el que se emplea para el acabado de superficies en cartón-yeso.

Sirapite B

Es un yeso de acabado que se emplea sobre capas que contengan arena. No debe aplicarse sobre cartón-yeso.

Yesos con arena

Antiguamente, el enlucido se realizaba con yeso en capas de arena y cal, además de ciertas capas de acabado en cal fina. Con la aparición del actual yeso, estas capas y aplicaciones se han dejado de realizar.

Yesos de capa única

Son yesos que se utilizan en una sola aplicación sobre distintos parámetros y superficies. El acabado es fácil y rápido con la utilización de la llana.

Emplastes

Son yesos en polvo fino que se emplean en reparaciones. Algunos se encuentran reforzados con ciertas resinas.

Tipos de superficies

Una superficie bien preparada es el primer paso para que el enlucido a aplicar sea bueno y de calidad. Por ello, será necesaria, previamente a cualquier operación, una preparación de la superficie. En el caso de que el muro o la pared sea nueva y de fábrica, tan sólo será necesario humedecer la superficie. Sin embargo, las viejas superficies tendrán que ser revisadas para comprobar cuál es el estado del antiguo yeso. En el supuesto de que le yeso se haya desprendido, se deberá cepillar la superficie hasta encontrar un material firme sobre el que poder trabajar; a continuación se trata la

superficie y luego se realiza el enlucido de forma normal.

PREPARACIÓN DE LA SUPERFICIE

Primero se quitan las partículas sueltas, tales como las sales del muro y el polvo, por medio de un cepillo. Después, se rocía el parámetro con agua para determinar la absorción del mismo. Si el muro permanece mojado será una situación normal, y tan sólo se requerirá una leve humidificación con agua limpia antes justo de aplicar el yeso.

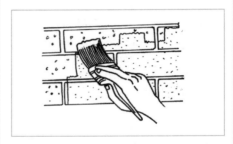

Sin embargo, si la superficie permanece seca, ya que el agua ha sido absorbida inmediatamente, requerirá un trabajo más difícil, ya que ese tipo de pared impedirá el fraguado adecuado, lo que puede llegar a originar grietas en la pared. En estos casos, deberá mojar la superficie con agua utilizando un cepillo.

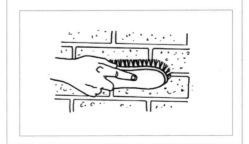

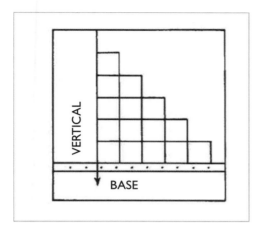

Hay que quitar los azulejos antes de enlucir.

Superficies de gran absorción

En superficies muy absorbentes, como los bloques de hormigón porosos, se debe preparar la superficie con una parte de agente aglomerante y con tres a cinco partes de agua limpia.

Una vez seca la pared, se procede a aplicar una primera capa de tres partes de agente aglomerante y una parte de agua. Después, se aplica el yeso una vez que la capa está preparada y lista para ello.

Un agente aglomerante ayuda a la adherencia del yeso.

Superficies de baja absorción

Los muros de fábrica de ladrillos o de hormigón de baja absorción han de prepararse previamente a base de una solución con una parte de agente aglomerante y con tres a cinco partes de agua. A continuación, se debe dejar secar y aplicar una segunda capa con tres a cinco partes de agente aglomerante y una parte de agua. Por último, se procede a aplicar el yeso cuando se compruebe que el yeso forma una película adhesiva o cuando se haya dejado secar durante 24 horas antes de enlucir.

Superficies no absorbentes

Los azulejos y las paredes pintadas son superficies calificadas como no absorbentes y necesitarán una capa de agente aglomerante para que el yeso pueda adherirse perfectamente a la superficie. En estos casos, el yeso debe aplicarse cuando todavía el agente aglomerante está húmedo.

Una alternativa para los azulejos consiste en aplicar una lechada de dos partes de arena tosca y una parte de cemento mezclada con una solución de una parte de agente aglomerante y otra parte de agua. Una vez hecha la lechada, aplíquela con una brocha de cerdas rígidas para obtener así una superficie granulada. Por último, deje secar durante 24 horas y a continuación aplique el yeso. Otra de las soluciones es quitar los azulejos.

Mezcla de yeso

Una vez preparada la superficie sobre la que se va a trabajar, el paso siguiente es

Aplicación de la lechada sobre el azulejo.

conseguir una buena mezcla de yeso. La mejor manera de trabajar es realizar la mezcla lo más cerca posible del lugar donde se va a aplicar, para evitar ensuciar suelos o pasillos.

A pesar de ello, deberá cubrir el suelo con periódicos para ensuciar lo menos posible. También es imprescindible limpiarse los zapatos o, incluso, cambiarse de zapatos o de calzado cuando se ha terminado de trabajar y se abandona el lugar.

Es recomendable que se utilice un cubo de plástico para medir con precisión el cemento que se va a utilizar, la cal, la arena o el yeso. En el caso de que se vayan a mezclar grandes cantidades de yeso, deberá multiplicar el número de cubos necesarios para no desparramar toda la mezcla por la habitación. Vaya mezclando, única y exclusivamente, la cantidad de yeso que necesite, según las necesidades del momento.

Yesos para capas de imprimación base

Mezcle el yeso para la capa de imprimación en una paleta. Para los yesos que ya están previamente mezclados con áridos tan sólo necesitará añadirles agua; para esta operación utilice también la paleta.

Igualmente, se pueden preparar pequeñas cantidades de yeso previamente, mezclando el material y el agua en un pequeño cubo. En estos casos, vierta el yeso en el agua y revuelva hasta obtener una consistencia cremosa para su aplicación. Aproximadamente, un kilogramo de yeso requerirá cerca de tres cuartos de litro de agua.

Yeso de acabado

En este caso deberá mezclarse en un cubo de plástico limpio, añadiendo únicamente el polvo del yeso en el agua. No es recomendable realizar mezclas superiores a dos litros de agua. Para realizar la mezcla se tiene que espolvorear el yeso en el agua y remover con una madera hasta obtener, igualmente, una consistencia cremosa. A continuación, vierta el yeso en una paleta limpia y ligeramente humedecida. La mezcla ya estará lista para usar.

Agentes aglomerantes

Este tipo de materiales modifican la succión de la superficie y mejorar la adhesión del yeso a la pared.

El agente aglomerante puede ser perfectamente mezclado con yeso o arena y cemento para rellenar grietas o fisuras de la pared. Para ello, primero deberá eliminar cualquier partícula que exista sobre la superficie y, a continuación, aplicar con una brocha la solución a base de una parte de agente aglomerante y entre tres y cinco partes de agua.

Más tarde, mezcle el yeso con una parte de agente aglomerante y tres partes de agua hasta que llegue a espesar. Una vez que la solución ha espesado, aplique el material con una llana presionando fuertemente contra la grieta. Cuando haya terminado, deberá limpiar adecuadamente todas las herramientas utilizadas con agua limpia.

 APLICACIÓN DEL YESO

Para una persona que aplica por primera vez el yeso, esta tarea puede parecer en mayor o menor medida una operación complicada, sin embargo es mucho más sencilla de lo que parece. Tan sólo se requiere dos elementos para una correcta aplicación del yeso: que el cemento se adhiera bien a la superficie y que se logre un acabado fino y liso.

Una buena preparación, una cuidada elección del yeso y la utilización de las herramientas adecuadas garantizarán en todo momento la buena adhesión del material al parámetro.

Otro asunto diferente es la habilidad personal para conseguir una superficie lisa y suave. Esta circunstancia sólo se producirá con la práctica y la maña por parte de cada usuario.

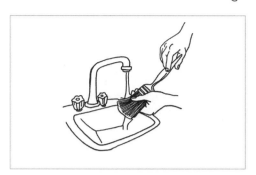

Lavado de la brocha de aglomerante.

Técnicas de enlucido

Preparación del yeso

Antes que nada, hay que preparar el yeso. Como ya se ha explicado someramente antes, el manitas deberá sostener el borde de la paleta por debajo del caballete donde se encuentra el yeso y deslizar hasta la paleta una cantidad razonable de yeso.

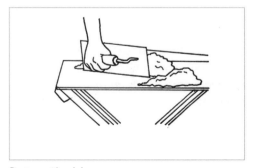

Preparación del yeso.

Aplicación

Para la aplicación del yeso se deberá sostener la llana en posición horizontal, pero con un cierto ángulo contra la pared. A continuación se deberá aplicar el yeso por medio de un movimiento de abajo hacia arriba, al tiempo que se presiona con firmeza el yeso contra la pared. Paulatinamente, según se asciende sobre la pared, se deberá reducir gradualmente el ángulo de la llana, evitando que la cara de la paleta entre en contacto total con la pared.

Aplicación del yeso.

Nivelado

El nivelado consiste en obtener el espesor que se desea, por medio de una aplicación uniforme del yeso en la pared.

Es recomendable para esta operación que se utilice una regla para nivelar la superficie, comenzando el trabajo desde la parte inferior hasta la zona superior.

Nivelado con una regla.

Acabado

Por último, el acabado consiste en la aplicación de una última capa de acabado de yeso, tan pronto como la zona terminada esté ya fraguada. Finalmente, y mientras se seca el yeso de esta última capa de acabado, es conveniente rociar la pared con agua para consolidarla y obtener un acabado mate y suave.

En cualquier caso, debe evitar presionar mucho las capas y trabajar la superficie en exceso. Elimine el agua sobrante en la pared por medio de una esponja, que frotará suavemente sobre la superficie.

 LO QUE NO SE DEBE HACER

No se debe realizar trabajos de enlucido o de alisamiento de superficies cuando el yeso aplicado ya está seco.

Nunca se debe calentar el yeso para adelantar el fraguado del mismo, puede llegar a provocar grietas en la pared.No se debe provocar ningún tipo de secado de forma artificial, ya que el yeso y el cemento fraguan químicamente; en el caso de que se sequen antes de que se produzca esa reacción química, el yeso nunca llegará a adquirir toda la resistencia necesaria, pudiéndose volver excesivamente frágil.

Reparaciones en el enlucido

En algún momento de la vida de la vivienda habrá que rellenar grietas o agujeros con yeso en algunas de las paredes de la casa, debido al propio deterioro de la misma, o como parte de los preparativos normales del enlucido.

Otro tipo de reparaciones son aquellas que requieren un mayor trabajo tanto en tiempo como en nivel de conocimientos. En este sentido, se encuentran las labores de eliminar una chimenea o tratar una pared entera o, incluso, eliminar una de las paredes de la vivienda.

Enlucido sobre una chimenea

Una chimenea tapiada constituye un espacio lo suficientemente grande como para que el aficionado consiga una buena práctica en el manejo y utilización de las herramientas de albañilería, sin que ello suponga un trabajo excesivamente complicado. Este tipo de reparaciones se pueden realizar con yeso de capa única o con una capa de imprimación y otra de acabado.

Con yeso de capa única
Prepare el paramento eliminando el polvo y aquellas partículas sueltas que se encuentran en el ladrillo y alrededor del mismo. Después, mezcle el yeso en un cubo. Más tarde, humedezca el parámetro con agua limpia y coloque una tabla de madera para poder recoger los restos de yeso con facilidad. Mezcle el yeso sobre un caballete y aplíquelo sobre los ladrillos con una llana. Proceda a aplicar el yeso de forma ordenada, comenzando por la parte inferior de cada sección y extendiéndolo verticalmente; realizando el enyesado por áreas, es decir, uniendo el borde de una de las áreas con la siguiente para obtener un mayor grosor. A continuación, nivele con una regla y rellene cualquier agujero que pueda existir. Y vuelva a nivelar con la regla.

Deje que el yeso endurezca durante, al menos, unos 45 minutos, y cuando observe que la presión del dedo no deja huella sobre la pared, proceda a humedecer ligeramente la superficie con una esponja. Después, humedezca la llana y dé al yeso un acabado suave y liso, ejerciendo una firme presión vertical y horizontal, y manteniendo la herramienta en cuestión siempre húmeda.

Por último, deje que se seque por completo, durante aproximadamente seis semanas, antes de proceder a colocar la chimenea.

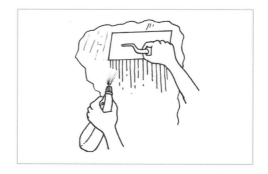

Acabado del enyesado de capa única.

Enyesado en dos capas
Aplique una capa de imprimación y una capa de acabado tal y como se ha descrito anteriormente.

Reparación de una esquina rota

Cuando un trozo de una esquina enlucida se ha roto y se ve el ladrillo, se puede reconstruir perfectamente por medio de yeso con una o dos capas. Para ello, se deberá utilizar un listón de 100 mm de ancho para realizar el trabajo bien y con precisión.

Por medio del cincel, se elimina el yeso del borde dañado de la esquina y se deja al descubierto unos 100 mm del muro de ladrillo.

Si se utiliza el yeso de dos capas, primero deberá situar la tabla guía contra el yeso antiguo. Después proceda a fijarla con clavos en la pared, pero lejos de la esquina para que ésta no se dañe más de lo que está.

Mezcle el yeso de la capa de imprimación, humedezca el muro de ladrillo y los bordes del yeso antiguo y, a continuación,

rellene el lado que está al nivel de la tabla, pero no la pared. Después, raspe el yeso de nuevo con la llana.

Cuando el yeso ya esté endurecido, elimine la tabla de la pared para evitar que el nuevo yeso se pueda desprender. El nuevo borde en el que se ha trabajado representa una de las caras de la superficie acabada, por lo que deberá afinarlo con la llana y la regla.

Una vez que ha terminado y dejado secar el yeso en uno de los lados (en el que se ha arreglado), clave de nuevo la tabla en el otro lado sin arreglar, pero en esta ocasión hasta el nivel de la nueva esquina. Haga el mismo procedimiento que anteriormente y rellene de yeso el hueco que aparece. Si es preciso, humedezca la capa de imprimación para mejorar la adherencia del yeso.

Cuando ambos lados estén firmes, deberá pulir el nuevo yeso con la llana, redondeando el ángulo recto. Después, deberá dejar secar todo el conjunto.

Reparación de un techo

Muchas pueden ser las causas por las que un techo de cartón yeso se ha deteriorado y necesita ser arreglado de inmediato, como por ejemplo un paso en falso en el piso de arriba, una fuga en la cubierta o una tubería que pierde agua. Todas ellas

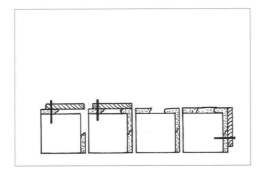

Reparación de una esquina rota.

son circunstancias que pueden provocar daños en el techo inferior. Este tipo de desperfectos son daños perfectamente localizables y reparables con facilidad.

Antes de comenzar a trabajar sobre la zona afectada, es conveniente que se cerciore sobre el sistema eléctrico de la casa y decida cortar la corriente. Después deberá comprobar la dirección en las que están dispuestas las viguetas y si existe algún cableado eléctrico cerca del área afectada. En el caso de que el techo dañado se encuentre debajo de un piso, la inspección del sistema eléctrico puede realizarse desde la parte superior o piso superior, levantando las tablas del suelo. En el supuesto de que no se pueda realizar la inspección desde arriba, preceda a realizar un agujero en el centro de la zona afectada y observe a través del mismo por medio de una linterna o de un espejo.

Abertura en el cartón-yeso del techo.

En torno al área afectada trace un cuadrado o un rectángulo en el techo. Practique una abertura en el cartón yeso del techo, de un tamaño ligeramente superior a la de la zona afectada. Para ello puede utilizar una sierra de costilla, o si hay cables cerca, una cuchilla que atraviese el grosor del cartón-yeso.

Después, corte y clave unos travesaños entre las viguetas, justo en los bordes de la abertura, de tal forma que la mitad del grosor se proyecte más allá de la abertura del cartón yeso del techo.

A continuación, clave unos listones de 50 x 25 mm a los lados de las viguetas. Después, corte un trozo de cartón-yeso del tamaño de la abertura que ha realizado y clávelo a los travesaños y listones. Por último, rellene y coloque cinta en las juntas y los laterales y obtenga una superficie lisa, uniforme y recuperada.

Reparación de molduras

Las molduras de una habitación, es decir, todas aquellas partes salientes que sirven para adornar entre las paredes y los techos de las salas de una vivienda, pueden verse dañadas con el paso de los años por

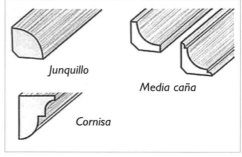

Molduras.

Arreglo de una moldura.

el asentamiento del propio edificio. Este tipo de daños o grietas en las molduras pueden ser reparadas fácilmente con material de relleno, mientras que las partes ausentes de una moldura en una habitación tiene que ser reconstruidas.

Pintar una moldura.

Los tramos cortos de molduras pueden ser arreglados en la misma habitación, sin embargo los trozos más largos se deben hacer en un banco de trabajo y después tienen que ser acoplados en la pared con un poco de yeso sobre la continuación de la moldura ya existente.

En cualquier caso, ya sea la reparación de una pequeña moldura o de un trozo largo de la misma, se requerirá la eliminación de la pintura existente antes de comenzar cualquier tarea de reparación.

Reparación en el mismo lugar

1. En primer lugar, deberá clavar provisionalmente una guía en la pared, justo en el borde inferior de la moldura y a lo largo de la parte que se desee reparar.

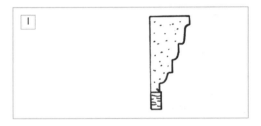

2. Después, deberá hacer una plantilla del perfil, incluyendo la guía. La manera de proceder en estos casos es con una lámina de aluminio o de plástico y obteniendo la forma deseada de la moldura. Para cerciorarse de que el modelo construido es el idóneo, deberá acercar la plantilla al resto de sectores de la moldura, así comprobará si está bien.

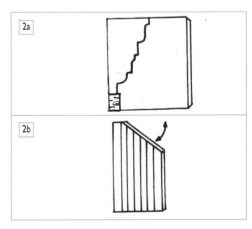

3. Después, encole y atornille el perfil a una tabla de soporte y corte la tabla según la forma de la moldura, pero con el borde del contorno biselado a 45° aproximadamente.

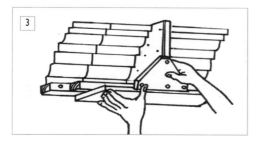

4. Atornille la regla al perfil, de manera que apenas toque la pared al apoyarlo, y asegúrese de que el patrón y la base forman un ángulo de 90°. Más tarde, atornille una pieza rectangular a la parte posterior del perfil y a la base para ofrecer firmeza al conjunto.

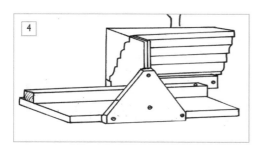

5. Por último, añada un listón a la base, a ambos lados del perfil y al nivel del borde del mismo. A continuación, retire el material suelto y humedezca la zona que va a ser restaurada de la moldura.

Mezcle el yeso de París hasta que obtenga una consistencia cremosa y extiéndalo sobre la zona afectada. Por medio de sucesivas capas de yeso, vaya aumentando el grosor de la moldura y vaya desplazando el patrón horizontalmente hasta obtener la forma deseada, mientras se va endureciendo el yeso.

Realización de un tramo largo de moldura

Los tramos de moldura largos se pueden hacer en un banco de trabajo si prepara un ángulo recto con dos tablas atornilladas, que representarán la forma existente entre la pared y el techo.

Más tarde, adhiera un filete triangular en el ángulo, mida la altura de la moldura existente y fije un listón guía a la tabla que representa la pared a la misma distancia de la tabla que representa el techo.

A continuación, tome el perfil de la moldura y haga una plantilla, como se ha realizado en la reparación de la moldura en el mismo lugar.

Después, mezcle el yeso y extiéndalo contra la caras de la pieza mientras desplaza al mismo tiempo el perfil a lo largo de la sección para obtener la forma a medida que se van añadiendo capas de yeso.

Una vez la moldura seca, elimine la moldura del molde realizado al principio, quite el material dañado a ambos lados del trozo que se está reparando en la pared y elimine las partículas sueltas del ángulo con un martillo y un cincel.

Por último, corte la nueva sección realizada a medida de la moldura existente y aplique pegamento especial para yeso para unir ambas partes, la nueva y la vieja existente. En el caso de que el nuevo tramo de moldura sea muy grande, deberá utilizar tornillos para su fijación completa y perfecta.

Elimine el exceso de adhesivo y rellene las juntas a ambos lados, a continuación limpie toda la zona con una esponja húmeda.

Matriz para la moldura.

Enyesado de una pared

No es común que se tenga que enyesar una pared por completo; sin embargo, cuando los problemas han sido originados por la humedad o por la modificación de algunas de las puertas, es probable que tenga que hacer frente al trabajo en grandes superficies. Sea como fuere, lo cierto es que enyesar una pared entera no es una tarea excesivamente complicada para un aficionado. La clave para tener éxito en esta labor radica en dividir la pared en secciones.

Preparación para enyesar

Además de las herramientas propias del enlucido, se necesitará un nivel y algunos

Rastreles para nivelar el yeso.

listones de madera de unos 10 mm de grosor. Estos listones, que son denominados rastreles, se clavan en la pared para que sirvan de guías a la hora de nivelar el yeso.

A continuación, se tiene que preparar la superficie y fijar los rastreles verticalmente a la pared con clavos. En el caso de que hunda los clavos hasta el final, será mucho más sencillo manejar la llana, sin embargo, cuando termine el trabajo será más difícil eliminar los rastreles.

Lo primero que se debe hacer es mezclar el yeso hasta que tenga una consistencia cremosa. Es recomendable que, aunque haya mucha superficie por cubrir, se preparen al principio únicamente dos cubos de yeso.

Aplicación del yeso

Comience la capa de imprimación del yeso sobre la pared con la llana, manteniendo el ángulo correspondiente a la hora de su aplicación, según se ha descrito anteriormente en el manejo de la llana y del resto de herramientas de albañilería.

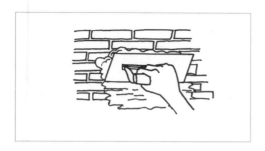

Presión del yeso.

Se debe aplicar el yeso en vertical y trabajar sobre la pared en secciones de derecha a izquierda, en el caso de que sea diestro, y de izquierda a derecha si se es zurdo.

Es importante que presione el yeso con la llana para asegurarse una adhesión óptima. Igualmente, es conveniente que la primera capa sea delgada, para que las posteriores sean de mayor grosor, hasta llegar a obtener el grosor adecuado. Si el grosor final deseado es superior a 10 mm, deberá preparar la superficie y dejarla secar, a continuación realice una segunda capa.

Orden de aplicación del yeso.

Vaya rellenando la zona conforme a los rastreles. No es necesario que se aplique presión contra los rastreles, sino que tan sólo deberá nivelar la superficie sobre la que trabaja y desplazar la regla hacia arriba, que estará apoyada contra los rastreles de ambos lados.

Rellene los huecos y continúe nivelando el yeso. Después, raspe la superficie ligeramente para una mejor adherencia en la capa de acabado. Por último, deje fraguar el yeso. A continuación, quite los rastreles y rellene los huecos que hayan quedado vacíos.

En el caso de que se utilicen yesos corrientes, se puede proceder a la aplicación de la capa de acabado tan pronto como seque la capa de imprimación.

Acabado
Cubra la capa de imprimación con una capa delgada de yeso de acabado. En este caso también deberá trabajar el yeso de arriba hacia abajo y de izquierda a derecha, y siempre con movimientos uniformes y constantes.

Para nivelar mejor la superficie, haga más tarde movimientos horizontales. Para la primera imprimación se puede utilizar una regla, usando después la llana para suavizar cualquier irregularidad que haya podido surgir.

Por último, deberá humedecer la llana y desplazarla por la superficie ejerciendo una presión firme. De esta forma, se consolida el yeso aplicado. Proceda a limpiar con una esponja húmeda cualquier tipo de mancha de yeso que aparezca sobre la pared.

La superficie se dejará secar por completo durante algunas semanas antes de decidir decorarla, pintarla o empapelarla.

Arreglo de muros macizos

La utilización de cartón-yeso es una de las alternativas para revestir una pared maciza en seco, por medio de pellas y adhesivo. Los materiales a utilizar son unas almohadillas especiales para nivelar la pared y la aplicación de trozos de cuadrados que hayan sobrado de otros paneles.

Las almohadillas se adhieren en primer lugar en la pared, después de ponen las pellas de yeso entre las líneas de las almohadillas y por último se clava el cartón-yeso.

Colocación de las pellas
Lo primero que se debe hacer es trazar líneas verticales con tiza sobre la pared maciza. Las líneas deben estar separadas unos 45 cm una de otra; además, el trazado de la primera línea debe corresponder al comienzo de una esquina o de una abertura.

Lo ideal es realizar tres tipos de líneas: una horizontal a 22,5 cm del techo, otra a 10 cm del suelo, y otra centrada entre ambas. En el caso de que la pared mida más de 2,4 m de altura, deberá dividir el espacio entre la parte superior y la inferior mediante dos líneas más. Las almohadillas se colocarán en las intersecciones

de las líneas que han sido trazadas en la superficie.

Pegue cada almohadilla en el punto de intersección de las líneas. La manera de colocación de las almohadillas es con yeso de capa única adherente o con un adhesivo especial para yeso. Coloque la almohadilla procurando no dejar menos de 3 mm de adhesivo bajo la misma. Nieve el resto de las almohadillas con respecto a la primera de igual forma.

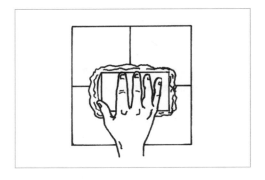

Pegado de almohadillas.

Una vez que haya completado una línea vertical con almohadillas en cada una de sus intersecciones, complete el resto de las líneas. Prosiga de esta forma todo el resto de la pared, colocando almohadillas en todas las intersecciones. Después, deje secar el yeso durante al menos dos horas.

Colocación del cartón-yeso
Una vez colocadas y secadas las almohadillas, proceda a colocar las pellas gruesas de adhesivo o de yeso de cohesión a la pared con una llana. Las pellas se van colocando por cuadrantes y separadas entre sí por unos 7,5 cm.

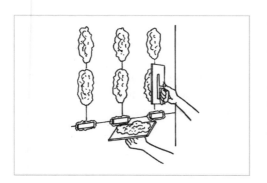

Aplicado de pellas.

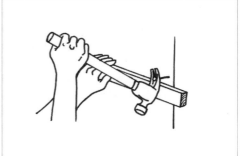

Quitar clavos.

Después, coloque el panel de cartón-yeso presionando firmemente contra las almohadillas, de manera que el yeso se vaya extendiendo detrás del mismo. Puede utilizar una regla para presionar uniformemente.

Observe, a continuación, si el panel está alineado. Después, coloque el panel con los clavos sobre las almohadillas que ha puesto en las intersecciones. Una vez puesto el primer panel, proceda a colocar el segundo de la misma manera: juntándolo primero, presionando después y clavando.

Una vez que el yeso haya fraguado, proceda a eliminar los clavos por medio de unas tenazas o de un martillo, protegiendo (evidentemente) la superficie de cartón-yeso.

Una vez que hay cubierto toda la superficie con los paneles de cartón-yeso, realice la unión en las juntas y el trabajo ya estará terminado.

REVOQUES EXTERIORES

El revoque exterior es la aplicación de una capa relativamente delgada de cemento o de mortero de cemento y cal a las superficies de las paredes exteriores de una vivienda, para conseguir un acabado decorativo y hacerlas, al tiempo, resistentes a la intemperie y las condiciones climatológicas adversas.

Cualquier tipo de tratamiento exterior en albañilería de una casa debe ser analizado y estudiado con anterioridad, ya que el acabado exterior de una vivienda tiene que estar siempre en armonía con el entorno y con el resto del edificio. Esta cir-

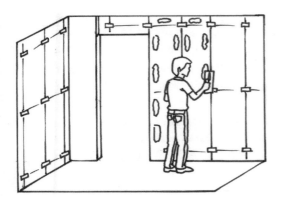

Etapas del método de adhesión.

cunstancia es especialmente importante en el caso de las viviendas adosadas o en línea, cuyas fachadas forman un todo continuo y seguido.

Por ello, debe realizarse el siguiente cronograma antes de comenzar un revoque exterior: planificación, selección del revoque y aplicación.

Planificación

Tal y como se ha señalado anteriormente, se debe tener presente dónde, cuándo y cómo se va a realizar un revoque exterior en la vivienda. Lo primero de todo es que la modificación exterior de la vivienda no influya de forma directa ni al entorno más inmediato ni al conjunto de vecinos que residan en la urbanización o en el bloque; es decir, que la decisión de cambiar el exterior de la casa afecte única y exclusivamente al propietario y usuario de la misma. A partir de ahí, la tonalidad, el diseño o lo que se quiera o desee realizar es independiente: puede realizar una casa muy llamativa exteriormente o todo lo contrario: muy discreta.

Técnicas de revoque

La técnica que se utiliza en el revoque es prácticamente la misma que se realiza en el enlucido, aunque en ocasiones también se utiliza el cemento y la cal. Por lo general, se usan las mismas herramientas que en el caso de los arreglos interiores de la casa, aunque con una salvedad: para el exterior se prefiere la utilización de una ta-

locha de madera en lugar de una llana (para el acabado del cemento), ya que la madera deja una superficie algo más rugosa y de mejor apariencia, en lugar de una fina y suave.

Generalmente, se entiende que el revoque de las paredes exteriores de una casa es un trabajo de profesionales, ya que se tienen que cubrir unas superficies muy importantes; si bien, un aficionado puede realizar obras de revoque por zonas o por paredes.

El no profesional se puede plantear, perfectamente, el trabajo exterior como un reto por secciones o por paredes. De esta forma, la manera de trabajar es más sencilla y mucho más manejable para el aficionado. En este sentido, el manitas deberá concentrarse en conseguir que un revoque quede uniforme; en el supuesto de que no lo consiga, siempre podrá recurrir a la pintura para disimular aquellas partes que no hayan quedado perfectas.

Antes de pretender o intentar revocar una pared grande, el aficionado deberá, en la medida de lo posible, embarcarse en un trabajo menor, como por ejemplo acometer o realizar eso mismo pero en la valla del jardín o de la casa.

Aglomerantes para el revoque exterior

Mortero
Es una mezcla de arena, cemento y agua. La arena proporciona a la mezcla volumen

y el cemento mantiene unidas las partículas. Se pueden conseguir morteros de diferentes durezas y adhesiones ajustando las proporciones de arena, cemento y cal.

Cemento

El más conocido es la clase portland, que está fabricado con piedra caliza y arcilla. Tiene un color ligeramente grisáceo y puede ser mezclado con áridos para la obtención de hormigón.

Cal

Se obtiene de la piedra caliza o de la arcilla. Una vez que sale del horno, se la denomina cal viva. La cal se puede adquirir en establecimientos de materiales de construcción.

Se puede utilizar directamente, pero lo habitual es que se humedezca 24 horas antes de ser utilizada, para elaborar así una pasta de cal. La cal se puede mezclar con agua, para alcanzar una consistencia cremosa, o con arena y agua para que se convierta en un mortero de cal al que llaman mortero mixto o mortero de cal.

Preparación del mortero

Lo recomendable a la hora de hacer el mortero es mezclar la cantidad necesaria del mismo para ser utilizado en una hora. En el caso de que el tiempo sea muy caluroso o seco, lo aceptable es realizar la mezcla para media hora. Es conveniente que todas las herramientas de albañilería que se utilicen para realizar el mortero se encuentren muy limpias, sólo de esta forma se estará en condiciones óptimas de que el mortero no fragüe con ellas.

1. Lo primero que se debe hacer es colocar las medidas apropiadas de arena sobre una superficie plana. Después, añada con una pala la medida exacta de cemento. Ponga el cemento sobre el montón de arena y vaya mezclándolos conjuntamente, pasando con una pala la mezcla de un lugar a otro y viceversa. A continuación, continúe haciendo la mezcla en seco hasta que el conjunto adquiera un color gris uniforme.

2. Más tarde, realice un hoyo en el centro del montón mezclado y vierta sobre el mismo un poco de agua, pero no en exceso.

3. Con la ayuda de una pala, vaya desplazando la mezcla seca, desde los lados del montón, hasta la zona de agua del centro, hasta que el líquido sea absor-

bido por la argamasa. En el caso de que, una vez hecho este procedimiento, todavía quedase mezcla seca, se añadirá más agua, hasta que el mortero tenga la suficiente firmeza y consistencia plástica.

4. Es muy probable, sobre todo si se realiza por primera vez, que al principio no se acierte con la cantidad de agua necesaria; por ello, si después de realizar la mezcla, el mortero sigue estando relativamente seco, deberá humedecer el conjunto con agua, por medio de una regadera. No debe olvidar, sin embargo, que un porcentaje excesivo de agua puede producir la debilidad de la mezcla y del mortero.

5. Una vez acometida la mezcla perfecta, deberá deslizar la parte posterior de la

pala sobre el mortero, con un ligero movimiento de sierra, de esta manera comprobará la consistencia y firmeza del mismo. En este caso, las ondas que se han producido con la pala no deben ni hundirse, ni deslizarse, ni deshacerse.

Una vez que el resultado sea satisfactorio, deberá anotar las proporciones de material seco y cantidades de agua utilizados, ya que de esta forma conocerá las medidas exactas para futuras ocasiones.

La mezcla también se puede realizar de manera mecánica, por medio de una pequeña hormigonera, que puede ser comprada o alquilada, aunque este tipo de elementos y herramientas son más comunes para trabajos profesiones y para cantidades superiores.

Preparación de la superficie
Deberá eliminar completamente todas las capas que estén viejas o desprendidas, por medio de un martillo o un cincel. En el

caso de que sea necesario, deberá quitar las juntas de mortero de la pared de ladrillo y cepillar bien la zona en la que se va a trabajar. Igualmente, deberá eliminar cualquier tipo de presencia orgánica, como líquenes o algas.

Plataforma de trabajo

A la hora de hacer el revoque correspondiente, necesitará tener las dos manos libres para poder utilizar las herramientas necesarias. Por ello, y para que el trabajo sea más sencillo y fácil, podrá instalar en el muro o en la pared un par de escalones y un tablero de andamio.

La secuencia de trabajo debe ser la siguiente:

1. Instalar una plataforma de trabajo segura.

2. Dividir la pared en zonas independientes verticales.

3. Aplicar la primera capa de revoque.

4. Aplicar la capa superior sobre una capa inferior ya preparada, fraguada y seca.

Aplicación de revoques

El revoque debe ser aplicado con una llana metálica sobre la superficie, mientras que el acabado superior debe ser realizado por medio de una talocha de madera. La manera de aplicar el mortero es la siguiente: coja una paletada de mortero y arrójela sobre la pared, ejerciendo sobre la misma una gran presión, y aplicándola mediante un golpe seco y ascendente.

Aplicación del mortero.

La primera capa sobre la pared no debe ser superior a más de dos tercios de grosor del revoque original de la superficie, e inferior a 10 mm. Después, deberá nivelar el mortero con una regla, que irá desplazando por toda la zona que se encuentra en reparación; a continuación, pique la superficie para recibir la siguientes capas.

Deje que las sucesivas capas vayan fraguando y endureciéndose paulatinamente. Por último, y antes de aplicar la capa final, deberá humedecer la capa anterior del revoque hasta que se consiga una succión uniforme. Una vez que haya aplicado esta última capa, deberá nivelarla con una regla para que quede lisa y completamente uniforme.

Colocar tacos en la pared

En la mayoría de los establecimientos ferreteros y grandes superficies hay una gran variedad de tacos que pueden utilizarse para colgar o fijar distintos objetos o soportes en las paredes de la casa.

Los tacos, en este sentido y dependiendo del tamaño del objeto y del peso del mismo, se diferencian tanto por sus medidas como por su forma. Además, tanto la medida como la forma del taco influirá en el tipo de material sobre el que se debe fijar: si es un ladrillo compacto, un ladrillo hueco, cemento, piedra, etc., así como de la función que deba cumplir.

Los pasos para poner un taco en la pared, son los siguientes:

1. Para realizar un agujero en la pared en el que se deba introducir un tornillo, deberá elegir la broca del mismo número (o grosor) que el taco, que a su vez alojará el tornillo.

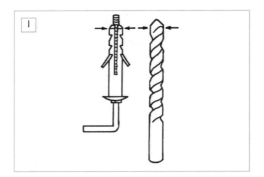

2. El siguiente paso es marcar con un lápiz una cruz bien visible que señale el punto exacto en donde se debe agujerear la pared.

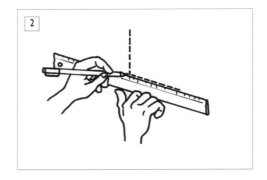

3. Ponga el taladro en el percutor para taladrar mucho más fácilmente la pared en cuestión.

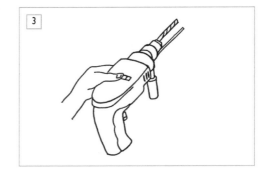

4. Para que el agujero no sea demasiado profundo, deberá usar el limitador de profundidad que hay en el taladro eléctrico. En teoría, el agujero a realizar debe ser un poco más profundo que la longitud del taco.

5. A continuación, elimine los restos de material que quedan en el interior del agujero.

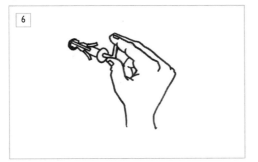

6. Introduzca en el agujero el taco seleccionado y empiece a enroscarlo en el agujero.

7. Termine de atornillar la parte fileteada del tornillo con unos alicates.

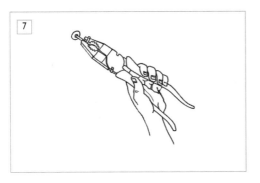

Tacos con aletas

Para poder colgar pesos y objetos especiales, puede ser que el taco disponga de unas aletas al final que se abren.

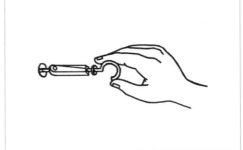

Si el taco se introduce en el techo, la aletas se desprenden para impedir que el tornillo se caiga.

Tacos rebeldes

Aunque en principio poner un taco parece una operación sencilla, a veces la tarea no resulta tan fácil porque el agujero a utilizar no es el más adecuado: o es demasiado grande respecto a la medida del taco o la pared puede agrietarse en el transcurso de la operación. En estos casos no debe desesperarse, ya que existen una serie de técnicas y procedimientos que reparan el daño causado. Al final, el resultado que se obtiene es siempre bueno.

Forma de proceder en estos casos:

1. Si el agujero que se ha realizado es demasiado grande, se prepara un mortero de cemento con poca arena y mucho cemento.

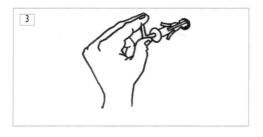

2. Moje el agujero con agua y rellénelo con cemento con la espátula.

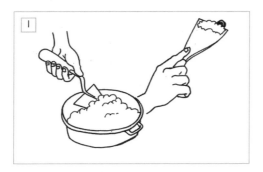

3. Introduzca en el interior del hueco relleno de cemento, aún líquido, un taco de un diámetro bastante grande.

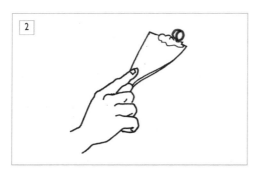

4. Expanda enseguida el taco antes de que el cemento llegue a fraguar. De esta forma, el taco se quedará introducido en el cemento, que cuando se seque, fijará el elemento que se ha introducido bien seguro.

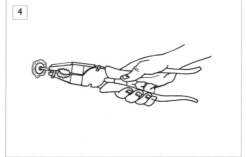

5. Si el agujero que ha realizado es demasiado grande, introduzca el taco en otro taco mayor. Así, meterá ambos tacos en el agujero y el resultado será el esperado.

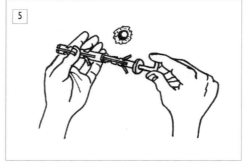

6. Si la pared se desmenuzara al realizar la operación, puede empotrar un calce (cuña que se utiliza para rellenar el espacio entre dos cuerpos) practicando un gran agujero cuadrado con un formón.

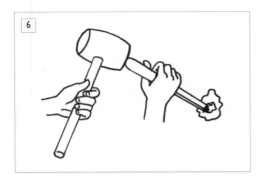

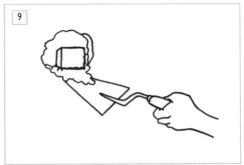

7. Después, rellene el hueco con cemento e introduzca en su interior un calce de hierro con dos aletas en el extremo para que cuando fragüe el cemento, el taco quede bien fijo.

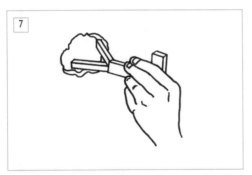

8. En algunos casos, sobre todo, en paredes viejas y débiles, antes de hacer nada es conveniente empotrar un calce de madera en el que se atornilla un elemento de soporte.

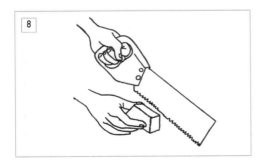

9. Por último, en estos casos de paredes viejas, deberá empotrar el calce de madera en el interior de la pared.

Reconstrucción de una arista

La vivienda, y sus paredes, están continuamente expuestas a golpes y deterioros diversos causados por el uso diario. Una de las zonas que suelen dañarse con más facilidad, precisamente debido a ese efecto de paso y de uso son las aristas de las paredes.

Quizá por mover un mueble de una habitación o por el paso continuo, es fácil que las aristas de las paredes se descascarillen provocando, en la mayoría de los casos, imágenes poco estéticas y feas para el conjunto de la casa que, con unos simples arreglos, se verá renovada y como si acabara de estrenarse.

Un buen manitas siempre puede realizar un arreglo de la pared; es decir, una reconstrucción de la arista que se ha desprendido. El proceso para tener éxito en el arreglo es el que se describe en la página siguiente.

1. Agrande la superficie afectada rascando parte del enlucido hasta llegar al fondo de la pared.

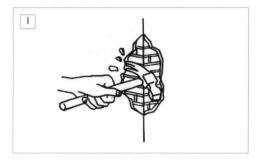

2. Clave en la pared un listón de madera a lo largo del borde de uno de los lados, para señalar de esta forma la línea de la arista.

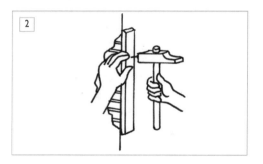

3. Después, prepare un mortero de cemento y rellene el hueco, tapándolo todo desde los bordes hasta el listón.

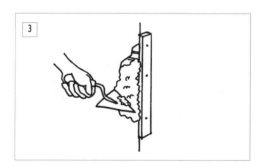

4. Con un tablón de madera, alise el cemento restante y elimínelo.

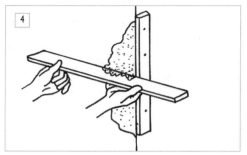

5. Una vez que han pasado un par de días desde la última operación, cuando el cemento ya haya fraguado, retire el listón y proceda a clavarlo en el borde opuesto, realizando la misma labor que la descrita anteriormente, pero al otro lado.

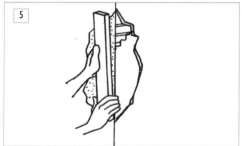

6. Cubra el hueco de ese otro lado con cemento hasta alcanzar el listón de madera, y realice un primer alisado de la zona con una paleta.

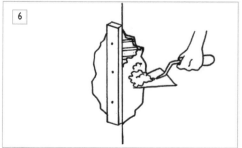

7. Con la ayuda de una llana, alise cuidadosamente el cemento del conjunto, sin apretarlo demasiado.

8. Cuando el cemento esté casi duro, moje un papel de lija de grano grueso y proceda a lijar la superficie tratada.

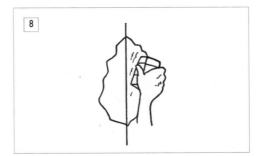

9. Una vez que la zona esté completamente seca y lijada, sin protuberancias ni imperfecciones, píntela para que la intervención no se note. Si la pintura está vieja. es posible que haya que pintar una zona muy amplia e incluso, toda la habitación, para que no se note el cambio de color en la pintura.

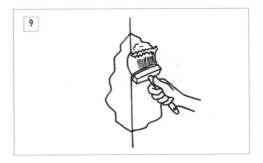

ALICATADO
Y SUELOS

INTRODUCCIÓN

El alicatado es una buena elección para revestir paredes y superficies en la casa. No sólo porque los azulejos son uno de los revestimientos más duraderos y resistentes que pueden aplicarse sobre una pared, sino porque la belleza de los soportes no disminuye con el paso del tiempo, además de no pasar nunca o casi nunca de moda. En el mercado existen multitud de formas, diseños, colores y calidades de azulejos a elegir,

además de ofrecer muchas facilidades (debido al tipo de material) para realizar acabados en una superficie por medio de unidades más pequeñas. Los azulejos pueden cortarse y ajustarse según las dimensiones de la pared o de la sala con mucha facilidad.

TIPOS DE AZULEJOS

La oferta actual de materiales de revestimiento mural en losetas es enorme. Entre un amplio abanico de posibilidades en azulejo, destacan las siguientes:

Azulejos cerámicos

Las piezas cerámicas son duras, normalmente vidriadas y cocidas al horno. Son elementos que se fabrican para paredes y suelos. Además, todas las piezas de cerámica son duraderas e impermeables. La mayoría de las piezas para alicatado son cuadradas, pero las dimensiones de las mismas varían según el gusto y la preferencia del fabricante; así, pueden conseguirse piezas rectangulares y también de formas irregulares. La variedad es altísima, aunque entre las formas más típicas destacan hexágonos, octógonos, rombos y unidades que encajan entre sí con formas curvadas en sus bordes.

Mosaicos

Los mosaicos son versiones en pequeño de las piezas de cerámica normales. Colocarlos de uno en uno supondría mucho tiempo e inexactitud, por eso suelen estar unidos en un revestimiento de papel o una malla formando paneles unitarios. Al ser azulejos pequeños, los mosaicos pueden usarse en superficies curvas y zonas irregulares.

Baldosas antiguas

Las baldosas antiguas son piezas de cerámica gruesas y no vidriadas, que son usadas en aquellos suelos que requieren una superficie resistente al desgaste. Los colores de las baldosas antiguas son marrones, rojos o en blanco y negro. Este tipo de azulejo es difícil de cortar, por lo que no se suelen usar en aquellas superficies donde se requiere adaptar la pieza al pavimento.

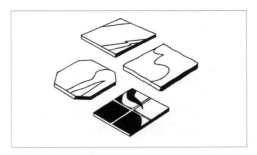

Suelos de pizarra

La pizarra es impermeable y aislante, además de antideslizante. Son suelos muy bonitos y elegantes, pero extremadamente caros.

Piezas de ladrillo y piedra

Pueden usarse para simular paredes de piedra o de ladrillo en zonas intermedias de la casa, como en el antepecho de la chimenea, o para revestir una pared entera.

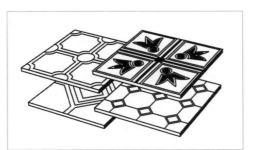

Piezas de vinilo

Son los revestimientos más baratos y también los más fáciles de colocar. Además, el vinilo puede cortarse fácilmente y el suelo suele ser impermeable.

Piezas de poliestireno

Son elementos que actúan de forma adecuada contra la condensación, disimulando los techos en mal estado, aunque este tipo de piezas no reducen de forma significativa la pérdida de calor de la habitación. Además, es un elemento que se corta con facilidad y que se adapta bien a cualquier tipo de superficie.

Azulejos reflectantes

Pueden ser cuadrados y rectangulares, y se fijan a las paredes por medio de almohadillas autoadhesivas en las esquinas. Hay azulejos reflectantes en plata, bronce o gris humo.

Piezas de fibra mineral

Se trata de azulejos para techos fabricados en fibra mineral comprimida. Este modelo de azulejos son lo bastante densos para aislar la habitación del ruido y del calor.

Azulejos metalizados

Son azulejos ligeros de metal prensado y se fijan a las paredes por medio de una almohadilla autoadhesiva que hay en las esquinas de los mismos.

Losetas de caucho

En principio, este tipo de material se fabrica para cubrir tiendas y oficinas, aunque pueden ser igualmente aptos para la casa. La variedad de colores es ilimitada y son resistentes al uso.

Piezas de corcho

El corcho es un conocido revestimiento popular para paredes y suelos. Es fácil de colocar y puede cortarse como se desee.

PREPARACIÓN DE SUPERFICIES

Cualquiera que sea el tipo de azulejo que se vaya a utilizar, la pared sobre la que se va a trabajar debe estar limpia, en buen estado y seca. Es decir, no se puede alicatar sobre papel, sobre una zona desconchada o sobre un área quebradiza. Es importante que antes de comenzar el trabajo de alicatar, se alise la pared. Sólo de esta forma, la colocación de los azulejos será la adecuada y la correcta.

Es conveniente, igualmente, que se compruebe que la pared se encuentra bien nivelada, en el caso de que no sea así se deberá proceder a aplicar yeso en aquellas zonas que estén hundidas.

Si la pared ya está alicatada, lo más recomendable es retirar los azulejos viejos. Para ello, se debe utilizar un cortafríos y un martillo e ir retirando todos los restos del anterior alicatado, sin dañar la pared. Una vez que haya eliminado todos los azulejos viejos, proceda a realizar un nuevo enlucido de yeso dejándolo secar antes de aplicar los nuevos azulejos.

A la hora de encargar el número de azulejos para la reparación, es recomendable adquirir un número superior a los previstos, ya que en el mercado se producen cambios y es probable que el modelo elegido, o deje de fabricarse, o no encuentre la tonalidad exacta. Para conocer el cálculo de la cantidad necesaria deberá multiplicar el perímetro de la pared por al altura de los techos; además de tener en cuenta la medida de superficie de cada azulejo. Normalmente, las cajas de azulejos suelen contener un número exacto de metros cuadrados.

Construcción de una regla calibradora

Lo primero que debe hacer es construir una regla calibradora, es decir, una herramienta para marcar la posición de los azulejos sobre la pared. Ponga en la regla varios azulejos alineados uno detrás de otro (siempre que los azulejos tengan una forma cuadrada o rectangular) y señale la posición de cada azulejo en el listón de la regla de madera.

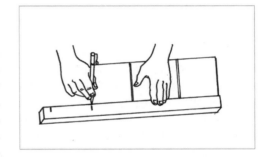

Marcado de medidas de azulejos en la regla.

PREPARACIÓN DE UNA PARED

Cuando la pared sea lisa, se deberá utilizar la regla calibradora para programar las filas horizontales a partir del zócalo del muro. En el caso de que quede una tira excesivamente estrecha en la parte superior, deberá subir todas las filas el equivalente a medio azulejo. Después, clave provisionalmente un listón guía fino en la pared, como señal, y alineado al zócalo. A continuación, marque el centro de la pared y utilice la regla calibrada para determinar la posición de las filas verticales a ambos lados de dicha línea. Por último, vuelva a colocar un listón guía junto a la última línea vertical y clávelo.

PREPARACIÓN DE PAREDES PARCIALMENTE ALICATADAS. Si sólo alicata una parte de la pared, deberá disponer los azulejos de tal forma que se vayan complementando sobre la parte ya existente. Deberá partir de la ventana para que los azulejos que rodean al hueco sean todos del mismo tamaño, y no demasiados estrechos. Si es posible, deberá comenzar con una fila de azulejos enteros al nivel del alféizar, colocando los azulejos cortados en la parte posterior del derrame. Puede colocar un listón guía sobre la parte superior de la ventana para sostener temporalmente las filas de azulejos superiores.

Preparación de paredes parcialmente alicatadas

En el supuesto de que vaya a alicatar sólo una parte de la pared, deberá disponer los azulejos de tal forma que se vayan complementando sobre la parte ya existente para evitar que se noten las diferencias.

Disposición de los azulejos en torno a una ventana

Deberá partir de la ventana para que los azulejos que rodean al hueco sean todos del mismo tamaño, y no muy estrechos.

En el caso de que sea posible, deberá comenzar con una fila de azulejos enteros al nivel del alféizar, colocando los azulejos cortados en la parte posterior del derrame. También podrá colocar un listón guía sobre la parte superior de la ventana para sostener temporalmente las filas de azulejos superiores, como se indica en una parte del dibujo inferior.

ALICATAR PASO A PASO

Como ya se ha comentado anteriormente, antes de comenzar a alicatar se debe preparar y organizar la tarea en fases sucesivas, para facilitar así el trabajo y obtener un resultado idóneo. Con un buen plan de trabajo, es mucho más fácil tener éxito y un resultado profesional.

Preparación de los adhesivos para azulejos

La mayoría de los adhesivos específicos para azulejos cerámicos se venden ya preparados, aunque algunos deben mezclarse con agua. En cualquier caso, en las instrucciones del adhesivo se indica perfectamente cuál debe ser el procedimiento a seguir. Los adhesivos de tipo-estándar son aptos para la mayoría de

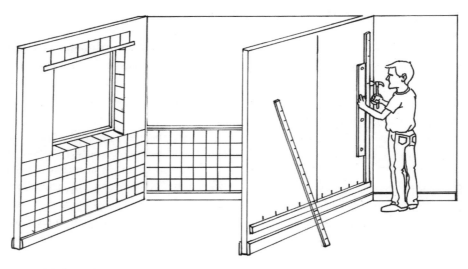

Esquema del alicatado paso a paso.

las aplicaciones que se necesitan en el ámbito doméstico. En el caso de que los azulejos se dispongan sobre un panel o sobre zonas próximas a una chimenea o una encimera, es conveniente que utilice un adhesivo flexible y que sea termorresistente.

Colocación de los azulejos

Primero debe extender el suficiente adhesivo en la pared como para cubrir aproximadamente 1 m² de la misma. Después, hay que apretar la superficie que ya ha sido aplicada con un extendedor para que se vayan formando las correspondientes estrías.

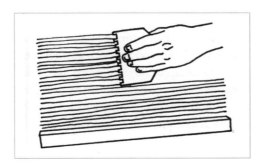

Aplicación del adhesivo.

Colocación del primer azulejo.

A continuación, ponga el primer azulejo por los listones de la demarcación y presione el azulejo hasta que esté firmemente adherido. Más tarde, vaya adosando azulejos a ambos lados de ese primer azulejo.

Posteriormente, vaya extendiendo más adhesivo sobre la pared y colocando más azulejos a lo largo del listón, hasta llegar a terminar las primeras filas. De vez en cuando, es conveniente que verifique que la colocación es exacta y que el proceso está bien completado.

Cuando haya terminado toda la superficie, rasque el adhesivo del borde y déjelo secar antes de proceder a eliminar los listones de la demarcación.

Enlechado

Para el enlechado, utilice una pasta preparada denominada lechada, que sirve para rellenar los huecos existentes entre los azulejos. La lechada suele ser blanca, gris o marrón, pero también las hay coloreadas para que coincidan o contrasten con el color de los azulejos. La llamada lechada impermeable es fundamental para los alrededores de duchas y baños.

Una vez aplicada, deberá dejarla secar durante al menos 24 horas; cuando haya eliminado el resto de la lechada que sobresale del azulejo con un escurridor de cristales o con una rasqueta de plástico. Para finalizar, deberá limpiar la lechada de la superficie con una esponja antes de que ésta seque, así como alisar las juntas con un palillo.

Cuando se haya secado la lechada, deberá pulir los azulejos con un paño seco.

Sellado de los alrededores

No es recomendable que utilice la lechada o masilla ordinaria para sellar el hueco existente entre una pared alicatada y el plato de la ducha, bañera o lavabo. En estos casos deberá utilizar un compuesto especial silicónico para rellenar los huecos.

Los sellantes se pueden adquirir en diversos colores, principalmente a juego con los colores que se han utilizado en los azulejos. Este tipo de sellantes ya vienen preparados en tubos o cartuchos que sirven para tapar huecos de hasta 3 mm de anchos.

La utilización del tubo con el compuesto sellante es la siguiente: recorte la punta de la boquilla de plástico y presione sobre la junta formando un ángulo de 45°. Después, avance a un ritmo uniforme mientras aprieta el tubo, para que de esta forma salga un fino o grueso hilo sellante. Vaya alisando las respectivas ondulaciones que se formen con una cuchilla húmeda.

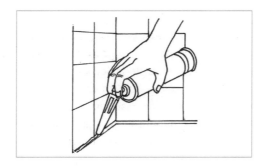

Sellado de azulejos con silicona.

En el caso de que vaya a usar un cartucho, primero deberá cortar el extremo de la boquilla del ángulo y usar el aplicador. De esta manera, saldrá el compuesto e inyectará el hilo sellante allí donde se desee.

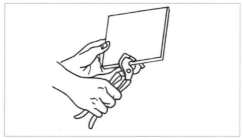

Cómo cortar azulejos de cerámica

Una vez que se haya completado el grueso del alicatado con las piezas enteras, se tendrán que cortar los azulejos para rellenar los extremos de la pared y para adaptarlos a los obstáculos, como sucede en los marcos de las ventanas, accesorios eléctricos, tuberías y lavabos.

Cortar tiras finas
Hay que utilizar una técnica adecuadapara cortar con precisión una tira estrecha en el borde de un azulejo: primero se marca la medida con lápiz, luego se usa una pinza para morder por la marca y, por último, se alisa con una lija para azulejos.

Cortado de tiras finas.

Alicatado en torno a una ventana
Lo primero es ir colocando los azulejos hasta el mismo borde la ventana, o al menos hasta donde se pueda. Después, la

pieza que falta, que deberá ser de menor tamaño al del azulejo originario, deberá colocarse una vez que ésta haya sido cortada a medida.

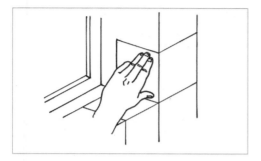

Alicatado en torno a una ventana.

Cortar en curva

Para ajustar un azulejo a una forma curva, deberá cortar una plantilla de cartulina del tamaño exacto al azulejo. A continuación, vaya cortando flecos en uno de los bordes de la cartulina y vaya colocándolos sobre la curva en cuestión. Después, presione sobre la curva para obtener y reproducir la forma exacta. Por último, traslade la curva a la superficie del azulejo y trace una línea a pulso; vaya quitando con unas tenazas la parte sobrante poco a poco y alise el borde con una piedra para asentar los filos del azulejo.

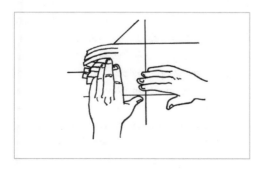

Cortado en curva.

Ajuste alrededor de una tubería

Lo primero que tiene que hacer es marcar el centro de la tubería en los bordes superior e inferior de un azulejo, y trazar líneas a través del azulejo a partir de esos puntos. Justo donde se crucen los puntos, deberá dibujar un círculo del tamaño de una moneda o ligeramente mayor al diámetro de la tubería. Después, proceda a realizar un corte hasta el centro del círculo y eliminar la parte sobrante por medio de unas tenazas. Por último, pegue la mitad del azulejo a cada lado de la tubería.

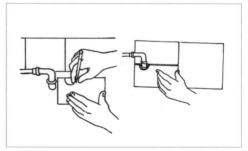

Alicatado alrededor de una tubería.

Cómo colocar otro tipo de alicatados

No todos los alicatados de azulejos se hacen de la misma forma, aunque bien es cierto que el alicatado más común es el que se realiza con azulejos de cerámica. Sin embargo, existen otros muchos tipos de elementos y soportes para alicatar.

Mosaico

Los mosaicos cerámicos se aplican a la pared de forma semejante a los grandes mosaicos cuadrados. Primero deberá preparar la pared y utilizar el mismo adhesivo y el mismo enlechado que se ha utilizado en el alicatado de azulejos cerámicos grandes.

Vaya rellenando la parte principal de la pared, dejando entre las láminas la misma distancia que entre cada pieza. Después, coloque un tablero recubierto de moqueta sobre las láminas y golpee suavemente con un mazo para fijar los azulejos con el adhesivo.

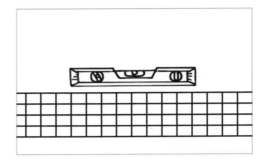

Nivel de burbuja.

los mismos con un nivel de burbuja, así como presionando firmemente sobre los mismos con un paño suave.

También deberá usar la regla y un cortador de cristales de ruedecilla para marcar las líneas a través del azulejo y proceder al corte correspondiente para ajustar los azulejos sobre la pared, aunque como se ha dicho anteriormente, cuantos menos cortes se hagan, mejor.

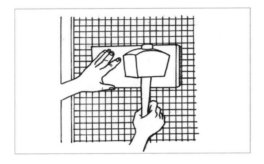

Alicatado con mosaico.

Por último, rellene los extremos que quedan cortando tiras del mosaico y encájelas haya donde proceda. Para finalizar, proceda a enlechar los mosaicos.

Finalmente, una vez que ya haya alicatado toda la superficie, deberá limpiarla bien para eliminar posibles huellas y suciedad.

Azulejos reflectantes

Prepare la pared con listones, pero evite realizar alicatados con azulejos reflectantes en aquellas paredes en donde se requieran muchos ajustes y cortes de los azulejos, ya que este tipo de azulejo es difícil de cortar. En el caso de los azulejos reflectantes, éstos se fijan colocándolos a tope por medio de las almohadillas autoadhesivas.

Despegue el papel protector de las almohadillas y vaya colocando cada azulejo sin forzar ninguno de ellos. Igualmente, deberá ir comprobando la alineación de

Losetas de corcho

Prepare un listón horizontal como guía para asegurarse de que las losetas se colocan correctamente. En este tipo de alicatados con losetas de corcho, no será necesario fijar un listón vertical, ya que este material es fácil de alinear y las piezas son de gran tamaño. Únicamente, se deberá limitar a trazar una línea vertical en el centro de la pared y colocar las losetas en ambas direcciones. También deberá usar un adhesivo de contacto a base de caucho para pegar las losetas de corcho a la superficie.

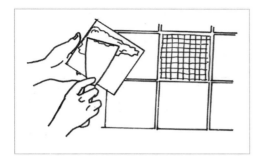

Aplicación del adhesivo sobre losetas de corcho.

Lo primero que debe hacer es extender una capa fina y uniforme de adhesivo en la pared y en la cara posterior de las losetas y dejarlas secar. Después, coloque las losetas sobre uno de los bordes y presione poco a poco el resto de la loseta sobre la pared. A continuación, alise completamente la loseta con las manos sobre la misma y la pared.

Para cortar las losetas deberá utilizar una cuchilla de recortar afilada. Como los bordes de las losetas quedan perfectamente adosados, deberá ser extremadamente preciso a la hora de marcar y cortas las losetas.

Colocación de azulejos de ladrillo

Los azulejos de ladrillo pueden llegar a parecer bastante auténticos si éstos son colocados en hiladas estandarizadas. El proceso de colocación de los azulejos de ladrillo se basa en cuatro fases: preparación de la pared, pegamento, curvatura y revestimiento de las juntas.

Preparación de la pared

Debe preparar dos reglas calibradoras, una para la alineación vertical y otra para espaciar lateralmente las losetas. Debe dejar, igualmente, unos 10 mm entre cada azulejo de ladrillo para las juntas de mortero. Para todo lo demás, deberá aplicar lo dicho hasta ahora; es decir, tener en cuenta el número de azulejos que se tendrán que cortar para que se ajuste toda la superficie, y adaptar las losetas a las ventanas y al resto de elementos que se puede encontrar en la pared.

Pegamento en los azulejos

Se puede usar perfectamente mortero para fijar los azulejos a la pared, pero existe un complemento a modo de adhesivo que es bastante eficaz. Para utilizar el pegamento deberá usar un aplicador dentado para revestir la cara posterior de cada pieza.

Curvatura de los azulejos en las esquinas

La mayor parte de los azulejos de ladrillo están hechos de material cerámico rígido, sin embargo algunos realizados en plástico tienen la posibilidad de poder doblarse con la mano en torno a una esquina o una columna. Para realizar esta operación, deberá saber primero que se trata de un azulejo de plástico y después calentarlo con un difusor hasta que sea plegable. Para ello, deberá ponerse unos guantes, agarrar el azulejo en cuestión y doblarlo.

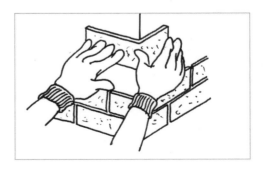

Curvatura de azulejos de ladrillo.

Revestimiento de las juntas

Pasadas 24 horas de la colocación del alicatado de los azulejos de ladrillo, utilice el mortero preparado para revestir la pared como si se tratase de un muro de ladrillos auténticos. También deberá quitar las manchas del mortero de la superficie de los azulejos con un cepillo de pelo duro.

En el caso de que no desee revestir las juntas, deberá dejarlas como están, es decir, las juntas parecerán naturales, ya que el adhesivo del azulejo de ladrillo está coloreado para que parezca natural.

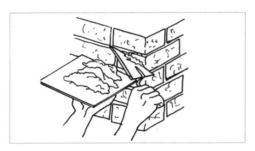

Revestimiento de las juntas.

LOS SUELOS

La mayoría de los nuevos suelos, los de aquellas viviendas de nueva construcción, suelen estar realizados sobre vigas de madera, denominadas viguetas. Normalmente, estas vigas son de sección rectangular y colocadas de canto para obtener una mayor resistencia, espaciadas y apoyadas en los extremos de las paredes.

Este tipo de suelos adoptan el nombre de suelos flotantes, que contrastan con los suelos macizos de hormigón, que suelen estar en los sótanos de las casas o en la planta baja de los edificios modernos.

Otras variantes de los suelos pueden ser con moquetas o con el enlucido de los mismos por medio de baldosas cerámicas de muy diversos tipos.

A la hora de colocar un tipo de suelo u otro se suele tener en cuenta el uso de la habitación, la resistencia del suelo a colocar y la seguridad del mismo. Así, lo normal en escaleras, pasillos y zonas de mucho tránsito es colocar suelos duros y fáciles de limpiar; en cocinas, baños y cuartos de trabajo se colocan suelos impermeables y repelentes a las manchas; y en dormitorios, salones y cuartos de estar se ponen suelos aislantes, cálidos, confortables y estéticamente ricos.

Independientemente de estas pautas generales, la colocación de un suelo o de otro debe hacerse con cierta vocación de perdurabilidad, y es recomendable aplicar el tiempo y el dinero necesarios para que ese suelo y el pavimento en cuestión acompañe a las necesidades requeridas para la sala.

Tipos de pavimentos

En principio, se destacan cinco tipos o modelos de suelo, aunque esta lista puede ser engrosada con otros revestimientos más acordes para la utilización de la estancia. Los cinco seleccionados a continuación son: cerámicos, sintéticos, moquetas, madera y corcho.

Cerámicos

Los suelos de cerámica ofrecen superficies duras, resistentes al uso y a las manchas y son de fácil limpieza y mantenimiento. Pese a la gran variedad de presentaciones y modelos, los pavimentos cerámicos pueden clasificarse según el procedimiento de fabricación en dos grandes grupos: cerámicas vidriadas y cerámicas no vidriadas.

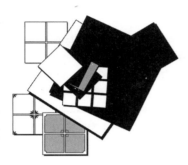

Las cerámicas vidriadas están recubiertas de esmaltes vitrificados de gran resistencia y riqueza de coloridos y estampados. Las más populares son las realizadas con gres, que pueden ser, a su vez, porcelánico o prensado, de acabado fino y vidriado y alta resistencia a las manchas y a los agentes químicos y el gres, que es más grueso y tosco, al tiempo que más resistente. Normalmente, el gres porcelánico se suele utilizar preferiblemente en cocinas, baños, recibidores y zonas de servicio; es decir, en aquellas zonas donde el suelo se moja y recibe manchas de muy diversas sustancias. Por el contrario, el gres tosco y grueso se utiliza para exteriores.

Las cerámicas no vidriadas se conocen genéricamente como barro, ya que están hechas de arcilla roja. Con este tipo de cerámicas se forman los suelos rústicos o las casas de campo. Esta clase de baldosas son de factura manual irregular y deben colocarse siempre con una llana para que absorba las diferencias de tamaño y las irregularidades de las piezas. La ventaja de este tipo de suelos, es que con el paso del tiempo ganan en belleza y suavidad, ya que el roce y el desgaste los pule y revaloriza.

Sintéticos

Recientemente están ganando terreno los materiales sintéticos para suelos fabricados con avanzadas técnicas de alta presión, lo que les confiere una alta densidad, excelentes prestaciones, facilidad de manejo e instalación, limpieza y colocación sin obra, además de una amplia gama de modelos, calidades y colores.

Los pavimentos laminados son, por tanto, una opción de primera línea en obras nuevas, aunque su mayor baza la tienen en las obras de reforma, ya que su facilidad en la instalación y el mínimo grosor de las planchas les permite adaptarse a cualquier estancia ya habitada.

Bajo la denominación genérica de suelos sintéticos se incluyen distintos materiales, aunque el común denominador es el de elementos artificiales, laminados y prensados, que van desde el vinilo hasta el linóleo tradicional, fabricado con una pasta prensada de papel y maderas pulverizadas. Entre ellos, también destacan los fabricados a base de caucho y los laminados formados por capas estratificadas que recuerdan la composición interna del suelo flotante.

Son materiales, por tanto, de respuesta tecnológica muy avanzada, con altas prestaciones, con resistencia a las manchas, buenos aislantes térmicos y acústicos, repelentes a la humedad y antiestáticos.

Además, su gran variedad en acabados, colores, dibujos e imitaciones de materiales como la madera y la cerámica concluyen en una gran combinación de posibilidades, así como la disponibilidad a crear diseños y dibujos personalizados.

Normalmente, este tipo de materiales se encuentran en dos formatos: rollos de dos a cuatro metros de ancho que se cortan a medida o losetas de forma cuadrada ya precortadas.

Dentro de los materiales sintéticos se suele añadir el corcho, al tratase también de un laminado altamente flexible. Además, el corcho puede ser una alternativa perfectamente económica a la madera, por su calidez, confortabilidad y naturaleza.

El corcho, incluso, puede teñirse, acuchillarse y barnizarse igual que la madera. Admite pinturas de varios tipos y para aumentar su durabilidad se puede impermeabilizar con varias capas de barniz.

Las losetas se presentan en medidas de 60 x 30 cm, y en las nuevas presentaciones ya se encuentran modelos que imitan al parqué y a la tarima flotante muy logradas.

Todos estos materiales se instalan pegados por medio de colas especialesy, a la larga, no producen ningún tipo de problema añadido.

Moquetas

Las cualidades de las moquetas son: calidez, confortabilidad, aislamiento acústico y térmico y un alto valor decorativo. Por el contrario, a los inconvenientes habituales de las moquetas, tales como acumulación de suciedad y difícil mantenimiento, se les están dando soluciones por medio de las nuevas tecnologías aplicadas a las fibras textiles. Así, por ejemplo, ya existen ciertos productos a base de silicona que aplicados sobre las moquetas repelen el polvo y la mantienen limpia y con los colores intactos.

Igualmente, muchas de las moquetas actuales ya vienen tratadas en origen con acabados químicos impermeabilizantes que impiden que las manchas penetren en las fibras.

Según el método de fijación de las fibras, las moquetas se clasifican en tejidas o encoladas; en las primeras, las hebras van tejidas a mano, y en las segundas las hebras de lana o material sintético van pe-

gadas a base de goma o material sintético. Según su composición, podemos encontrar desde moquetas naturales hasta absolutamente sintéticas.

Las moquetas han ganado terreno en aquellos territorios donde el clima es templado o cálido. En estos casos, las moquetas están realizadas de forma natural con fibras vegetales como el coco, el yute o las algas.

Todas las moquetas y esteras tienen requisitos y técnicas de colocación similares, dependiendo de si se adquiere en rollo, de dos a cuatro metros de ancho, o en losetas.

Madera

Los suelos de madera, en sus distintas versiones, son seguramente hoy en día la opción más utilizada en la decoración de todo tipo de viviendas. La variedad en las presentaciones, los acabados cada vez más resistentes, la diversidad y la durabilidad, unido a las cualidades innatas de nobleza, calidez, belleza y versatilidad convierten a la madera en el elemento rey de la decoración de los suelos de las casas.

Las presentaciones más habituales y utilizadas son:

Tarima tradicional
Se trata de listones de distintas maderas y anchos variables que se clavan sobre listoncillos llamados rastreles. Este tipo de tarima se puede teñir, barnizar y encerar, ya que se suelen presentar sin ningún tratamiento previo.

Tarima flotante
Se presenta en paneles formados por varias tablillas para facilitar su colocación. La madera viene tratada y acabada, así como lista para su uso y en una gran variedad de maderas y presentaciones. Existen multitud de calidades y de precios.

Parqué
Son tablillas de madera encoladas sobre un soporte abaldosado que se colocan igual que si se tratase de una pieza de cerámica. Como sucede con las demás opciones de madera, los suelos de parqué se presentan en muy distintas formas y calidades; aunque por lo general suelen po-

nerse sin barnizar, por lo que debe proce-
derse a un ligero acuchillamiento y posterior barnizado de las piezas una vez colocado y puesto.

El corcho

Es un material natural que ofrece importantes cualidades como el revestimiento,
tanto mural como de suelos. El corcho,
además, es blando y buen aislante térmico
y acústico. Se presenta en distintos colores y tamaños, dependiendo del tipo de
corte a que haya sido sometido; aunque
normalmente la presentación habitual es
en losetas de 30 x 30 y 30 x 60 cm, además de paneles similares a los de la tarima
flotante. El corcho es un material que suele venir siempre barnizado.

Cálculo de las cantidades necesarias

Una vez que se haya decidido qué tipo de
suelo se desea, es el momento de calcular
la cantidad de material que necesita para
acometer la obra en cuestión, así como
los productos complementarios necesarios, tales como adhesivos, niveladores, o
acabados, además de las herramientas requeridas. Lo normal es prever siempre
una cantidad adicional para los remates finales, los posibles fallos durante el trabajo o la reparación de desperfectos.

Antes de todo, deberá acometer un plano de la habitación sobre la que se va trabajar, valiéndose de un papel cuadriculado.
Prepare, por tanto, la sala a escala, es decir, decida, por ejemplo, que un cuadrito
del papel equivale a 20 cm, y según dicha

escala predeterminada, dibuje toda la
planta de la habitación, sin olvidar anotar
las instalaciones fijas presentes en la misma, como las columnas, los sanitarios o
los armarios.

En todos los casos de pavimentación, es
necesario el paso previo de la medida de
la superficie a recubrir. Para ello, mida las
dimensiones máximas; es decir, largo y ancho, y después proceda a multiplicar para
averiguar la superficie total de la estancia.

Con un plano a medida, le será mucho
más fácil acercarse a la tienda o al provee-
dor habitual y decidir entre ambos las
cantidades necesarias para llevar a efecto
la tarea de cubrir el suelo.

La cantidad recomendable en cada paso
dependerá además del tipo de pavimento
elegido. Por ejemplo, si va a colocar una
moqueta, deberá estudiar cuáles de los
anchos disponibles, o cuál es el más ren-
table económicamente y el más eficaz ma-
terialmente; en cualquier caso deberá añadir, más o menos, un 10% de error en
todas sus mediciones.

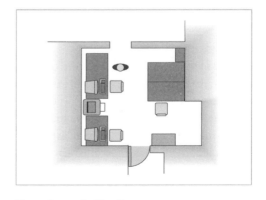

Plano de una habitación.

En el caso de habitaciones compartidas o muy irregulares, en las que el cálculo material y espacial sea complicado, deberá prever igualmente una cantidad añadida de error similar al 10%.

En el supuesto de baldosas o losetas cuadradas, el desperdicio siempre será menor, máxime cuando se trate de baldosas de pequeño tamaño. Empero, siempre deberá considerar alguna variación errónea, dependiendo del tipo de colocación que elija para las mismas.

Todas estas consideraciones sirven igualmente para los suelos de parqué que se presentan en losetas o para cualquier otro tipo de superficie horizontal en los suelos de la casa.

Preparación de las superficies

Una vez establecidas las condiciones previas mínimas para comenzar el trabajo, la colocación de los distintos materiales dependerá directamente de las características propias del material elegido y de la forma de presentación que se haya escogido.

Limpieza
En cualquier caso, existen una serie de requerimientos previos para que el resultado sea el deseado y el óptimo, como que el suelo se encuentre perfectamente nivelado, limpio y seco. Este último aspecto debe cuidarse especialmente en el caso de las obras nuevas, por eso se debe comprobar que la superficie está absolutamente seca antes de proceder al coloca-

Medición de una sala.

do de la madera, ya se trate de parqué, tarima tradicional o tarima flotante. En el supuesto de que se carezca de los medios técnicos necesarios para medir la cantidad de humedad, hay un truco casero, pero bastante fiable, que se puede utilizar en caso de duda: elija un rincón cualquiera de la habitación y sobre una superficie equivalente al tamaño de una baldosa, coloque una lámina de plástico bien pegada en todos sus bordes con cinta adhesiva, y déjala un mínimo de 24 horas; pasado ese tiempo, levante la lámina de plástico y compruebe si en la superficie inferior existen algún resto de humedad de condensación. En caso positivo, será todavía demasiado pronto para instalar el suelo y, por tanto, deberá alargar el plazo de espera. Otra solución es recurrir a secados artificiales.

Nivelado de la superficie
Otro aspecto fundamental a tener en cuenta es el nivelado de la superficie. Si el suelo se encuentra recién tendido, es de suponer que no tendrá ningún defecto que impida un buen asentamiento del pavimento, cualquiera que sea éste; no obstante, cuando se trata de una base de

hormigón, que es lo más frecuente, los problemas más normales serán pequeñas grietas o desconchones o alguna zona que haya podido quedar rehundida. Cualquiera de estos pequeños defectos podrán ignorarse si se van a colocar losetas cerámicas, tarima tradicional o tarima flotante, ya que no se percibirán los defectos una vez colocado el suelo. Pero si la elección es linóleo, vinilo o moqueta deberá prestar especial atención a este tipo de irregularidades, porque en muy poco tiempo el más pequeño defecto acabará marcándose en el recubrimiento del suelo llegando, incluso, a romperlo. En estos casos deberá hacer una detenida inspección de la superficie antes de comenzar el trabajo.

Grietas

Se deben rellenar las grietas existentes con una pasta preparada o un conglomerado confeccionado a base de mortero ligero. En el caso de que se prefiera un tratamiento más completo y con mejores garantías, deberá optar por echar a todo el suelo una pasta autoniveladora al agua o al látex, que suele venir ya preparada y es de secado rápido. De este modo, se tratarán todos los desperfectos de una sola vez.

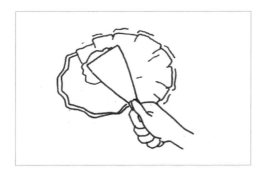

Rellenado de grietas.

Recubrimiento

Otra opción aceptable y cada vez más utilizada consiste en recubrir todo el suelo con una plataforma flotante de madera aglomerada. Para ello, deberá tender sobre todo el suelo una lámina de polietileno; es decir, de plástico de alta resistencia, a modo de aislante e impermeabilizante, y colocar encima el tablero aglomerado que se vende en tiendas especializadas para este fin. Si la nueva capa de revestimiento previo está bien realizada, el suelo servirá para todo tipo de pavimentos, a excepción de los suelos cerámicos.

Mención aparte merecen los suelos viejos. En este caso, deberá valorar la conveniencia de conservar el suelo existente o de levantarlo. Como norma general, un suelo viejo sólo debe conservarse si se encuentra en un óptimo estado de fijación y es lo bastante rígido y resistente como para soportar la presión de un nuevo suelo.

Revestimientos flexibles

Los revestimientos flexibles, como moquetas, vinilos o linóleos deben levantarse siempre antes de colocar un nuevo suelo, así como eliminar cuidadosamente todos los restos de pegamento y del propio material que haya podido quedar fijado en la superficie.

Para levantar el vinilo, puede recurrir al uso del calor por medio de una pistola de las del tipo de decapar pintura. Si el revestimiento se encuentra pegado sobre una base de aglomerado, deberá primero desclavar el mismo. Los suelos de madera deben levantarse sólo en el caso de que presenten tablillas sueltas o síntomas de alabeo (de curvatura).

Tanto si se decide por levantar el suelo viejo, como si se opta por conservarlo, deberá llevar a cabo todos los preparativos descritos para los suelos nuevos de hormigón.

Levantamiento del entarimado

Cuando se va a levantar el entarimado, se deberá comenzar, siempre que sea posible, por los elementos menores en lugar de por los mayores. En principio, suelen existir tres tipos de tablones: los escuadrados, el tablón continuo y el tablón del extremos. Veamos cómo se extrae cada uno de ellos.

Tablones escuadrados
Introduzca la hoja de un cincel en el espacio que queda entre los tablones, empezando desde el extremo del tablón. Después levante el borde del tablón intentando no dañar el borde que se encuentra junto a él.

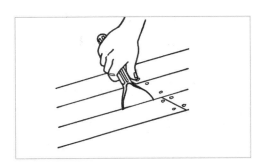

Levantamiento de un tablón escuadrado con el cincel.

Más tarde, introduzca el cincel en la ranura por el lado opuesto y repita la operación; de esta manera habrá liberado el extremo del tablón.

A continuación, utilice un martillo de orejas hasta que pueda levantar suficientemente el tablón como para introducir por debajo un cortafrío, y vaya avanzando por el tablón hasta alcanzar el otro extremo. De esta forma, el tablón quedará completamente liberado.

Levantamiento de un tablón continuo
Los extremos del tablón continuo suelen estar ocultos bajo el zócalo, por lo tanto, deberá cortar el tablón para poder extraer este tipo de tablón.

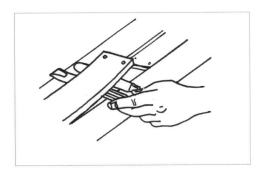

Colocación del cortafríos debajo del tablón.

El proceso de extracción es el siguiente: afloje el centro del tablón con el cincel de manera que sobresalga respecto al resto de tablones adyacentes; a continuación, introduzca el cortafrío bajo el tablón y manténgalo en esa posición. Después, proceda a quitar los clavos, ya que se trata de un entarimado viejo, y corte con un serrucho el tablón sobre el centro del rastrel. En ese momento, ya podrá levantar ambas mitades utilizando el procedimiento descrito anteriormente para los tablones pequeños.

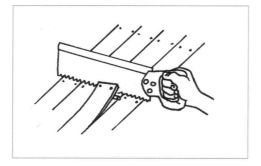

Corte de un tablón continuo con un serrucho.

En el caso de que los tablones estén demasiado rígidos y por tanto sea difícil su curvatura, deberán ser cortados allí mismo, lo que implicará cortar justo a ras de rastrel.

Extracción del extremo del tablón

El extremo del tablón se encuentra atrapado por debajo del zócalo y, normalmente, éste se suele poder sacar levantando el zócalo hasta formar un ángulo bastante abierto; es entonces cuando se permitirá acceder a los clavos del final y retirar el tablón.

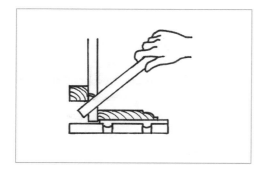

Despegado del tablón.

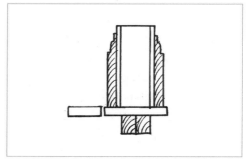

Corte cercano a la pared.

En el caso de que se quiera sacar un tablón de un entarimado que discurre por debajo de un tabique, deberá realizar primero un agujero y cortar el tablón lo más cerca posible de la pared. Se puede utilizar, en consecuencia, una sierra especial para cortar los tablones del entarimado. Este tipo especial de herramienta va provista de una hoja de corte curva para cortar el tablón sin necesidad de levantarlo.

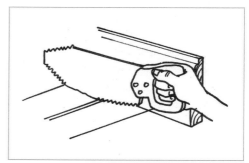

Sierra de hoja curva.

Colocación de la madera

Antes de proceder a cualquier colocación de un suelo de madera, ya sea tarima flotante o parqué, es conveniente que se deje el material correspondiente unos días en la habitación donde se vaya a colocar, cerrando puertas y ventanas. Esto sirve para que la madera se aclimate al nuevo hábitat y los procesos de contracción-dilatación no le afecten.

Tarima flotante

En el caso de la tarima flotante, ésta puede colocarse sobre cualquier tipo de suelo, a excepción del revestimiento blando. Si la superficie es hormigón, deberá aplicarse primero un tratamiento aislante a base de asfalto que proteja a la madera de la humedad del hormigón.

Coloque una capa de algunos de los elementos amortiguadores que se venden especialmente para este fin, como polietileno, poliestireno o fieltro, y fíjelo por medio de cinta adhesiva.

Normalmente, las tablas de tarima flotante vienen ya barnizadas y acabadas, y este tipo de revestimiento ni se clava en el suelo ni entre sí, sino que las tabalas van simplemente encoladas unas a otras.

El procedimiento habitual de colocación es empezar por una esquina del suelo y proceder a calzar la primera tabla por medio de unas cuñas de margen en junta con la pared. A continuación, aplique la cola blanca en la ranura de la tabla siguiente y colóquela junto a la anterior; después, con un martillo, golpee firme pero suavemente, hasta encajar completamente la nueva tabla.

Es importante que vaya comprobando la posición de cada nueva tabla e impida

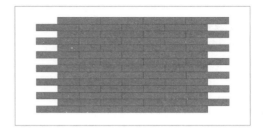

Tarima flotante.

que coincidan siempre la tablas a la misma altura. Salvo cualquier otra indicación profesional, deberá ir colocando las tablas en la dirección perpendicular a la luz natural, es decir, paralelas a la pared de la ventana.

Antes de colocar la última tabla, deberá medir el hueco disponible y descontar los 8 mm de margen de seguridad utilizados para expansión y corte. Para pegar esta última tabla necesitará forzar un poco las anteriores, haciendo palanca para levantarlas. Igualmente, deberá proteger la pared y las tablas para acometer esta última operación.

Parqué

La colocación del parqué es relativamente sencilla y no se diferencia en esencia a la de otros pavimentos de losetas cuadradas o rectangulares. Las tres fases de colocación del parqué son las siguientes:

1. Deberá comenzar a colocar el centro de la habitación, justo en el ángulo formado por las cuerdas de marcar.

2. Después deberá marcar las piezas que tiene que cortar, dejando un margen de dilatación de unos 10 mm.

3. Por último, deberá ir colocando las piezas y clavando el rodapié.

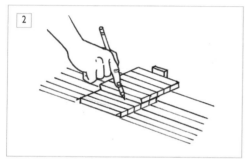

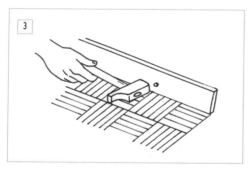

Colocación de baldosas de cerámica

Partiendo de la base de que la superficie a enlosar se encuentra perfectamente nivelada y preparada, se deberán colocar las baldosas de cerámica vidriada sobre una fina capa de adhesivo especial, del tipo ce-

mento-cola o similar, y las baldosas no vidriadas sobre mortero. En ambos casos, se deberá proceder a rellenar las juntas con la lechada, en el caso de las vidriadas, y con mortero fino, en el caso de las no vidriadas.

Habitualmente, los adhesivos vienen en polvo, y se mezclan con agua en las proporciones que se indique. Deberá tener presentes los tiempos de fraguado recomendados, y no preparar más cantidad que aquella que puede ser usada en un espacio breve de tiempo, de esta forma evitará que la pasta se seque antes de que se concluya el trabajo.

Medir el espacio

Antes de empezar a enlosar, deberá localizar el centro de la habitación. Para ello se hallará el punto medio de cada una de las paredes y se unirán ambos extremos con dos cuerdas perpendiculares que serán sujetadas en los puntos centrales con unos clavillos o chinchetas.

A continuación, compruebe con una escuadra que los ángulos que se forman en el centro son exactamente rectos. Después, proceda a colocar una hilera de baldosas sin pegar siguiendo cada una de las cuerdas; con esta solución, se comprobará cuántas baldosas enteras caben y cómo tendrán que estar dispuestas, para evitar en lo posible la fragmentación y corte de las mismas.

Colocación de las baldosas

Extienda el adhesivo con la espátula dentada y empiece a colocar las piezas por el centro de la sala, que ha sido previamente marcada. Continúe con la operación de colocación hasta que agote todas las piezas. Compruebe, igualmente, cada cierto tiempo la alineación y el nivel con una regla de madera, una maza de goma y el nivel de una burbuja.

Remates

A continuación, empiece con los remates, cortando una a una todas las piezas que necesite. Para cortar las baldosas cerámicas con un mínimo de perfección necesitará una cortadora de mesa de buena calidad, pero en el caso de que se trate de cortar cerámica no vidriada o terracota, será más útil una cortadora radial.

Enlechado

Pasadas al menos 24 horas desde la colocación del suelo, proceda al enlechado del mismo por medio de una pasta coloreada o con mortero. La aplicación de estos materiales es análoga al del alicatado de paredes (véanse las explicaciones oportunas en página 92 y siguientes).

1. Primero se colocan las baldosas cerámicas con los espaciadores para que queden colocadas de manera uniforme y lisa.

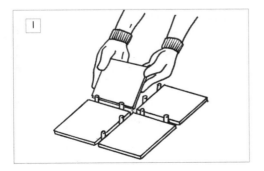

2. Después se aplica la lechada para rellenar de manera uniforme las juntas.

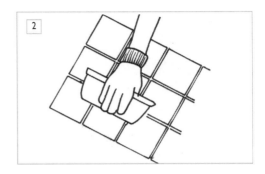

Colocación del vinilo, corcho y linóleo

El procedimiento de colocación de estos tres elementos es el mismo, la única diferencia es si el material se encuentra distribuido en losetas o en láminas continuas.

En losetas

Deberá realizar un replanteo previo al igual que en la aplicación de las cerámicas, ya que se trata, en la mayoría de los casos, de baldosas con forma cuadrada.

Después de trazar sobre el suelo las líneas de referencia, deberá proceder a extender el adhesivo con la ayuda de una llana o espátula dentada para que se produzca una capa uniforme.

Puede suceder que la baldosa en sí ya venga encolada de fábrica, en ese caso, deberá ir retirando el papel protector y colocarla en el suelo, no sin antes cerciorarse de dónde va, ya que este tipo de baldosas adhesivas son muy difíciles de rectificar.

Colocación de vinilo en losetas.

Cada cierto número de baldosas deberá pasar un taco de madera, fuerte y bien pulido para, de esta manera, apretar la baldosa contra el suelo fijando el pegamento y asentando las juntas.

Cuando haya colocado todas las piezas que caben enteras, deberá proceder a utilizar losetas cortados para finalizar la zona perimetral de la habitación o de la sala. Para ello, realice el trabajo de la siguiente forma: coloque una baldosa entera encima de la última baldosa pegada; a continuación, ponga sobre ella otra hasta que haga tope en la pared, marque el borde de esta última baldosa colocada debajo y corte por la línea. Deberá utilizar el trozo de baldosa que queda visible, que es la que encaja exactamente en el hueco. Todas las demás baldosas de la zona perimetral deberán ser marcadas de la misma forma.

A la hora de colocar las baldosas de vinilo o de linóleo es frecuente que se hagan combinaciones artísticas de las losetas sobre el suelo, personalizando los colores o la colocación de las mismas. En el caso de que desee realizar alguna crea-

ción de este tipo, deberá realizar primeramente un plano del suelo para estudiar mejor la distribución de los dibujos o de los adornos que se van a disponer. Observe, igualmente, la colocación de los muebles para valorar el posible interés de realizar una creación y un trabajo más costoso, no vaya a ser que después no se pueda ver por culpa del mobiliario, aunque si son piezas móviles y no fijas, se debe pensar que quizá algún día se quiten de allí y vuelva a verse el suelo. Es recomendable que se elijan motivos geométricos para realizar este tipo de creaciones, ya que son fáciles de calcular, cortar y adaptar.

Una vez realizado el plano y decidido el motivo decorativo, deberá proceder a preparar las piezas de cada color que sean necesarias para el trabajo. Tenga en cuenta que las piezas tienen que encajar a la perfección y siempre según el plano previsto y dibujado. Por eso, primero deberá hacer un patrón exacto para saber qué piezas tienen que ser cortadas y cuáles no y nunca debe iniciar un trabajo sin esa labor previa.

Una vez que tenga todo claro y sepa cuál es la colocación y localización de cada pieza, coloque cola de contacto en las baldosas y déjela secar unos minutos (normalmente, viene especificado en las instrucciones de uso). Después, ponga cada pieza en su lugar y presione para que se adhiera bien en el suelo. Por último, si las baldosas son de corcho y no vienen prebarnizadas, deberá aplicar tres capas de barniz, dejando 24 horas de secado entre capa y capa.

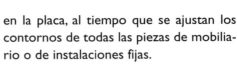

En rollo

A pesar de que la colocación de los pavimentos sintéticos en losetas es más cómodo y fácil, además de permitir hacer más combinaciones y dibujos que en lámina continua, lo cierto es que el rollo tiene la ventaja de la ausencia de juntas intermedias, lo que imprime al acabado una mayor resistencia, un mejor mantenimiento y una mayor durabilidad.

Para colocar una pavimento de este tipo es necesario aclimatar el material dejándolo extender y alisar. Para ello, el rollo debe ser extendido en la habitación donde se va a colocar durante 24 horas.

Ese será el momento de aplicar la lámina a unos 5 cm del borde de las paredes, para que se vaya formando el material y se adapte perfectamente a los contornos del suelo. Incluso, se puede golpear el material con una maza de goma sobre un taco de madera grueso para que se vaya marcando el material justo en la línea de ángulo. También se puede marcar por medio de una espátula no cortante.

En las esquinas de la lámina se deben hacer cortes en cuña para que el sobrante no estorbe los pliegues que se hacen en la placa, al tiempo que se ajustan los contornos de todas las piezas de mobiliario o de instalaciones fijas.

Una vez que el contorno se haya marcado, corte la zona sobrante con una cuchilla, mientras la pieza restante está sujeta contra la pared por medio de una regla metálica. Ahora, pegue el revestimiento por zonas, empezando por el centro de la habitación y avanzando hacia fuera. Para ello, extienda la cola en ambas superficies, deje secar y extienda la lámina o placa, presionando fuertemente contra el suelo.

Si hay que empalmar piezas, deberá dibujar en el suelo la línea de la junta que se debe hacer. Coloque la segunda placa unos 5 cm montada sobre la anterior, haciendo casar el dibujo que haya por medio de una regla y una cuchilla, corte firmemente y sin desviarse las dos láminas a la vez, por la línea marcada que le sirve de guía. Ponga cola en las dos partes y haga la junta con cuidado para que no se muevan las piezas; por último, presione con un rodillo de goma para pegar los bordes. El proceso de colocación del vinilo, corcho y linóleo en rollo es el siguiente:

1. Extienda la lámina del pavimento y golpee todo el contorno para que se amolde a la forma de la habitación.

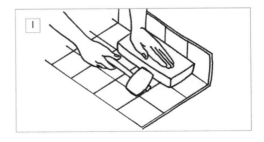

2. Una vez extendida la lámina del pavimento, realice cortes en las esquinas para facilitar el encaje perfecto de la placa en el suelo. También se hace así para sortear cualquier obstáculo que pueda haber, como una columna o una viga en mitad de la habitación o pegada a una pared.

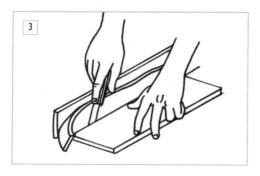

3. Corte los trozos sobrantes con un cúter afilado y por medio de una regla metálica.

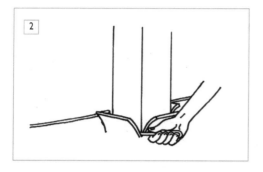

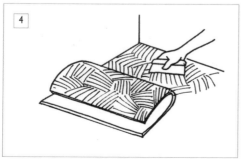

4. Proceda a extender el adhesivo en las dos partes y déjelo secar durante unos minutos antes de pegar.

Colocación de moquetas y esteras

Hay dos tipos básicos de moquetas, una la tejida por el sistema tradicional, como las alfombras, y otra la encolada sobre un soporte de goma blanda o almohadilla.

La colocación de la moqueta que está tejida requiere algunas herramientas especiales y una pericia en su colocación, ya que este tipo de moqueta debe ser colocada de una forma muy tensa, porque de lo contrario el material se tiende a estirar y a formar arrugas.

Por otro lado, las moquetas y esteras montadas sobre base de goma se colocan mucho más fácilmente, ya sea pegadas con cinta de doble cara o por medio de adhesivo de contacto.

Lo primero que se debe hacer para colocar una moqueta es recortar las piezas necesarias para recubrir todo el suelo, dejando un margen de unos 5 cm. A continuación, tienda la moqueta en su lugar y aplane bien los bordes para que se vayan marcando las líneas del contorno. También deberá realizar una serie de cortes en forma de cuña en las esquinas para facilitar la tarea.

Si la habitación no es muy grande y no recibe un uso muy habitual, podrá usar cinta adhesiva de doble cara para fijar la moqueta, pero si las dimensiones de la sala son importantes o se usa de forma continua, es aconsejable usar un adhesivo de contacto en toda la superficie.

Para usar la cinta de doble cara, deberá recortar primero la moqueta sobrante que se encuentra junto a las paredes; para ello, levante un poco el borde de la moqueta y vaya pegando al cinta de doble cara a lo largo de todo el perímetro. Más tarde, vaya bajando la moqueta al tiempo que es presionada con algún tipo de objeto o de herramienta, como un taco de madera o un rodillo de goma dura.

En el supuesto de usar pegamento, deberá doblar hacia atrás una sección de la moqueta y extender el adhesivo en la base de goma y en el suelo de la habitación. A continuación, deberá dejar secar el pegamento para posteriormente proceder a pegar la moqueta.

Una vez pegada una de las zonas, proceda de la misma manera con la cola y repita cuantas veces sean necesarias hasta llegar a la pared opuesta. Al llegar al final, presione el borde contra el suelo con una espátula de enmoquetar, corte con la cuchilla la parte sobrante y ponga el rodapié.

Para el caso de la moqueta tejida, necesitará unos rastreles especiales que deberán ser clavados en todo el perímetro de la habitación, dejando tan sólo una separación de 1 cm entre el rastrel y la pared. Cuando haya sujetado bien todos los rastreles, forre el suelo con un fieltro almohadillado, colocando la parte del papel hacia arriba. Después, selle las juntas con cinta adhesiva y clave el fieltro al suelo para que no se mueva; en el caso de que el suelo permita ser clavado, es mejor que se fije de esta manera.

A continuación, ponga la moqueta sobre el suelo y realice los cortes necesarios, tales como esquinas, rincones, contornos de columnas, etc.

Una vez apoyada la moqueta y realizados los cortes, empiece a presionar el borde de la moqueta contra el rastrel con ayuda de una espátula, al tiempo que va cortando el sobrante de la pieza, poco a poco.

En cuanto haya cortado las partes sobrantes, deberá ir remetiendo el borde de la moqueta por detrás del rastrel con la ayuda de la espátula. Para continuar colocando la moqueta, deberá ir tensando la moqueta firmemente, al tiempo que repite los pasos anteriores.

Si desea que el resultado (colocar la moqueta) sea óptimo y no dispone de mucha maña o experiencia en este trabajo, lo mejor es que compre un tensor de moquetas.

Este tipo de herramienta es una especie de garra que se clava a la moqueta y con la que se puede tensar firmemente la pieza tirando del otro extremo de la misma. Con este utensilio, además de tensar, se permite al operario el libre manejo de las manos para cortar y fijar.

Gráficamente, el proceso de colocación de la moqueta es el siguiente:

1. Primero se recorta la pieza dejando un margen de unos 5 cm a lo largo de todo el perímetro de la habitación.

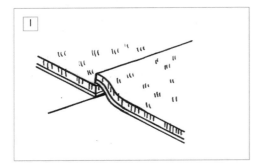

2. Después, deje las piezas de la moqueta un poco abundantes en la zona de las juntas, es decir, que monten una sobre otra.

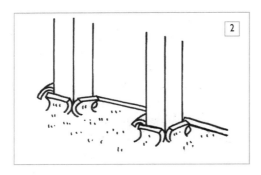

3. Levante los bordes de la junta y aplique la cola.

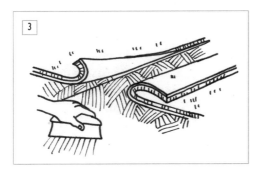

4. Proceda a pegar la moqueta desde la junta hacia fuera, ajustando fuertemente la unión.

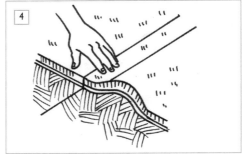

5. Doble hacia atrás las secciones grandes de moqueta y extienda el adhesivo.

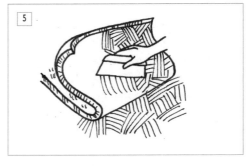

6. Por último, al llegar a los bordes, deberá presionar firmemente con una espátula de enmoquetar y cortar las zonas sobrantes con una cuchilla.

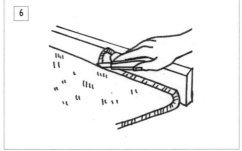

Zócalos

Los zócalos tienen una función protectora de las paredes frente a los roces. En la actualidad, los zócalos modernos son relativamente pequeños y sencillos y suelen tener el borde superior redondeado o biselado.

En el caso de los zócalos de las casas antiguas, éstos pueden llegar a tener hasta 30 cm de anchura, así como molduras muy trabajadas y preparadas. Si se desea reparar los zócalos antiguos, se debe recurrir a tiendas de madera o por encargo.

Los zócalos se pueden clavar directamente sobre un muro de fábrica de ladrillo enlucido o en tiras que se colocan haciendo un enlucido. En el caso de los tabiques, los zócalos se clavan sobre los montantes de la madera.

Eliminación de los zócalos

Primero deberá separar los zócalos antiguos de la pared por medio de una palanca o un cincel. Normalmente, los zócalos que coinciden hasta el borde con la moldura de la puerta o con una esquina exterior resultan bastante fáciles de retirar; pero los zócalos continuos que coinciden en un ángulo interior hay que cortarlos previamente antes de poderlos eliminar.

Para quitarlos, deberá introducir la hoja de un cincel entre el zócalo y la pared, levantar el borde superior e insertar el extremo plano de la palanca entre el zócalo y la pared. Después coloque una tira delgada de madera tras la palanca para proteger la pared, introduzca un poco más el cincel y repita la operación por todo el zócalo has-

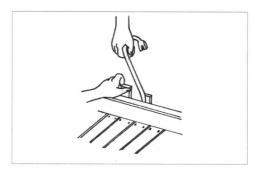

Retirada de un zócalo.

ta que los clavos que lo fijan vayan cediendo. Con el tablón quitado, saque los clavos desde la parte posterior del zócalo para prevenir que no se desconche la pared.

Normalmente, un zócalo de estas características se curva lo bastante como para que pueda ser extraído con facilidad. En el caso de que el zócalo se separe por el centro, deberá insertan tacos de madera, uno a cada lado, para crear un espacio separado de la pared de unos 2,5 cm y así intentar serrarlo.

A continuación, practique un corte vertical con un serrucho, formando aproximadamente un corte de 45° con el borde del tablón. Realice el corte lentamente, dando pequeños cortes y empleando la punta de la hoja.

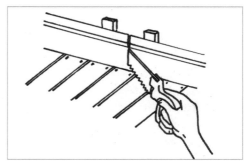

Corte del zócalo.

Colocación de un nuevo zócalo

El zócalo puede estar dañado porque la madera está podrida o por la carcoma, o también porque se ha podido dañar al quitarlo. Deberá repararlo, sobre todo si tiene alguna moldura o forma, y en el caso de que no lo tenga, deberá reproducir la combinación de las distintas secciones. Es fácil encontrar molduras estándares en los comercios especializados al efecto.

En estos casos, deberá tomar medidas de la pared, ya que la mayor parte de los zócalos suele tener un bisel en los extremos, por lo que deberá medir tanto las esquinas interiores como las exteriores. Para tomar las medidas, lo mejor es que marque la distancia de la pared en el borde inferior del zócalo, después haga un ángulo de 45° en el borde y encuádrelo a la parte anterior del tablón. Luego, fije el tablón de canto en un tornillo de carpintero y córtelo.

En algunos casos, los zócalos con molduras están sujetos a tope a las esquinas interiores. Para conseguir este perfil, deberá cortar el extremo del zócalo a 45° y seguir la línea del contorno por la parte de la moldura, de manera que una parte case con la siguiente. Por último, fije los zócalos con clavos.

Colocar un suelo de hormigón

Se puede optar por un suelo macizo de hormigón cuando el suelo flotante de madera haya quedado gravemente dañado por la presencia de insectos o porque se haya podrido. En el caso de que la instalación de un nuevo suelo de hormigón afecte a la instalación eléctrica de la casa o a las tuberías de agua o gas, deberá consultar los planos y requerir los permisos necesarios para colocar las instalaciones antes de proceder a la colocación del relleno de hormigón.

Preparación del terreno

Primero deberá quitar todas las maderas infectadas, así como retirar las puertas de la habitación. Después, deberá aplicar un funguicida para eliminar los posibles insectos, y rellenar con ladrillos o mortero cualquier hueco que haya podido quedar en las paredes.

A continuación, marque las paredes con un cordel para indicar el nivel final del suelo; aproximadamente a 5 cm por debajo de esa marca, marque una segunda señal para indicar el espacio del grosor de la capa de mortero de agarre; y por último, marque una tercera línea a 10 cm para indicar el grosor de la losa de hormigón.

Colocación del material de relleno.

Material de relleno

Coloque el material de relleno a una profundidad necesaria, compactando cada capa a conciencia y rompiendo los trozos más grandes con un martillo. Cubra la superficie con una piedra de machaqueo hasta 2,5 cm por encima de la línea de tiza de hormigón y tape la superficie con una capa de arena. Después, extienda una capa impermeabilizante en forma de lámina, de 0,25 mm, sobre la superficie de arena.

Colocación del hormigón

Realice una mezcla de hormigón con una parte de cemento, dos y media de arena y cuatro de áridos. Es recomendable que no se añada demasiada agua, ya que la mezcla debe quedar relativamente espesa. Vaya colocando el hormigón progresivamente en franjas de unos 60 cm de ancho. La dirección de las franjas a colocar dependerá de la puerta, ya que el trabajo de colocación del hormigón debe terminar en ella. Compacte el hormigón con un madero del tamaño de la anchura de la habitación y nivélelo con una tiza.

Colocación del hormigón.

Según vaya avanzando, deberá ir comprobando la superficie con un nivel y una regla, así como rellenando cualquier agujero que pueda surgir en el suelo.

Cuando el hormigón haya fraguado con suficiente fuerza como para poder andar sobre el tablón, deberá cepillar la superficie con una escoba dura para obtener una superficie adecuada para aplicar el mortero de agarre.

Colocar el mortero de agarre

Realice el material del mortero de agarre con tres partes de arena tosca y una de cemento. Humedezca el suelo y aplique una primera capa con una lechada de cemento mezclado con agua y con un agente aglomerante, hasta llegar a obtener una mezcla cremosa.

Vaya avanzando desde una de las paredes, aplicando franjas de unos 60 cm de lechada cada vez.

Después, deberá aplicar una solera de fondo de mortero, en cada extremo de la zona en la que haya colocado la lechada, para colocar los listones. Los listones deben ser fijados para asegurarse de que están nivelados con la superficie de las paredes.

A continuación, ponga el mortero entre los listones y fíjelo bien, al tiempo que nivela con la regla colocada entre los listones. Retire los listones, tape los agujeros que quedan con mortero y vuélvalo a nivelar.

Repita el procedimiento por todo el suelo de la habitación en franjas de 60 cm

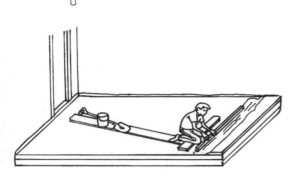

Colocación del mortero de agarre.

de ancho. Una vez realizado, deberá cubrir con una lámina de polietileno la superficie y dejarla estar durante, aproximadamente, una semana para que el suelo realice el curado correspondiente.

En dos semanas, el suelo debe estar tan fuerte como para poder andar sobre él, aunque debe tener en cuenta que la superficie no estará completamente seca hasta que no pasen seis meses.

Por último, coloque una membrana impermeabilizante y fije los zócalos para cubrir sus bordes.

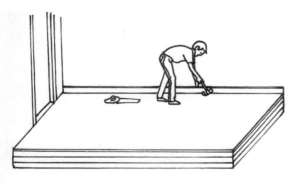

Acabado de los bordes.

Pintar un suelo de hormigón

Los suelos de hormigón deben ser tratados y cuidados con regularidad para que no se vuelvan polvorientos y tiendan a disolverse con cierta facilidad. La solución, por tanto para suelos de taller, garaje o una habitación de juegos es la pintura, que impedirá la formación de polvo y simplificará, a la vez, su limpieza.

La pintura para este tipo de suelo se presenta en base solvente, es decir, para suelos maltratados, aunque también este tipo de pintura se puede utilizar para usos externos. La pintura al agua, que apenas huele, puede usarse en interiores y ofrece la ventaja, además, de un secado rápido.

Igualmente, también existen pinturas especiales para suelos de garajes o para escaleras, que suelen contener agentes antideslizantes.

Para aplicar la pintura, lo primero que debe hacer es dejar el suelo de hormigón bien fraguado durante un mes antes de ser pintado. En el caso de que la superficie sea un suelo polvoriento, es recomendable que aplique una solución estabilizante en el suelo antes de proceder a pintarlo.

Cuando no sea posible quitar todos los muebles de la habitación para pintar la superficie de la misma, deberá realizar la operación de pintar el suelo en dos fases o partes.

Procedimiento de trabajo para pintar un suelo de hormigón:

1. Antes de comenzar a pintar se deben eliminar todos los restos de pintura.

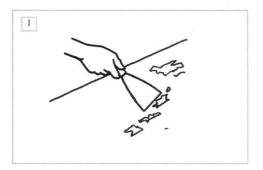

2. A continuación, se debe limpiar el suelo de polvo y suciedad. Lo mejor para realizar este tipo de tareas es utilizar un aspirador industrial, pero puede servir uno doméstico.

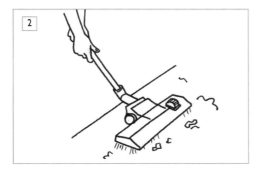

3. No es necesario nivelar el suelo, aunque quizá sí reparar agujeros y grietas con una mezcla de mortero de arena y cemento, presionándola y enrasándola.

4. Para que la pintura se adhiera perfectamente a la superficie, es preciso limpiar el suelo de grasa y aceite. En el supuesto de que el aguarrás no logre eliminar todas las manchas, deberá utilizar un agente desengrasante hasta que la superficie quede perfectamente limpia. Algunas casas fabricantes tienen limpiadores específicos para sus productos, lo que puede resultar muy útil en el trabajo doméstico.

5. Es recomendable que la primera mano de pintura esté diluida al 10% con agua o aguarrás.

Para realizar la mezcla, utilice una taladradora provista de accesorio mezclador, que es como una batidora que unifica la textura de todo el material a utilizar.

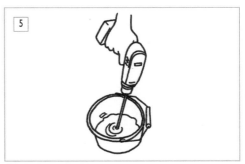

6. A continuación, proceda a pintar con una brocha plana, de unos 10 cm, alrededor de todo el perímetro de la habitación.

Es conveniente que pegue cinta adhesiva a lo largo de los bordes de la pared para proteger muebles y rodapiés, así como enchufes, de la pintura y que el acabado sea perfecto.

7. El mejor método para pintar un suelo es por medio de un rodillo. Para ello, deberá comenzar por la esquina más alejada de la puerta para evitar quedarse aislado en una parte de la habitación mientras se pinta. Una vez que esté seca la primera mano de pintura, deberá aplicar una segunda mano, comenzando por la otra esquina del espacio pintado y avanzando hacia la puerta.

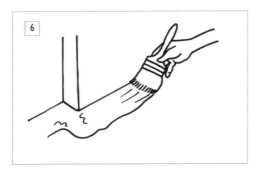

PAREDES
Y TECHOS

REMODELACIÓN DE LOS REVESTIMIENTOS EN LA PARED

Evidentemente, antes de comenzar a trabajar o a aplicar una nueva decoración de la habitación, ya sea por medio de pintura, papel pintado, alicatado o madera, deberá primero eliminar y renovar la superficie de las paredes.

Por esta razón, una preparación cuidadosa de la zona donde trabaja, desde el punto de vista de horas de trabajo, como de materiales y herramientas a utilizar, y la ejecución de lo planificado previamente, proporcionará un cronograma y una seguridad en la labor a llevar a cabo, así no se malgastará ni tiempo ni dinero.

En el caso de que la decoración anterior tenga un color intenso o una textura determinada, deberá ser eliminada de antemano. En este sentido, se deberá retirar el papel pintado, igualar el yeso que haya debajo y preparar la pared para el nuevo papel.

Es preciso lavar o rascar la pintura, y rellenar y lijar los agujeros antes de empezar a pintar.

Arrancar el papel viejo

Es imprescindible arrancar el papel viejo
para dejar las paredes desnudas, ya que
de lo contrario puede suceder que el
nuevo adhesivo reblandezca el viejo y se
separe de la pared llevándose también
consigo la nueva decoración. A la hora de
arrancar el papel se debe tomar el tiempo necesario; es decir, se debe tener paciencia en las zonas más resistentes hasta
que el papel llegue a salir completamente.
Una vez que se haya eliminado todo el
papel viejo, se deben limpiar las paredes
con agua caliente para eliminar completamente todo el resto del papel y el engrudo; una vez hecho esto, se tienen que rellenar las posibles grietas que haya.

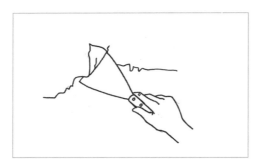

Rellenado de grietas.

Para arrancar papel normal hay que
usar un cepillo grande o una esponja para
eliminar el papel con agua templada. Los
papeles más gruesos necesitarán una mayor cantidad de agua. En principio, el papel
debe ser fácil de eliminar y quitar si se

añade al agua detergente líquido, ya que
este nuevo elemento acelerará el proceso
de eliminación.

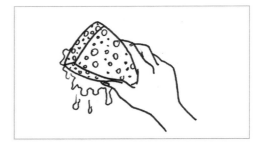

Reblandecimiento del papel con una esponja.

Una vez que el papel esté reblandecido,
deberá ser rascado con una espátula. La
espátula debe ser utilizada de la forma
más plana posible, para que no haga marcas en el yeso.

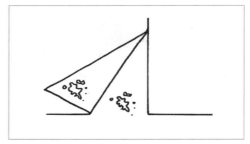

Arrancado de papel vinílico.

Para arrancar papel vinílico tan sólo
deberá despegar el borde inferior por
medio de una uña o de un cuchillo, y tirar
suavemente del mismo. Tire del papel
con cuidado hacia arriba para evitar que
el papel se desgarre del forro que lo
acompaña.

A medida que va despegando cada tira
de papel, quedará pegado a la pared un

revestimiento de papel fino blanco; se trata del papel del forro, que puede ser dejado para que sirva de base al nuevo empapelado. Sin embargo, si en alguna zona ha eliminado dicho papel del forro, éste deberá ser eliminado en su totalidad.

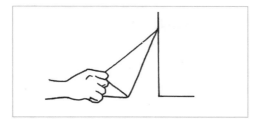

Despegado del papel.

Papeles lavables

En esta ocasión, resulta más difícil retirar los papeles lavables que los normales. Los lavables son aquellos papeles que pueden resistir la condensación de la cocina o de un cuarto de baño y que, por tanto, no se pueden empapar en agua. La mejor manera para eliminar este tipo de papel es con una máquina de vapor, que separa el papel de la pared hasta que éste se puede arrancar con la mano.

Rascado del papel con el cepillo.

Para arrancar papeles difíciles, primero se debe rascar la superficie con un cepillo de alambre, una rasqueta dentada o cualquier otro instrumento punzante. De esta forma se rasca la superficie y se puede infiltrar agua y humedecer el engrudo viejo.

En el caso de que el trabajo se haga muy pesado y el papel se resista, procure alquilar una máquina de vapor para hacer el trabajo, suele ser fácil de usar y ensucia mucho menos que el hecho de rascar el papel y humedecer. Además, el vapor que produce la máquina pasa a través de la pared, reblandeciéndola. A continuación, se puede arrancar el papel con una espátula.

Despegado del papel con vapor.

Preparación de las paredes

Si la pared en cuestión va a ser pintada, ésta requerirá una mayor preparación previa que si va a ser empapelada, ya que incluso la grieta más fina será vista a través de la pintura si antes no se rellena y se lija.

Si la superficie de la pared está en buen estado, tan sólo deberá proceder a pintarla o a empapelarla.

Preparación de los techos

Lo primero que se debe hacer es quitar las lámparas y todos aquellos elementos que puedan entorpecer el trabajo, sin olvidar cortar el suministro eléctrico previamente, así como aislar los cables sueltos por precaución.

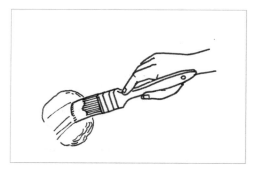

Tratamiento de las manchas de nicotina.

A continuación, compruebe el estado de la pintura y del enlucido. Si éste se encuentra en buen estado, tan sólo deberá limpiar la superficie con agua jabonosa y aclarar. Pero si la pintura está descolorida por cualquier tipo de mancha, deberá aplicar una capa de selladora de aluminio. Las mancha secas originadas por humedades suelen verse después de aplicar la pintura, así que previamente deberán ser cubiertas con una capa de imprimación selladora con base de aceite. Con las manchas de nicotina se debe aplicar una capa selladora de aluminio para evitar que traspasen la siguiente capa de pintura.

Los techos de las cocinas, normalmente, están recubiertos por una capa de grasa acumulada que impide que agarre la pintura. En estos casos, deberá eliminarse antes la capa aceitosa.

Igualmente, se deberán limpiar de hollín o de polvo los techos que tienen en el suelo estufas de carbón o similares.

En el caso de los techos empapelados, primero deberá arrancar el papel que está sujeto y dejar, si quiere, el trozo de papel que se encuentra bien pegado al techo.

Cuando se arranca el papel, se debe limpiar siempre la zona; en el caso de que el papel se resista y haga burbujas al lavarlo, deberá esperar a que éste seque, después se practica una leve incisión y se vuelven a pegar los bordes. No debe olvidar que, quizá, se empapeló el techo para tapar las grietas existentes, o a lo mejor se trata de un techo falso de cartón-yeso.

Grietas y agujeros

No cabe duda que cuanto más tiempo se pase reparando grietas y agujeros, el resultado final de la obra será mejor. Las masillas de celulosa corrientes suelen ser adecuadas para la mayor parte de las superficies, ya sea en yeso o en madera. En muchos casos, los agujeros pequeños pueden simplemente rellenarse con masilla y lijarse.

En el caso de las esquinas de las paredes, éstas a menudo suelen tener muescas o golpes. Para reparar estos pequeños desperfectos deberá aplicar finas capas de masilla y dejar secar hasta que se endurezca; después deberá lijar la zona para dejarla al ras.

Los desconchados de pintura en buen estado pueden rellenarse con masilla fina, que es aplicada con una espátula y que después se lijará para dejar un perfecto acabado.

Los techos de cartón-yeso con grietas pueden cubrirse con una pintura que tenga una textura espesa, para que tape las irregularidades y tenga la elasticidad suficiente para adaptarse al movimiento normal del techo.

Para no malgastar masilla, no debe prepararse más de la estrictamente necesaria. A diferencia de las masillas de celulosa, las de resina no se contraen cuando se secan, así que pueden ser ajustadas más al nivel de la superficie en lugar de dejar que sobresalgan tanto.

La aplicación de la masilla sigue cuatro pasos:

1. Rasque los bordes de la grieta con la esquina de una espátula para agrandar la hendidura. Cepille el polvo y los trocitos de yeso interiores, así como los alrededores de la grieta.

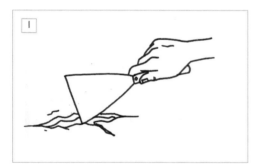

2. Humedezca la grieta con un pincel mojado con agua y prepare la masilla. Rellene a conciencia la grieta con una espátula pequeña.

3. Prense bien la masilla pasando la espátula a lo largo de la grieta. Si la grieta es profunda, deje secar la masilla y aplique una segunda capa.

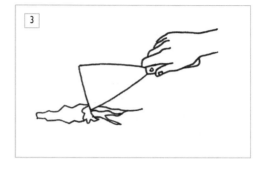

4. Alise la masilla cuando aún esté blanda y líjela hasta conseguir un acabado perfecto.

Revocar

Para revocar perfectamente con yeso, tan sólo se necesita paciencia y tiempo para practicar las técnicas. Un aficionado no se convierte en un experto de la noche a la mañana, pero si se dominan los procedimientos básicos se puede enyesar como un auténtico profesional. En muchos casos, las pequeñas grietas, los agujeros y los golpes pueden ser reparados con pequeñas cantidades de yeso o con trozos de cartón-yeso. Además, los yesos modernos fraguan con rapidez y pueden aplicarse con mayor facilidad y suavidad que el yeso base elaborado con cemento.

La colocación del cartón-yeso se utiliza para revestir una pared maciza, para cubrir una pared ya enyesada o para construir un tabique. Además, el cartón-yeso puede mejorar el aislamiento y dar un acabado perfecto a la decoración, al igual que ocurre con el mismo yeso.

Herramientas y materiales

Las únicas herramientas especiales que se necesitan para enyesar son un esparavel, una llana metálica y una madera para colocar el cartón-yeso, así como clavos de 30 mm y tarlatana. También se necesitará para preparar la superficie una maceta y un escoplo para quitar el yeso viejo, además de listones para marcar las zonas y una rejilla metálica.

Tanto los tipos de yeso como las cualidades y propiedades ya han sido vistos en el capítulo dedicado a la caja de herramientas.

Herramientas para revocar.

Preparación de la superficie

Para preparar bien la superficie, lo primero que se debe hacer es eliminar el yeso viejo por medio de un escoplo y una maceta. Rasque todo el yeso que queda suelto y límpielo, posteriormente, con un cepillo. Si el suelo es de hormigón, deberá marcar unas rayas cruzadas con el escoplo y aplicar una capa de sellador. Respecto a la madera, deberá clavar un pedazo de malla metálica.

Aplicación del yeso

El primer paso es mezclar el polvo con agua hasta que el yeso se convierta en una papilla espesa y sin grumos. Para que el yeso adquiera la consistencia adecuada y para que uno se vaya familiarizándose con la llana, deberá realizar varios ejercicios de práctica de cargar y aplicar la masa. Dichos ejercicios consisten en coger la llana y depositar sobre el esparavel un montón de yeso, y hacerlo pasar de una herramienta a otra varias veces, para después aplicarlo sobre la superficie donde se va a enyesar. Una vez que crea que ya domina la técnica, tire el yeso con el que estaba practicando y empiece de nuevo.

La primera vez que se mezcla el yeso, es conveniente que no se prepare más de un cubo. Una vez que el agua haya empapado el yeso seco, deberá remover con un palo ese yeso para que la mezcla quede espesa y consistente. A continuación, vacíe el cubo sobre una zona plana de madera y amase el yeso con una llana limpia. En el caso de que la mezcla salga demasiado líquida, deberá espolvorear más polvo de yeso por encima y volver a mezclar.

Para trabajar el yeso debe seguir dos pasos:

1. Debe situar la llana sobre el esparavel. Después empuje hacia arriba con la llana mientras inclina el esparavel hacia usted; levante con la hoja el yeso y déjelo caer de nuevo sobre el esparavel desde una altura de unos 4 cm.

2. Coja con la llana la mitad del montón de yeso. Apoye el borde derecho de la llana contra el mismo borde de la zona en la que se va a enyesar e incline la hoja hacia arriba hasta que se forme un ángulo de unos 30° con la pared. Empuje hacia arriba con la llana mientras extiende el yeso sobre la pared por medio de un movimiento de barrido. Coja el resto del yeso del esparavel y repita el proceso.

Colocación del cartón-yeso

Para colocar este tipo de material, deberá primero clavar las placas de cartón-yeso sobre listones de madera, para que así las uniones verticales y horizontales entre las placas descansen siempre sobre madera maciza.

Para forrar una pared de obra, por ejemplo, deberá quitar los zócalos y las cornisas y situar los listones de tal forma que coincidan con las uniones de las placas. Si la pared es plana, deberá pegar directamente las placas a la superficie. En el caso de un tabique, a lo mejor hay que recortar las placas para que coincidan con la estructura de madera de la pared.

A no ser que encuentre o disponga de placas con la altura exacta y que encajen perfectamente, lo más común es que tenga que recortar las piezas. Para ello, deberá proceder a realizar una marca a lo largo de la línea de corte y cortar el papel con una cuchilla afilada.

Si tiene que cortar la placa de forma recta, deberá quebrar la placa y cortar el papel.

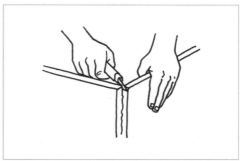

Cortar un canto recto.

Si tiene que cortar un borde curvo, use el serrucho para recortar las formas irregulares.

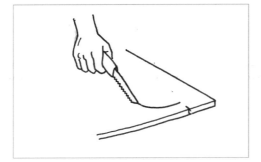

Cortar un borde curvo.

Para fijar las placas de cartón-yeso, deberá primero situar la placa en posición contra la pared, de tal forma que quede encajada perfectamente contra el techo y acabada por debajo de la línea del zócalo. Tal y como ha montado la primera placa deberán ir instaladas el resto de las mismas, intentando que las uniones sean lo más precisas posibles.

A continuación, proceda a clavar las placas a los listones con puntas galvanizadas de 3 cm a intervalos de unos 15 cm. Deberá clavar las puntas hasta que la cabeza toque el panel. Es necesario que con el martillo

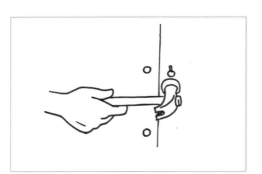

clave la punta un par de milímetros más, de tal modo que la cabeza hunda ligeramente la superficie de la placa.

Para realizar el acabado, deberá disimular las uniones aplicando una banda estrecha de masilla a lo largo de la unión. Después, coloque tiras de tarlatana fina. A continuación, pase una espátula de arriba abajo para alisar la tela y fijarla de manera regular a la banda de la masilla.

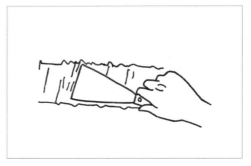

Acabado con masilla.

Por último, deberá humedecer una esponja y limpiar el exceso de masilla existente. Cuando la masilla haya fraguado, tendrá que aplicar una capa fina de yeso con una llana, además de igualar los bordes con la esponja.

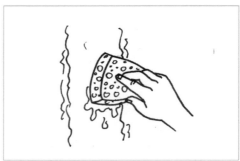

Limpieza e igualado con una esponja.

Realizar parches en el cartón-yeso

Como hay un hueco detrás de cada placa de cartón-yeso, deberá proceder a tapar los agujeros en vez de rellenarlos. Para los agujeros pequeños es suficiente cortar un trozo de cartón-yeso ligeramente mayor que el hueco y fijarlo con yeso o con puntas. A continuación, aplicar una capa de acabado. Para agujeros mayores, deberá recortar un rectángulo en la placa hasta alcanzar los listones laterales, cortar una nueva pieza de cartón-yeso que encaje en el agujero y clavarla con puntas a los listones.

Arreglar agujeros en el enlucido

Las paredes enyesadas que se encuentran en buen estado suelen tener algún que otro desperfecto localizado, que puede ser reparado individualmente sin necesidad de rehacer completamente el enlucido.

Para solucionar este problema se puede utilizar masilla o yeso de acabado. Evidentemente, antes de proceder a realizar nada, deberá evaluar la extensión del desperfecto en cuestión. En el caso de que se trate de una pared maciza que suena a hueca cuando se la golpea, deberá renovar completamente el enlucido de la misma.

Para realizar reparaciones de agujeros en paredes macizas, deberá rascar los bordes del agujero con un clavo viejo, cepillar el polvo y humedecer la superficie con un pincel pequeño. Después deberá mezclar la masilla o el yeso hasta que adquiera una consistencia espesa y rellenar

el agujero con el material por medio de una llana. Déjelo secar y añada una segunda capa. Una vez que esta segunda capa esté seca, líjela para nivelar la superficie.

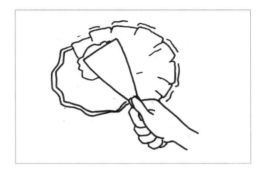

Reparación de agujeros en paredes macizas.

Cuando la reparación del agujero se realiza en enlucidos sobre listones, deberá cortar el yeso suelto y cepillar previamente el polvo. En el caso de que los listones estén estropeados, deberá reponer la base con un trozo de rejilla metálica encajada en el agujero. Después, rellene sin llegar al nivel de la superficie, ponga una segunda capa y déjela secar. Mezcle por último más yeso, moje el parche y rellénelo completamente. Finalmente, añada una capa de acabado y líjela cuando esté seca.

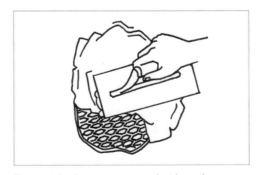

Reparación de agujeros en enlucidos sobre listones.

Reparación de un desconchado

Normalmente, las esquinas de paredes enyesadas tienen tendencia a sufrir desperfectos. Por eso, para conseguir una perfecta línea recta y un auténtico ángulo en una esquina, lo mejor es fijar un listón a ambos lados de la esquina y rellenar el desperfecto con yeso.

Si la esquina ya cuenta con unos guardacantos de refuerzo, tan sólo deberá rellenar el límite del área dañada.

En la reparación de desconchados se puede utilizar un listón de madera o realizar una reparación con guardacanto.

Esquinas
Si se utiliza un listón de madera, deberá clavar un listón a uno de los lados de la esquina, poniendo el canto a nivel con el otro lado. Después, deberá rellenar uno de los lados del agujero con una llana o espátula hasta que el yeso quede nivelado con el canto del listón.

Una vez que haya fraguado, quite el listón y sujételo sobre la parte que acaba de reparar. Repita el procedimiento en el otro lado también si está dañado.

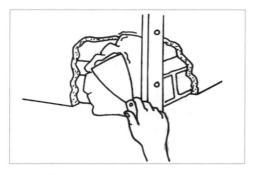

Reparación de un desconchado en una esquina.

Para la reparación de esquinas con guardacanto, deberá tapar primero el agujero rellenando la zona dañada. Para ello, es preciso presionar con la llana hacia arriba y alisar contra la arista del guardacanto. Cuando el yeso esté seco, lije la esquina.

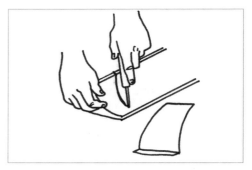

Reparación de esquinas con guardacanto.

Aplicación de molduras de yeso

Deberá preparar el techo y las paredes para la colocación de las molduras de yeso. Primero, deberá recorrer la habitación para cortar las tiras a medida y situar los clavos por encima y por debajo de cada una, como soporte temporal. Para asegurarse de que corta el ángulo de manera exacta, deberá usar una caja de ingletes o una plantilla de cartulina. Para cortar las tiras, deberá usar una sierra de diente fino para los ángulos de las esquinas.

Después, deberá mezclar el adhesivo para molduras de yeso, aplicar una capa espesa por la parte de atrás de las piezas y presionar fuertemente para pegarlas a su sitio. Continúe de este modo empalmando los trozos y siguiendo la línea horizontal. Una vez que el adhesivo haya endurecido, normalmente a las 24 horas, puede proceder a pintar la moldura.

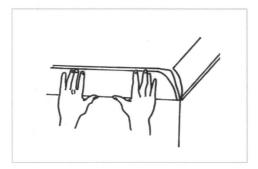

Pegado de una moldura.

Es decir, lo primero que tiene que hacer es usar la plantilla que viene con la moldura para marcar el ángulo de la esquina. Después, debe cortar con un cuchillo afilado y repasar el borde con papel de lija.

A continuación, deberá aplicar una capa espesa de adhesivo en la parte trasera de la moldura, presionándola sobre la pared. Rellene los huecos con el adhesivo y limpie el que sobre.

Trabajos de alicatado

Las ventajas del azulejo son múltiples: son resistentes al agua, al calor, a los productos químicos domésticos, no se desgastan, son fáciles de limpiar y no requieren un mantenimiento específico. Aunque su colocación resulta, en muchos casos, un trabajo lento, lo cierto es que el alicatado no precisa de conocimientos específicos para su instalación y colocación, en especial en aquellos azulejos que se adhieren o son ligeros.

Además de la amplia variedad de cerámicas, hoy existen en el mercado una gran variedad de materiales de azulejos: corcho, ladrillo, vinilo, poliestireno y acero.

Preparación de la superficie

Para quitar los azulejos existentes, se puede usar un escoplo y una maceta, o un martillo y un formón. En el caso de que sea necesario, puede rehacer la superficie sobre donde se van a colocar los nuevos azulejos por medio de yeso o de cartón-yeso.

Todas las superficies donde se van a colocar los nuevos azulejos deben estar en buen estado, niveladas y secas. Para ello, deberá primero lijar las superficies brillantes para que el adhesivo se agarre firmemente.

No olvide que es bastante difícil colocar azulejos en línea si la pared o superficie no está perfectamente plana. Para comprobar esta situación, deberá sujetar un trozo de madera largo y plano contra la pared, en vertical, horizontal y diagonal; en el caso de que la madera se mueva es que la superficie es irregular y deberá nivelarla antes de proceder al alicatado.

Aplicación de azulejos enteros

Si se va a alicatar una zona amplia, es recomendable poner los azulejos en hileras horizontales empezando desde la parte de abajo, y trabajando en áreas de 1 m². Una vez que hayan trascurrido 24 horas desde la instalación de los azulejos, se pueden rellenar los huecos sobrantes con trozos de azulejos cortados a medida. Para colocar los azulejos, tiene que extender el adhesivo sobre la pared y ponerlos en hileras horizontales, con unos espaciadores de plástico para que finalmente las líneas del enlechado queden uniformes.

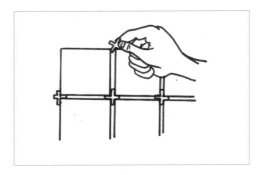

Azulejos con espaciadores de plástico.

Cortar azulejos de cerámica

Hay distintos tipos de cortadores para azulejos. Los cortadores normales suelen tener una punta de carburo, que es la que rasca a través de la capa del azulejo para que la cerámica casque limpiamente por la zona marcada. Otro tipo de cortador tiene una pequeña rueda con la que se rasca la superficie, y con unas pinzas se ejerce una presión por ambos lados de la zona marcada para que el azulejo ceda.

Si tiene que cortar un azulejo con una forma especial, primero deberá hacer una planilla de cartulina con la forma deseada para copiarla sobre la superficie del azulejo. Para recortar una pieza en forma de

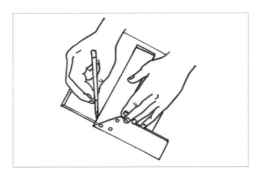

Trazado del dibujo sobre el azulejo.

«L», deberá trazar un dibujo sobre el azulejo, luego marcar con el cortador sobre las líneas de corte y rascar la superficie de la parte de la pieza que no se va a utilizar con líneas cruzadas para ir rompiendo la capa vitrificada; a continuación, se rasca el azulejo con unas tijeras para cerámica o con unas simples tenazas. También será especialmente útil la utilización de una sierra de cerámica para recortar las formas complicadas.

La forma de usar una cortadora de azulejos es la siguiente: ponga el azulejo sobre una superficie plana, rasque una línea por la capa vitrificada usando una escuadrilla como guía, presione sobre ambos lados del azulejo hasta que éste rompa limpiamente, y repase el corte con una lima para cerámica.

Accesorios de porcelana cerámica

Los accesorios de porcelana cerámica van fijados a la pared por medio de tornillos o pegamento. Si están sujetos con tornillos, sólo tiene que desatornillarlos y colocar el nuevo accesorio; sin embargo, los accesorios que tienen una base cerámica del tamaño de uno o dos azulejos suelen estar fijados con adhesivo. En este último caso, los elementos se cambian igual que en el caso de los azulejos rotos.

Si hay que taladrar agujeros nuevos sobre el azulejo, no intente hacerlos directamente sobre el azulejo, ya que la broca del taladro resbalará sobre la superficie. Primero deberá pegar una pequeña cinta adhesiva sobre el punto que desea agujerear para poder trabajar y taladrar a través de ella.

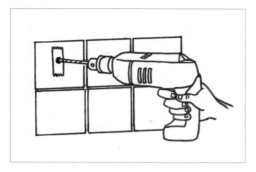

Taladrado de azulejos.

Por ejemplo, veamos la sustitución de una jabonera de cerámica colocada sobre azulejos.

1. Primero deberá, con la ayuda de un martillo y un escoplo, romper y quitar la jabonera vieja eliminando por completo los restos de lechada y adhesivo que pueda haber en el hueco.

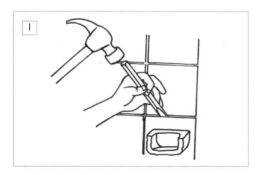

2. Después, por medio de una espátula, tendrá que extender el adhesivo por la parte de atrás del recambio.

3. A continuación, presione la jabonera firmemente en el sitio donde se va a colocar, comprobando que queda al nivel del resto de la superficie. Proceda a limpiar el adhesivo que sobresale.

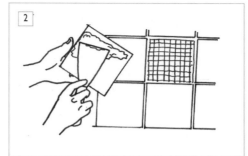

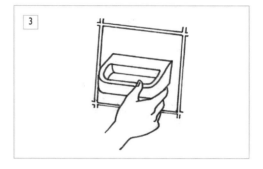

4. Por último, deberá sujetar el nuevo accesorio de cerámica con cinta adhesiva sobre la pared de azulejos hasta que el pegamento esté seco. Quite la cinta y rellene las juntas con lechada.

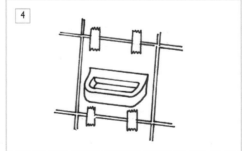

Enlechado

Es conveniente renovar de vez en cuando el enlechado de los azulejos, sobre todo los de aquellos que están alrededor de las duchas y los lavabos.

La lechada para realizar esta pequeña operación se puede comprar ya mezclada, aunque es más económica comprarla en polvo e ir añadiendo agua hasta obtener la consistencia deseada.

1. La lechada se extiende sobre la superficie de los azulejos y por medio de una esponja húmeda se frota la pared para que la lechada entre perfectamente en las juntas de los azulejos.

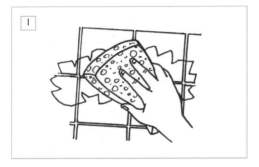

2. Una vez que ya haya cubierto toda la zona a reparar, deberá pasar un palillo de punta redonda por las juntas para hacer que la lechada quede totalmente prensada y en su sitio. Es conveniente que no se apriete muy fuerte.

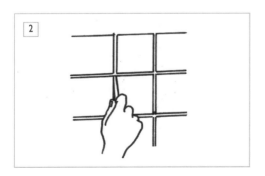

Renovación del sellado

El sellado de silicona se suele usar en las bañeras, lavabos y fregaderos para evitar que se filtre el agua. En teoría, el sellado es flexible y cubre el hueco en el que se ha puesto a pesar de los posibles desplazamientos de la misma.

Con el tiempo, la silicona se contrae y no realiza la función para la que fue colocada. Por eso, es conveniente que cuando empiecen a aparecer humedades proceda a la renovación de la misma.

Para aplicar la silicona hay que presionar el tubo de manera regular para que el sellador salga en una tira uniforme. Después, pase el aplicador a lo largo de la junta entre el borde de la bañera y los azulejos.

Por último proceda a alisar la línea con el dedo mojado y deje secar completamente antes de usar de nuevo la bañera.

Aplicación de silicona.

Revestimientos en madera

Revestir una pared con tablas es una buena forma de nivelar superficies irregulares o deformadas, además de requerir un mínimo de mantenimiento.

Existen dos tipos básicos de tablas, las machihembradas de ranura y las de lengüeta. Estas últimas encajan una en otra, y disponen de un labio en el extremo de la misma sobre la que descansa la siguiente tabla.

Los tableros laminados suelen variar mucho tanto en precio como en calidad. Los más baratos, incluso, consisten a menudo en una reproducción fotográfica de un revestimiento en madera impresa sobre una lámina de vinilo o similar que va pegada en un tablero de aglomerado.

Acondicionamiento de la pared

El revestimiento en madera ocultará totalmente la pared, por ello deberá asegurarse de que la superficie se encuentra bien preparada y sin problemas de humedades o similares. Si la pared es porosa, deberá examinar si hay desperfectos en la mampostería; en el supuesto de que así sea, deberá sustituir los ladrillos en mal estado y la argamasa suelta. También tendrá que eliminar los zócalos, así como los rieles o demás elementos para cuadros.

Para quitar los zócalos deberá primero aflojar una sección del mismo con un es-

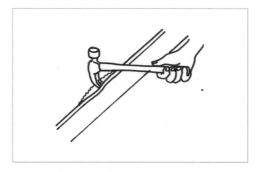

Retirada de un zócalo.

coplo, para después pasar la punta del martillo por detrás de la tabla y separarla fácilmente. En el caso de que haya clavos, éstos deberán sacarse por la parte de atrás, ya que si se hace por delante se estropearía el frente del zócalo.

Los rieles para los cuadros tienen que ser eliminados sólo aquellos que sobresalen por encima del nivel del bastidor y, en consecuencia, impiden la aplicación del revestimiento. Para este trabajo deberá realizar un corte en el riel y romperlo.

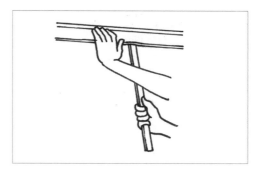

Eliminación de rieles de cuadros.

Tipos de revestimiento

Existen dos tipos de tablas de madera, las machihembradas y las traslapadas. Las primeras son de madera blanca y de pino nudoso. Normalmente, el grosor estándar de este tipo de tablas es de 12 mm, aunque también hay las de 19 y 9,5 mm.

Las tablas traslapadas son como las de ranura y lengüeta; es decir, el borde superior de cada una de ellas encaja por debajo de un labio de la tabla preferente. Normalmente, las tablas traslapadas sólo se encuentran en madera de pino.

En el caso de revestimientos de tableros laminados, los hay de aglomerado o contrachapado con distintos tipos y superficies. Todos los tipos de tablas laminadas se encuentran en longitudes suficientes como para cubrir toda la pared desde el suelo hasta el techo, sin necesidad de ningún tipo de unión horizontal o añadida.

Revestimiento con tablas
Antes de comenzar la labor, deberá dejar las tablas en la misma habitación en la que se va a trabajar, para que la humedad de la madera se equilibre con la del ambiente. Esta circunstancia es fundamental en el caso de que haya una gran diferencia entre las condiciones de almacenamiento y la de la sala o habitación que se va a revestir.

Existen dos maneras fundamentales para fijar las tablas, el método tradicional, que es clavar puntas a través de las tablas para fijarlas al bastidor de listones, o la de sujetar las tablas de ranura y lengüeta con unos clips especiales que proporcionan a los tableros una fijación invisible.

Para revestir la zona de la pared en la que hay enchufes o interruptores, deberá colocar trozos cortos de listones lo más cerca posible a la pieza eléctrica. Los listones pueden ser colocados con adhesivo. Después, se debe clavar el revestimiento sobre ellos, intentando que los bordes superiores de la placa eléctrica queden al mismo nivel que las tablas.

Revestimientos con tableros
Para realizar un revestimiento con tableros se necesita un bastidor con listones horizontales y verticales, colocados de tal forma que coincidan con la línea de unión entre los tableros.

Si las paredes donde se va a trabajar están a escuadra, se pueden pegar directamente los tableros a la pared por medio de una pistola de adhesivo. En caso contrario, deberá fijar los listones horizontales a intervalos de 40 cm y un listón vertical para cada unión entre tableros.

En el caso de que se hayan dejado separaciones entre los tableros, éstas se pueden cubrir con una tira de plástico o de madera o, en su defecto, dejarlas a la vista.

La forma de pegar los tableros a la pared es por medio de un adhesivo. El adhesivo debe cubrir las pequeñas irregulari-

Hay que sortear enchufes e interruptores.

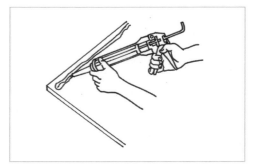

Pegado de tableros a la pared.

dades en la superficie de la pared. Para ello, se deben aplicar tiras de adhesivo en la parte trasera de los tableros a intervalos de unos 40 cm. Después se debe presionar el tablero contra la pared, desde arriba hasta abajo. Si el adhesivo ya empieza a fraguar cuando traslada el tablero hasta la pared, deberá cortar tableros más pequeños para que no se seque el adhesivo en el trayecto.

Deberá utilizar tableros pegados a un bastidor de listones en el caso de que la pared sea irregular. En este procedimiento, deberá aplicar cantidades importantes de adhesivo a los listones para asegurarse de que los tableros quedan perfectamente sujetos a los listones.

Pegado de tableros a los listones.

Revestimiento del techo

Cualquier tipo de revestimiento que se practique en el techo, ya sea por medio de tablas o de tablones, debe ser realizado sobre listones. En este sentido, no debe nunca pegar un revestimiento al techo.

Primero deberá clavar los listones a las viguetas del techo a intervalos de 60 cm, y de manera perpendicular, para obtener así puntos de fijación regulares. Después,

Fijación de un revestimiento en el techo.

deberá decorar el revestimiento antes de su fijación, es decir, se deben sellar ambos lados de la madera para que no absorba la humedad.

Es importante que se empiece a trabajar desde una de las paredes de la habitación y que se use la misma técnica que la utilizada en las paredes. En este sentido, lo más sencillo es utilizar clips; en el supuesto de que se utilicen clavos, es recomendable marcar primero en la madera los lugares donde se van a clavar las puntas.

En el revestimiento del techo, no suele ser fácil conseguir un ajuste perfecto y exacto al perímetro del mismo, por eso se deberán cubrir los huecos existentes con ribetes o con una moldura pegada con adhesivo. Es destacado que antes de colocar el revestimiento del techo con tablas, se realice un esqueleto de listones en perpendicular a las viguetas.

Frisos

Colocar un friso es una de las cosas más sencillas, tan sólo se debe decidir a qué altura del techo debe ir colocado o pegado el friso en cuestión. Es conveniente que el friso se coloque o sobre una pared pintada o sobre una superficie con papel. En el mercado existen distintos grosores, colores y formas de los frisos. Es conveniente que se utilice una cola de empapelar normal para colocar el friso en la pared.

Proceso de colocación de un friso:

1. Primero se traza una línea horizontal con la ayuda de la burbuja y regla. La línea tiene que rodear toda la habitación.

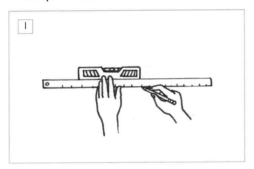

2. Corte una tira de friso de unos 10 cm más larga que la pared sobre la que se va a colocar. Después, proceda a encolar, dóblela en forma de acordeón y llévela a la pared. Colóquela de tal forma que pueda ir alisando y pegando el friso a la línea marcada. Por último, limpie la cola sobrante.

3. Prepare la siguiente tira para otro de los lados de la habitación y péguela de forma que superponga el extremo doblado de la tira anterior. Después case el estampado de ambas tiras y alise con un cepillo.

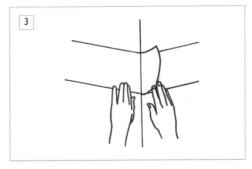

4. Para finalizar, y con la ayuda de un cúter y una regla de metal, corte las tiras del friso a 2,5 cm de la esquina. Despegue las tiras y retire los recortes. A continuación, alise los extremos con el cepillo para formar una junta perfecta.

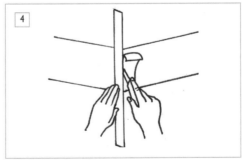

Cenefas y grecas

Las cenefas son frisos más estrechos, y son ideales para enmarcar puertas y ventanas o para crear paneles decorativos sobre una pared o un techo en cuyo interior pueden colocarse espejos o cuadros. Al igual que sucede con los frisos, las cenefas se comercializan en rollos de dimensiones estándar.

Proceso de colocación de las cenefas:

1. Lo primero que se debe hacer es trazar líneas guía con un lápiz por medio de una regla metálica alrededor de aquello que se quiera decorar. Para hacerlo, deberá utilizar el nivel de burbuja para trazar las líneas perfectamente horizontales y verticales.

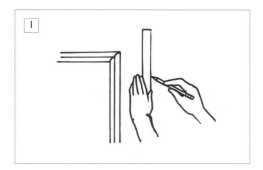

2. Coloque la primera tira, dejando que el extremo se superponga unos 2,5 cm sobre la línea guía continua. Después, alise con un cepillo y elimine la cola sobrante.

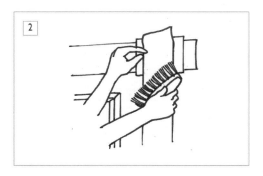

3. Para crear una esquina perfecta, corte a través de ambas tiras con un cúter y una regla metálica.

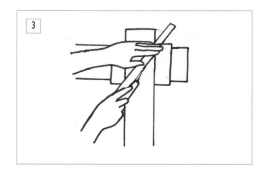

4. Despegue y tire los trozos sobrantes. Después, aplaste con un rodillo la junta. En el caso de que se trate de una cenefa antoadhesiva, despegue un poco el papel protector y coloque las tiras igual que si fuera a encolarlas.

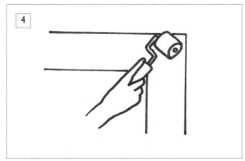

Instalaciones de cornisas

Las cornisas son un elemento que va instalado alrededor de la habitación entre la pared y el techo de la misma.

Los materiales más empleados en la cornisa son el cartón-yeso y las fibras de yeso moldeadas. Sin embargo, últimamente están empezando a tener mucho éxito las cornisas realizadas a base de imitaciones de espuma de plástico, ya que son más ligeras y fáciles de instalar que las tradicionales, hechas con materiales más pesados y caros.

Además, algunos tipos de molduras tienen hasta juntas esquineras prefabricadas, mientras que en otros casos, las cornisas requieren cortar las esquinas durante su instalación.

Proceso de instalación de una cornisa:

1. Lo primero que se debe hacer es trazar con un lápiz diferentes líneas alrededor de las paredes y del techo. Después se rascan las zonas entre las líneas guía con una rasqueta, con el fin de que el adhesivo quede bien agarrado a la pared.

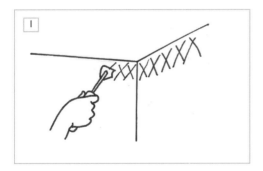

2. Ahora, coloque la cornisa, según el ángulo correspondiente, en el lado superior de la pared. Lo recomendable es que se empiece el trabajo por la esquina izquierda de la pared más larga. Para realizar la colocación, previamente se tiene que proceder al corte exacto.

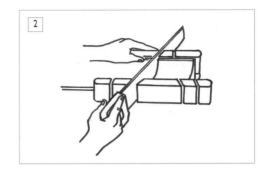

3. Aplique el adhesivo en el dorso de la moldura y péguela a la pared. Una vez pegada, sujétela fuertemente por medio de puntas. Luego, rellene el hueco entre los dos extremos por medio de molduras intermedias, cortando la última de ellas a medida.

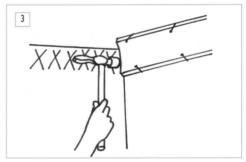

4. En las siguientes paredes, deberá casar los extremos ingletados, rellenando la junta con el suficiente adhesivo.

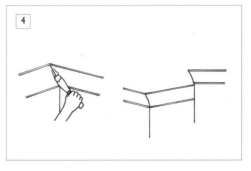

Levantar un tabique divisorio

Para aprovechar perfectamente el espacio de la casa, y en particular el de una habitación o sala, se puede proceder a la realización o al hecho de levantar un tabique. Una forma de modificar el uso del espacio es subdividir habitaciones ya existentes, por ejemplo, crear dos dormitorios independientes de una habitación grande, o incluir un cuarto de baño dentro del dormitorio.

El trabajo de crear un nuevo tabique requiere necesariamente de la labor de dos personas. En el caso en que la pared discurra paralela a las vigas del suelo, deberá situar la nueva pared justo sobre una de las vigas. Además, deberá asegurarse de que las nuevas puertas que incluya en la pared tengan el espacio suficiente para poder abrirse sin estorbar.

Por último, deberá planificar la extensión del cableado, tuberías y conductos de calefacción en el interior del tabique. Igualmente, deberán ser modificados los apliques eléctricos.

Procedimiento de realización de un tabique divisorio:

1. Marque la posición exacta de la nueva pared en el suelo. Coloque el listón base a lo largo de la línea de tiza, dejando un hueco para la puerta, y fije el listón a las vigas del suelo con puntas largas. Después, marque la posición de los clavos en el listón a intervalos de unos 60 cm, en el supuesto de que

desee que el listón esté mucho más sujeto, reduzca esa distancia hasta los 40 cm.

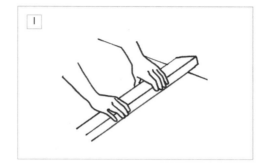

2. Mida y corte listones verticales para completar el marco del bastidor de la pared, recortando, incluso, el perfil del rodapié, en el caso de que sea necesario. Coloque el listón superior y clave las puntas, alineándolas en vertical por medio del nivel de burbuja. Taladre agujeros en los listones y en las paredes, meta los tacos correspondientes y proceda a atornillar.

3. Mida, corte y sitúe los listones verticales uno a uno. Corte un trozo de madera que encaje perfectamente entre los largueros y utilícelo como soporte para las puntas. Después, compruebe la verticalidad de los listones intermedios

con un nivel de burbuja y clávelos a los travesaños superior e inferior inclinando las puntas 45°.

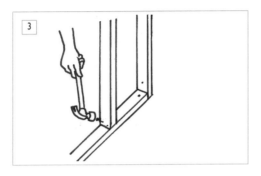

4. Una vez clavado el larguero, se deberá volver a comprobar la verticalidad del bastidor con un nivel de burbuja. En el caso de que se desvíe, deberá devolverlo a su posición inicial golpeando el travesaño superior con un martillo. Para terminar esta fase cuarta, deberá atornillar el travesaño superior entre los largueros que ya están fijados.

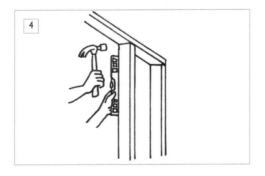

5. Una vez que haya colocado todos los listones, deberá disponerlos de tal forma que pueda clavar las puntas a través de los largueros. Para realizar esta operación tendrá que clavar puntas inclinadas a los largueros del marco.

6. Para enmarcar el vano de la puerta, deberá medir y cortar un listón o jamba superior para que encaje en horizontal entre los dos largueros que forman los lados de la puerta. Clave a través de los largueros en los extremos de la jamba superior.

Después, coloque un listón vertical corto entre la jamba de la puerta y el listón superior por medio de puntas inclinadas.

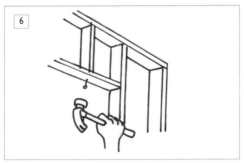

7. Si no tiene experiencia en electricidad, lo mejor es que encargue a un profesional el tema del cableado. Una vez que ya dispone de la estructura, corte con un cúter el cartón-yeso para que encaje en horizontal y en vertical, y clávelo a ambos lados del bastidor del tabique.

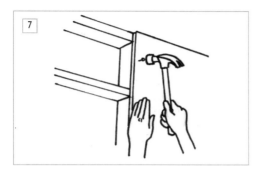

8. Por último, tape las juntas con cinta adhesiva selladora y cúbralas con masilla. Cubra también con masilla las cabezas de las puntas. Para finalizar, puede añadir cornisas, rodapiés y jambas, además de colocar la puerta. También puede pintar la nueva pared para terminar la faena.

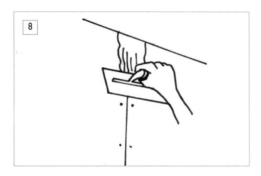

Puertas

Las puertas pueden ser de distintos materiales y formas. En principio, las puertas suelen estar fabricadas en madera, metal, cristal o plástico. Aunque la mayor parte de las puertas son realizadas en madera y llevan bisagras.

Los dos tipos de puerta más comunes son los de entrepaños y las planas. Las puertas de entrepaños poseen un armazón de madera maciza; por el contrario, las puertas denominadas como planas tienen un armazón mucho más ligero, que a su vez va revestido por los dos lados con chapas de madera maciza o con chapas de contrachapado.

Tipos de puertas

Además de las características técnicas o del material de la puerta, las puertas se dividen y se clasifican generalmente en puertas de interior y de exterior.

Puertas de interior

Existen tres tipos básicos de puerta para interior; es decir, de acceso entre habitaciones: paneladas, cristaleras o lisas. El tipo de puerta tradicional es la panelada, que consiste en un bastidor de madera maciza y dos, cuatro o seis paneles de material más ligero. Las puertas cristaleras son parecidas a las paneladas, pero se utilizan cristales en lugar de paneles de madera. Las puertas lisas son más económicas que las paneladas, así como más ligeras y fáciles de instalar. El material interior de las puertas puede ser: panel, madera laminada, traviesas de madera o material ignífugo macizo.

La anatomía de las puertas de acceso entre las habitaciones de la casa constan de cinco partes principales: el bastidor o marco, que está fijado a las vigas de una pared de cartón-yeso o a una mampostería de una pared maciza; el tope de la puerta, con unas tiras finas de madera contra las que se cierra la puerta; la puerta propiamente dicha, que está encajada en las bisagras que permiten colgarla del marco; la jamba, que es el elemento que cubre el hueco entre la pared y el marco; y los herrajes, que son los picaportes, cerrojos y pestillos, que están encajados en los agujeros practicados en la puerta y en la jamba.

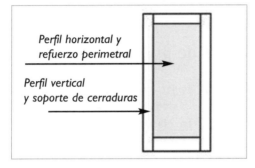

Perfil horizontal y
refuerzo perimetral

Perfil vertical
y soporte de cerraduras

Anatomía de una puerta.

La puerta lisa

Es aquella que tiene un bastidor de madera blanda con un interior de contrachapado o aglomerado recubierto de chapa de madera.

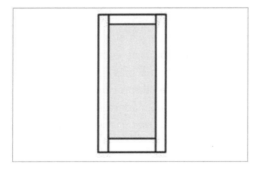

Modelo de puerta lisa.

La puerta persiana

Tiene un bastidor con tablillas paralelas entre sí y dispuestas oblicuamente con respecto al plano de la hoja. Son puertas ideales para armarios roperos, ya que permiten la ventilación interior.

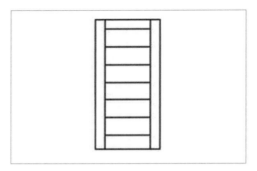

Puerta tipo persiana.

La puerta cristalera

El bastidor es de madera, pero los paneles son de cristal. Las puertas cristaleras pueden tener de entre uno a 15 paneles, que van encajados en la puerta y sujetados por un junquillo decorativo.

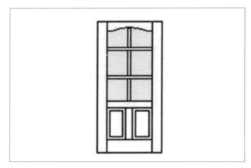

Puerta de cristalera.

Puertas de exterior

Normalmente, las puertas exteriores suelen ser grandes, pesadas y gruesas y se fabrican en una mayor variedad de estilos y materiales. La instalación de una puerta principal de entrada es parecida a la de la puerta de interior, aunque suele ser más aparatoso moverla.

La anatomía de una puerta exterior tiene un marco para que la puerta cierre perfectamente. Muchas de las puertas para exterior suelen ser macizas, aunque en algunos casos también disponen de uno o dos cristales; de hecho, el acristalamiento puede variar desde un pequeño panel vidriado en la parte superior hasta nueve paneles. Entre los tipos de puerta exterior, las hay lisas, reforzadas y puertas cristaleras.

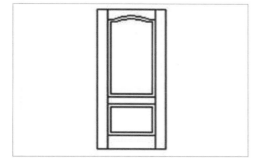

Puerta exterior.

La puerta lisa para exterior

Son puertas fuertes y pesadas. El interior de las mismas está realizado en material macizo, además de disponer de un contrachapado para exteriores.

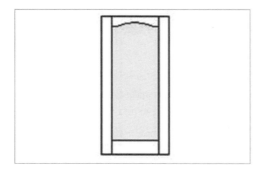

Puerta lisa exterior.

La puerta reforzada

Está formada por paneles machihembrados que van reforzados por unos listones horizontales y trasversales. Suelen ser puertas adecuadas para zonas de almacenamiento interior y exterior.

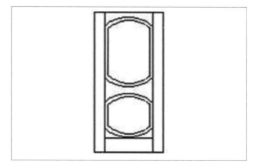

Puerta reforzada exterior.

La puerta cristalera

Es aquella puerta vidriera que está formada por dos puertas cristalera. Cada puerta suele tener entre uno y diez paneles de cristal. Este tipo de puertas se puede fabricar en diferentes medidas.

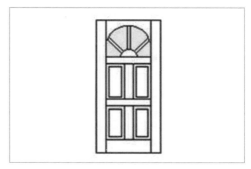

Puerta cristalera exterior.

Accesorios para puertas

Toda puerta necesita de una serie de accesorios, que puede encontrar perfectamente en cualquier tienda especializada de ferretería. Además, en este tipo de establecimientos también puede consultar todo tipo de catálogos de fabricantes para elegir mejor el objeto o el accesorio que va a necesitar.

Es importante que compruebe que las medidas que tiene son las correctas y que el tamaño y el material son compatibles entre sí. No debe olvidar que los accesorios no pueden ser instalados en la puerta hasta que ésta se haya pintado, teñido o barnizado. También deberá tener en cuenta la necesidad de engrasar los pestillos y las bisagras para que no chirríen.

No cabe duda de que la variedad de accesorios para las puertas es enorme. Por eso, elegir materiales para pomos, aldabas y manillas es más una cuestión de estética o de decoración que de otra cosa, aunque el tamaño del elemento y el material elegido irán en consonancia con el tipo de puerta.

Ni que decir tiene que deberá utilizar accesorios modernos si la casa es moderna y estilos tradicionales si la vivienda es antigua.

En el supuesto de que la elección de los accesorios dependa del precio, es importante saber que los materiales sintéticos y chapados proporcionan perfectas imitaciones de elementos de calidad y caros.

Pomos, aldabas y picaportes

Son elementos todos ellos decorativos, pero añaden además una importante función práctica. Hay una gran cantidad de variedad, diseños y materiales en este tipo de accesorios. Cuando se sustituye alguna de estas piezas, es recomendable ir a la tienda con el accesorio viejo para comprobar el tamaño de la pieza.

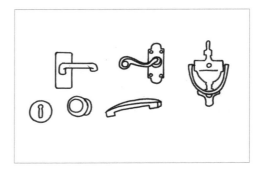

Ejemplos de pomos giratorios y tiradores.

Manillas de puertas

Existen dos tipos de manillas, las giratorias, que forman parte de la cerradura, y las estáticas, que se utilizan en puertas que poseen cerraduras independientes. Las manillas giratorias suelen venir en dos formatos principales: manivelas y pomos.

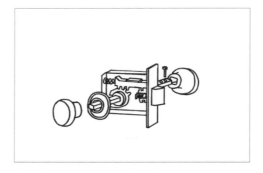

Estructura de una manilla de puerta.

Bisagras

Las bisagras deben ser ante todo fuertes y robustas para poder aguantar el peso de la puerta y no obstruir la apertura. Aunque las bisagras de metal son de mejor calidad, las bisagras de plástico son perfectas para las puertas pequeñas. Normalmente, las más utilizadas son las de 7,5 cm para puertas planas, las de 10 cm para las puertas de exterior y las de tamaño más reducido para armarios y cómodas. La mayoría de las puertas internas de habitaciones utilizan dos o tres bisagras, aunque las puertas muy pesadas pueden disponer de un número mayor.

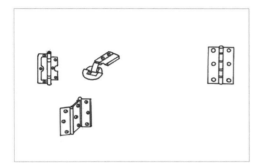

Tipos de bisagras.

Pestillos

El pestillo se compone de una bola con muelle dentro de una caja cilíndrica; cuando la puerta está cerrada, la bola o resorte se coloca en un hueco contra la placa fijada en el marco de la pared. También existen los llamados pestillos magnéticos, que son utilizados en muebles. El pestillo magnético consisten en una placa recubierta de níquel fijada a la puerta y en un imán enfundado en el armario.

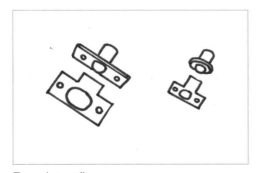

Tipos de pestillos.

Reparación de puertas

Además de cambiar los accesorios de una puerta, ya sea por estética o porque se ha roto, también será necesario, en ocasiones, retirar y volver a colocar la puerta.

De hecho, colocar una puerta es un trabajo más sencillo del que parece, siempre que se utilicen las palancas y las cuñas necesarias para mantener la puerta en posición correcta mientras se ponen las bisagras. El lado de la bisagra de la puerta y del marco para colocar la puerta debe estar en vertical. En el supuesto de que haya que cortar una puerta para que encaje, habrá que medirla antes con precisión y comprobar que esas medidas son las correctas.

Medir y rebajar una puerta

Antes de comprar una puerta es necesario tomar la medida del ancho del marco de la puerta y comprobar dicha medida en varios puntos distintos. La medida de la puerta deberá tener 6 mm menos de ancho que el marco y un espacio de otros 3 mm en la parte superior de la puerta; respecto a la parte inferior y el suelo, el espacio debe ser el suficiente como para que la puerta pase sin rozar. En el caso de que no pueda adquirir una puerta de tamaño exacto, deberá cortar una puerta más grande para que encaje perfectamente.

Si desea tan sólo rebajar un poco una puerta, deberá utilizar el cepillado; es decir, en las partes superior e inferior, deberá cepillar hacia dentro la madera para que la puerta se rebaje lo suficiente.

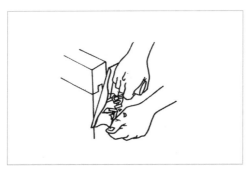

Cepillado de una puerta.

En el caso de que haya que eliminar mucha madera de la puerta para que encaje perfectamente o para que no roce, deberá utilizar una sierra para cortar la puerta. Utilice, en este caso, una sierra circular, mejor que un serrucho, para cortar con una mayor precisión.

Una vez que ha serrado, deberá rematar el proceso con un cepillo. Procure eliminar la misma cantidad de madera tanto de arriba como de la parte de debajo de la puerta.

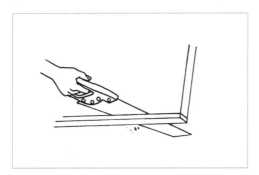

Cortar una puerta.

Colocación de un picaporte

El picaporte de cerradura de tambor va fijado con tornillos prisioneros a la cerradura; el segundo tipo se fija con tornillos en la misma puerta.

Colocación de las bisagras

La colocación exacta de las bisagras en una puerta nueva es a 15 cm del borde superior de la puerta y a unos 20 cm del borde inferior. En el caso de que la puerta sea muy pesada, se requerirá una tercera bisagra, que se colocará en la parte central de la misma, y en un punto equidistante de las otras dos bisagras. Si se trata de colocar una puerta ya existente, se pueden volver a utilizar las posiciones de las bisagras que ya había.

En las puertas nuevas habrá que realizar unos pequeños rebajes para instalar la bisagra:

1. Lo primero que se debe hacer es utilizar una bisagra para marcar las dimensiones y la posición de los agujeros, así como una escuadra para trazar las líneas necesarias. Después, deberá cortar los rebajes en la puerta y en el marco lo bastante profundos como para que la parte interior de la bisagra quede al nivel de la madera.

2. Para proceder a hacer los rebajes, deberá cortar por las líneas con una cuchilla afilada y luego extraer la madera con un formón afilado y una maceta.

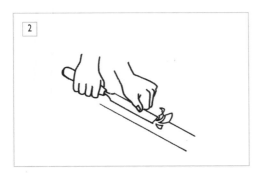

3. Por último, deberá practicar pequeños agujeros con un taladro y fijar la bisagra con tornillos. Después, coloque la puerta en su lugar y marque las posiciones de la bisagra en el marco.

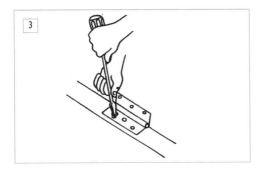

Arreglo de puertas que chirrían o se atascan

Las puertas pueden chirriar por dos razones: o las bisagras necesitan ser engrasadas o una parte de la puerta se engancha en el marco al abrirse. Si no sucede ninguna de estas dos circunstancias es que la puerta está deformada.

Si las bisagras chirrían, la solución es bien sencilla, se aplica un poco de aceite y listo. En el caso de que las bisagras estén secas y endurecidas, entonces deberá sacarlas y trabajar con ellas hasta que funcionen perfectamente.

Si la puerta se engancha, puede ser debido a que hay demasiada pintura o que la madera se ha hinchado a causa de la humedad. La solución, en este caso, consiste en cepillar la puerta hasta que deje de chocar.

Reparación de puertas y marcos flojos

Los marcos de las puertas a menudo están mal sujetos a la pared, sobre todo si de trata de marcos de interior.

Para solucionar este problema deberá realizar agujeros más profundos en la mampostería por medio de un taladro, para después volver a fijar el marco en la pared.

Arreglo de una puerta hundida

Una puerta se hunde cuando las bisagras se han soltado o cuando las fijaciones de la misma se han aflojado. Si las bisagras están sueltas, deberá reforzar los tornillos o cambiarlos por otros más largos.

Si las bisagras originales son demasiado pequeñas deberá reemplazarlas por bisagras más grandes, así como añadir una tercera en el centro para evitar que se deformen.

Enderezar una puerta torcida

Si la puerta se ha torcido y no cierra bien, deberá insertar astillas delgadas de madera entre la puerta y el marco para forzar a la puerta a que regrese a su posición correcta.

Con el tiempo, la puerta acabará por enderezarse.

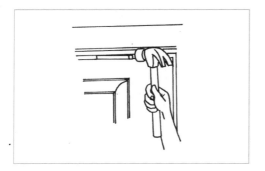

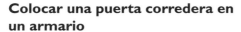

Enderezamiento de una puerta torcida.

Colocar una puerta corredera en un armario

Las puertas correderas del armario pueden ser lisas o decoradas, según los gustos.

1. Para una correcta instalación, primero hay que colocar las poleas correderas a igual distancia de los extremos de la puerta. Para ello se deberá marcar un punto central en las dos ranuras diagonales de cada placa y taladrar en ambas señales; a continuación, se atornillan las poleas.

2. Más tarde, deberá medir el vano del armario y cortar una guía de esas dimensiones con una sierra de metales, limando bien los bordes seccionados. A continuación, mida y marque un agujero

para el tirador y taladre un agujero de 1 cm en cada esquina. Después, introduzca en el mismo una sierra de vaivén y recorte el perfil.

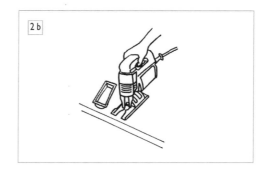

3. Cuelgue la primera puerta enganchándola en el carril posterior de la guía, y la otra, en el carril delantero. Después, afloje los tornillos en las ranuras diagonales de cada polea, vuelva a colocar las puertas y señale en éstas la nueva posición de las placas.

4. Retire las puertas y utilice las nuevas marcas para reposicionar las poleas. Atornille los tornillos de la ranura diagonal, taladre los agujeros y vuelva a atornillar las poleas correderas antes de volver a colgar las puertas. A continuación, marque la posición de la parte inferior de cada puerta en el lateral del armario y retire de nuevo las puertas.

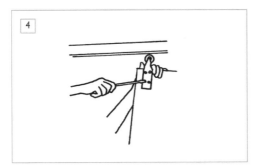

5. Trasfiera las marcas al centro de la parte inferior del armario, atornille la guía posterior, vuelva a colgar la puerta posterior y atornille la siguiente guía. Vuelva a colocar la tercera guía en posición y vuelva a colgar la segunda puerta, al tiempo que atornilla la última guía.

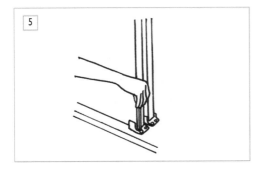

6. Atornille a tope la puerta de la esquina inferior izquierda del armario y coloque tacos para instalar un tope en los suelos.

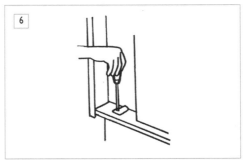

7. Por último, instale el tablero decorativo en la parte superior e inferior del armario.

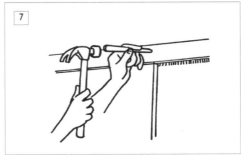

Colocar una puerta con bisagras

En principio, colocar una puerta con bisagras no se considera una tarea difícil, siempre y cuando sea capaz de encontrar un método satisfactorio para mantener la puerta en su lugar, instalada en el marco, mientras inserta los tornillos en las bisagras.

Para realizar este tipo de operaciones, es recomendable que se realice entre dos personas.

1. Una vez que haya empotrado las bisagras en la puerta, deberá llevar la puerta hasta el marco para comprobar que cuelga correctamente. Con la ayuda de

cuñas de madera y una palanca podrá reajustar la altura de la puerta.

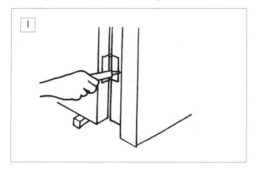

2. Cuando tenga la puerta en su sitio, pruebe a insertar un tornillo en cada bisagra, de esta forma comprobará si la puerta encaja y si se han practicado los agujeros del marco en la posición indicada.

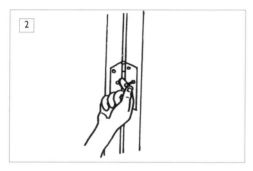

3. Si en este punto, la puerta no encaja adecuadamente, esta circunstancia puede ser debida a que los rebajes no son lo bastante profundos o largos.

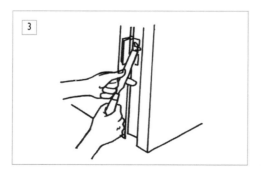

4. Cuando la puerta encaje, es cuando podrá introducir los tornillos. Después, deberá rellenar con masilla los resquicios que se hayan producido durante el trabajo.

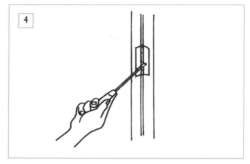

Pintar puertas

Antes de comenzar el trabajo, deberá elegir el acabado o barnizado de la puerta. En las puertas de interior puede optar por una pintura de base acuosa; y para el exterior es mejor elegir una pintura resistente a la intemperie.

En las puertas de pino o de madera dura, es recomendable dejar a la vista la belleza de la madera, por eso, es mejor emplear barniz normal en las puertas interiores y un barniz más duradero para las exteriores.

Antes de comenzar a pintar, deberá retirar todos los herrajes de la puerta, así como realizar todas las reparaciones necesarias en la misma. Si se trata de una puerta nueva, deberá lijar todas las superficies; si es una puerta vieja o que ya estaba antes, deberá retirar toda la pintura desconchada.

Pintar una puerta lisa

Para pintar una puerta lisa se debe realizar el siguiente proceso:

1. Para evitar que el borde de la pintura, cuando se aplica, se seque, deberá pintar la puerta lisa en bloques; es decir, comience en la esquina superior aplicando la pintura en sentido horizontal hasta agotar la brocha. Después, siga pintando en horizontal hasta completar el primer bloque.

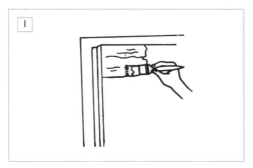

2. Para proceder a igualar los brochazos horizontales del primer bloque, debe cargar la brocha de pintura y pintar en vertical hasta completar el bloque. Después, avance hasta el segundo bloque, que se encontrará justo al lado del primero.

3. Comience el tercer bloque rematando el borde inferior del primer bloque.

Para ello deberá dar brochazos verticales para tapar el borde y girar después la brocha para crear brochazos horizontales, de esta forma completará el bloque. A continuación, iguale la pintura con brochazos verticales. Continúe pintando cada bloque hasta completar toda la puerta.

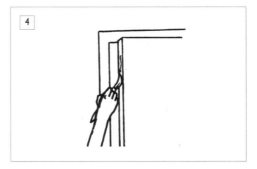

4. Pinte el canto lateral de la puerta con una brocha más pequeña, comenzando desde arriba y descendiendo hasta abajo.

Pintar una puerta panelada

El proceso a seguir en las puertas paneladas es el siguiente:

1. Si la puerta tiene cristales, comience en la parte superior y utilice una brocha de determinado biselado para pintar los rebordes. No cargue la brocha con mucha pintura y procure no manchar demasiado los cristales.

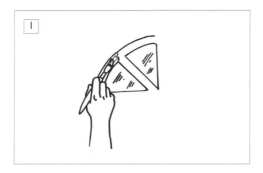

2. Después avance hasta el panel superior y pinte las molduras que lo rodean antes de pintar el panel más grande. A continuación, repita el proceso con el resto de los paneles de la puerta, avanzando de arriba hacia abajo.

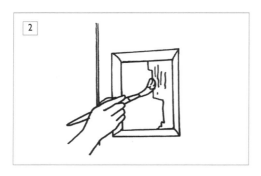

3. Cuando haya completado todos los paneles, proceda a pintar los travesaños empezando desde arriba y descendiendo por la puerta, pintando cada uno de los mismos.

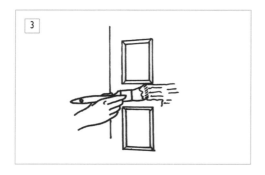

4. Por último, pinte los largueros de los lados de arriba hacia abajo. Pinte el canto lateral de la puerta, así como los cantos superior e inferior. Para finalizar, pinte el marco de la puerta desde arriba hacia abajo.

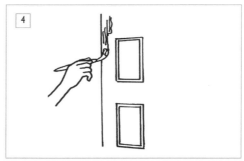

VENTANAS

Las ventanas desempeñan tres funciones principales: dejan entrar la luz, permiten mirar a través de ellas, y proporcionan ventilación. Para cumplir estas tres funciones no hace falta que las ventanas tengan muchos cristales o que éstos se puedan abrir.

Normalmente, los cristales que se abren suelen ser hojas móviles de ventanas de guillotina o ventanas de goznes que están fijadas por un lado con bisagras.

Para un mayor aislamiento, existen también ventanas de doble cristal o de un cristal más fuerte, duro y resistente.

Igualmente, el tipo de cristal puede variar de una ventana a otra.

Tipos de ventanas

Una de las ventanas más comunes es la de gozne, que consta normalmente de una parte fija, un lado que se abre y un cristal más pequeño en la parte superior a modo de tragaluz.

En algunos países las ventanas de guillotina son tremendamente corrientes en los edificios antiguos. Éstas constan de dos marcos corredizos uno frente al otro.

Por su parte, las ventanas giratorias suelen ser de madera con un solo cristal que gira sobre su eje en un punto central de la moldura. Para sustituir ventanas hay dos posibilidades: reemplazar una ventana por una copia exacta o colocar una hecha a medida.

Los tipos de ventanas son los siguientes:

Ventanas de gozne
Son las más corrientes. Las hay con marco de madera o de acero.

Modelo de ventana de gozne.

Ventanas de guillotina
Son ventanas elegantes, fáciles de limpiar y permiten un buen control de la ventilación. Sus inconvenientes son que las cuerdas de contrapeso pueden romperse, que las ventanas pueden hacer ruido o que pueden bloquearse. Normalmente, las ventanas de guillotina modernas utilizan un dispositivo de muelle en espiral en lugar de pesos, siendo más fiables y seguras que las antiguas.

Ventana de guillotina.

Ventanas giratorias
Resultan muy prácticas porque pueden ser limpiadas desde el interior de la habitación.

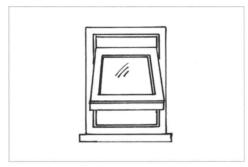

Ventana giratoria.

Ventanas de persiana
Consisten en placas de cristal delgadas encajadas en un marco de metal. Suelen ir conectadas a un mecanismo que permite abrir todas las persianas simplemente tirando de una manivela.

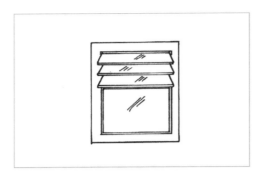

Ventana de persiana.

Ventanas correderas

Se trata de un diseño muy utilizado para vidrieras que dan a una galería de la casa.

Existen muchos tamaños y materiales como madera, aluminio o PVC.

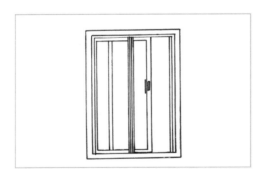

Ventana de corredera.

Puerta-ventana de dos hojas.

Puerta-ventana de dos hojas

Se trata de una puerta doble con cristal. Normalmente, se cierra con pestillos en la parte superior e inferior de la misma, y se manipula con un pomo o similar.

Tipos de cristales

En la actualidad, el cristal más corriente es el cristal flotado, es llamado así porque el procedimiento de producción consiste en hacer flotar el cristal en estaño cuando se saca del horno. Además, este sistema proporciona al cristal un buen acabado y un aspecto impecable.

Para decidir qué tipo de cristal se debe colocar en una ventana, hay que tener en cuenta distintos factores, como la altura de la ventana o el viento que pueda golpear al cristal. En este sentido, cuanto mayor sea la exposición al viento del cristal, más grueso deberá ser.

Así, en zonas de poco riesgo, se puede utilizar un cristal de 3 mm, salvo en ventanas muy pequeñas. Los cristales de 4 mm son recomendables para ventanas que tengan hasta 1 m de ancho, y los cristales de 5 o 6 mm para aquellas ventanas más anchas.

Tipos de cierre de ventana

Para las ventanas de gozne se suele usar el picaporte de espolón, que va sujeto a la ventana y encaja dentro de un cajetín de metal atornillado.

Cierre giratorio

En las ventanas de guillotina, el cierre consiste en un pasador giratorio que lleva un pestillo de rosca.

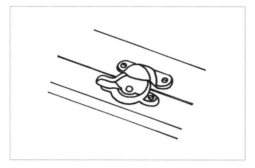

Cierre giratorio.

Cierre de rosca

El cierre de rosca se utiliza también en las ventanas de guillotina y consiste en un pasador con tornillo. La ventana se abre desenroscando el tornillo.

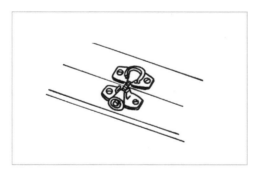

Cierre de rosca.

Reparación de ventanas

Las mayoría de las reparaciones en las ventanas consisten en cambiar un cristal o rematar un marco. Los cristales astillados pueden repararse temporalmente con cinta adhesiva transparente pegada a ambos lados de la rotura, pero tarde o temprano habrá que cambiar el cristal. Cuando se manipulan trozos de cristal, deberá llevar siempre guantes protectores para evitar cualquier tipo de corte.

Extracción de un cristal roto

Antes de proceder a retirar un cristal roto, deberá extender papel de periódico por el suelo de un lado a otro de la ventana para recoger los trozos de cristal que puedan caer. Igualmente, deberá ponerse guantes resistentes para proteger las manos y zapatos gruesos para los pies. Es también recomendable utilizar gafas.

Primero debe empezar quitando los trozos de cristal más grandes. Luego empuje o golpee suavemente los trozos más pequeños. En el caso de que haya que romper el cristal en el marco, deberá colocar trozos de cinta adhesiva sobre el mismo para que los fragmentos no se separen.

Saque los trozos restantes y la masilla del marco con un formón.

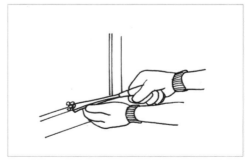

Retirada de la masilla con un formón.

Por último, arranque los clavos o clips que se hayan utilizado para mantener el vidrio en su sitio; guarde los clips y marque la posición en el marco si la ventana es de metal.

La forma de quitar la masilla del marco es por medio de un machete de cristalero para poder retirar así los pequeños trozos de cristal y la masilla. Es conveniente llevar guantes para protegerse.

Cómo cortar un vidrio
Para cortar un vidrio se requiere de un cortador de cristal, una superficie firme pero blanda, como por ejemplo una mesa recubierta de una manta, y un borde recto.

Si corta un vidrio para sustituir otro roto, deberá comprobar que las dimensiones y las medidas de la ventana en distintos puntos es la misma. Tenga en cuenta que el tamaño del vidrio deberá ser de 3 mm menos que la medida más pequeña. En el caso de que las dimensiones sean muy irregulares, deberá sacar la ventana y llevarla a un vidriero para que sea un profesional quien realice el corte.

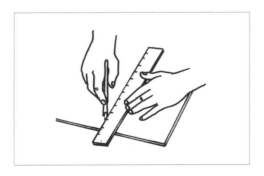

Corte recto de un vidrio.

Para acometer un corte recto deberá llevar el cortador de vidrio hacia usted con una presión firme y consistente. Después rompa el vidrio por encima de una regla de madera o escuadra que se encuentra situada bajo la línea que desea cortar.

Cambiar el cristal de una ventana
Para realizar este trabajo será suficiente emplear 1 kg de masilla para 3,5 m de marco de ventana. Antes de aplicar la masilla deberá amasarla con los dedos pulgar e índice para que sea mucho más manejable. Igualmente, necesitará clavos de vidriero para las ventanas de madera y clips para los marcos de metal, de esta forma mantendrá el vidrio en su lugar. Para sustituir cristales de ventanas de persiana, tan sólo deberá deslizar el trozo de cristal en la forma correcta. Para proporcionar una mayor fijación y seguridad al vidrio puede fijarlo con un poco de adhesivo.

Una vez que haya retirado el cristal viejo, deberá preparar el marco, es decir, limpie el rebaje que sujeta el vidrio y aplique una primera capa fina de masilla.

Una vez que el cristal se encuentra ya en su lugar, alise una segunda capa de masilla con una brocha húmeda; elimine la masilla sobrante con una espátula y deje secar la zona antes de proceder a limpiar la masilla restante que haya quedado en los cristales.

Antes de pintar, deberá dejar fraguar la masilla y el conjunto, al menos, unas dos semanas. Cuando pinte, es conveniente que selle bien las juntas, rebasando tanto la masilla como un poco del cristal, de lo contrario la masilla se secará y se romperá.

1. La aplicación de la masilla y la colocación del cristal es la siguiente: primero deberá preparar el marco, aplicando una capa de masilla de entre 3 y 4 cm. Deberá empujar suavemente el cristal hacia dentro, sólo por los bordes, para conseguir el margen correcto de colocación del cristal. Después, calce el cristal con cerillas en su parte inferior.

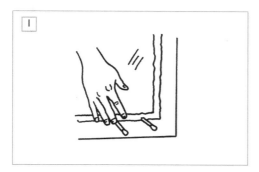

2. A continuación, coloque los clavos o los clips, dependiendo del material de la ventana, cada 15 cm y proceda a eliminar las cerillas. Puede utilizar un machete o un mazo ligero para realizar esta labor.

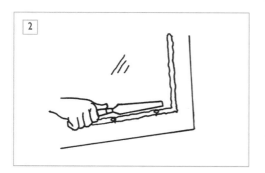

3. Finalmente, aplique la segunda capa de masilla en el exterior y vaya rebajándola hasta obtener el ángulo correcto. Para ello, puede utilizar una espátula aplicada a presión sobre la zona.

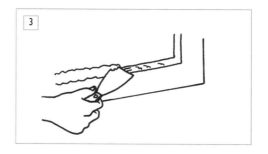

Cómo quitar un marco viejo

Deberá desatornillar y quitar todas las partes del marco; después retire el cristal del marco fijo. Corte los clavos o tornillos con una sierra de arco, y con un marco de metal busque las lengüetas que sujetan el marco en la argamasa de cada lado. Una vez eliminada la argamasa, golpee el marco desde el interior con un martillo pesado. Cuando haya sacado el marco, limpie los lados de la apertura y rellene los agujeros que han dejado los huecos salientes de la madera vieja.

1. Para retirar un marco viejo hay que realizar cortes con ángulos inclinados en las zonas horizontales del marco, extrayendo las secciones del medio y sin dañar el antepecho de la ventana.

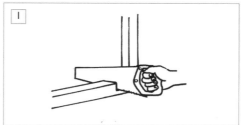

2. Después, retire las secciones horizontales sueltas del marco golpeando con un martillo pesado. En el caso de que no salgan, tire de ellas suavemente para extraerlas.

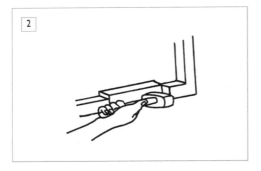

3. Por último, saque las partes laterales haciendo palanca contra la pared.

Si no dispone de una palanca, utilice un martillo de orejas.

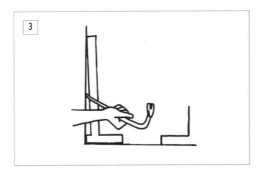

Sustitución de un marco

En la gran mayoría de los casos puede conservar el antepecho interno de la ventana que ya existía y fijar sobre él el nuevo marco.

Antes de colocar el nuevo marco, deberá dar una primera capa de pintura al marco si éste va pintado. Normalmente,

las ventanas de madera suelen venir con unos pequeños salientes, es recomendable separarlos antes de proceder a su colocación.

Para colocar el marco en la posición idónea, deberá introducir cuñas de madera en las partes inferior y superior y en las jambas.

Los pasos a seguir en la colocación del marco son estos:

1. Primero coloque el marco en su sitio, bloquéelo con cuñas y compruebe si la apertura está al nivel. Una vez que haya encajado, numere las cuñas y marque sus posiciones tanto en el marco como en la pared con la ayuda de un lapicero.

Luego, retire el marco y realice agujeros para los tornillos a intervalos equidistantes.

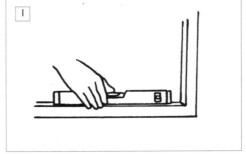

2. A continuación, coloque una capa de cemento en la base de la apertura lo bastante gruesa como para que se asiente el alféizar y se pueda volver a asentar igualmente el marco y las cuñas. Una vez que el marco esté en su

posición, taladre agujeros en la pared desde el mismo lugar que se habían hecho en el marco. Compruebe la profundidad del agujero con un tornillo y retire el marco.

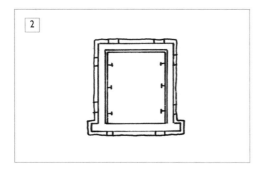

3. Coloque los tacos en el marco e inserte los tornillos. Para conseguir un buen acabado, tape la cabeza de los tornillos con masilla de madera.

Luego aplique argamasa fresca alrededor del marco para tapar las grietas restantes.

4. Una vez que la argamasa haya fraguado, rellene el hueco restante con masilla. Si el espacio tiene más de 12 mm, inserte una moldura cuadrante de madera para cubrir la masilla. Por último, instale las ventanas y el cristal.

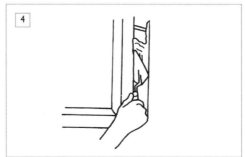

Ventanas atascadas

Las ventanas se atascan por una excesiva mano de pintura o por hinchazón de la madera debido a la humedad. El mejor método para evitar esta circunstancia es despintar o cepillar el marco. Otra causa habitual de ventanas atascadas es debido a que las juntas estén sueltas; y en este caso, lo mejor es adherirlas con pegamento fuerte y apretarlas con un torno.

En las ventanas de gozne, si las bisagras se han soltado, deberá apretar bien los tornillos para su perfecta fijación; en el supuesto de que sigan sueltos, deberá taladrar agujeros, insertar trozos de espigas e introducir tornillos más largos.

Si son las ventanas de guillotina las que se atascan, esta circunstancia será debida a que el sistema de cuerda se ha aflojado.

Para eliminar la pintura de más que hay en la ventana, deberá rebajar ésta con un decapante para luego lijar el marco con papel de lija. Si todavía sigue bloqueada la ventana, deberá cepillarla.

Ventanas que golpean

La solución para que las ventanas no hagan ruido o no golpeen es colocar un burlete alrededor del marco de la ventana. En el caso de que la ventana esté deformada, deberá enderezarse haciéndola cerrar sobre una astilla delgada de madera que la obligue a colocarse del lado opuesto al que se torcía; deberá repetir este proceso, aumentando el espesor de los trozos de madera, hasta que el marco haya vuelto a su forma anterior.

Decapado y cepillado de una ventana.

El tipo más sencillo de burletes es la cinta adhesiva de espuma, aunque requiere ser cambiada de forma habitual.

Colocación de un burlete.

Cambiar una cuerda de la ventana de guillotina

Este proceso consiste en retirar las cuerdas viejas, cortar las nuevas a la misma medida que las anteriores y volver a colocar la ventana con las cuerdas en su lugar. Para realizar este trabajo deberá retirar toda la ventana de guillotina, lo que supone una labor tediosa, además de ligeramente fastidiosa, ya que se suele estropear algo la pintura.

1. Lo primero que debe hacer es separar el listoncillo tapajuntas del marco de la ventana por medio de un destornillador o un formón viejo. Después, corte las cuerdas que no están rotas y deje caer los pesos de las cajas.

   A continuación, retire el cristal interior, y después el exterior quitando las molduras que separan ambos cristales. Para tener acceso a los pesos, deberá acceder al panel que hay junto al marco y abrirlo.

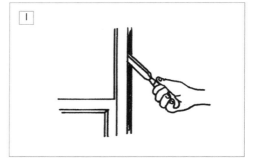

2. Después, quite el panel y retire los pesos y lo que quede de las cuerdas. Desate los pesos de las cuerdas viejas y saque las cuerdas de los lados de los cristales donde estaban clavadas. En este momento, es importante medir bien la longitud de las cuerdas; para ello deberá utilizar una cuerda que no esté rota.

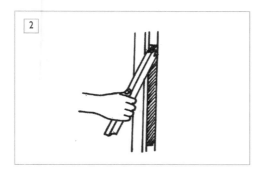

3. Luego, pase la cuerda por encima de la polea, átela al peso, córtela y practique un nudo en el extremo suelto, para que no rebase la polea. Cuando haya repetido el proceso con la otra cuerda, mantenga el cristal de la ventana arriba en el marco y clave los cabos sueltos a la ventana con los clavos desde la parte superior del marco. Por último, deberá comprobar que la ventana se desliza verticalmente. Para concluir, coloque el cristal interno.

Cómo pintar una ventana

Antes de pintar una ventana, sobre todo las de madera, deberá acometer todos aquellos trabajos de reparación que requiera, es decir, cambiar cristales, lijar superficies, cambiar la ventana, etc. En el caso de que haya quitado la ventana del marco para reparar ensambles o cambiar cuerdas, será más sencillo pintar la ventana desde fuera, que una vez que esté ya colocada.

Independientemente de que quite o no quite la ventana del marco, deberá retirar los accesorios de la misma antes de pintar.

Una manera sencilla de que la pintura no salpique los cristales es poner cinta adhesiva, la otra alternativa es olvidarse de las salpicaduras y limpiar los restos al final con un rascavidrios, una vez que la pintura esté seca.

Pintar una ventana con diferentes módulos

1. Para pintar el interior de una ventana, deberá primero abrirla un poco y colocar cinta adhesiva sobre todos los cristales que haya, dejando un hueco de 2 mm entre el cristal y el marco para que la pintura pueda sellar la junta y así boquear la humedad.

2. Después, deberá pintar los bordes de cada marco. Es conveniente que dé unos pequeños golpecitos con la brocha para que la pintura penetre en las esquinas.

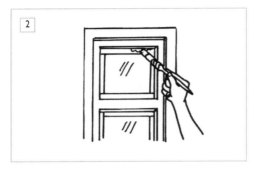

3. A continuación, deberá abrir un poco más la ventana para pintar los travesaños horizontales y los largueros.

4. Luego, abra la ventana totalmente para pintar el borde de las bisagras y el marco sin problemas.

Justo antes de que la pintura seque, deberá retirar la cinta adhesiva, ya que si la pintura se seca del todo, la cinta puede levantar la pintura al despegarse.

Pintar una ventana de guillotina

Para pintar el interior de una ventana de guillotina deberá subir la hoja interior hasta arriba y bajar la hoja exterior hasta abajo.

1. Después, pinte el travesaño inferior de la hoja superior, los largueros y la parte de debajo del interior del marco.

2. Después, pinte el travesaño inferior de la hoja interior, llegando con la brocha hasta el cristal. A continuación, pinte aquellas secciones de los largueros que están a su alcance.

3. Después, ponga las hojas en la posición correcta para dejar a la vista todas aquellas partes que no ha pintado. Pinte el travesaño superior de la hoja interior y el resto de los largueros de la ventana.

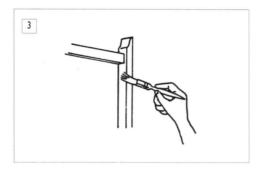

4. Para finalizar, deslice la hoja exterior hacia abajo y pinte la traviesa superior y las zonas que quedan sin pintar en los largueros. Por último, pinte el resto del marco interior y todo el marco.

Cuidado y reparación de mosquiteras para ventanas

Las telas metálicas o mosquiteras son muy prácticas para mantener a los insectos, tales como moscas y mosquitos, fuera de la vivienda y de la casa.

Las mosquiteras deben realizarse con una red espesa para que los insectos no puedan traspasarlas. Por eso, hoy en día las mosquiteras de alambre esmaltado en negro se han sustituido por rejillas de acero inoxidable de bronce, cobre, plástico, aluminio o latón, y los materiales tienden a ser de plástico y de fibra de vidrio.

Mantenimiento de rejillas y marcos

En principio, una rejilla realizada en los materiales mencionados anteriormente debe durar muchos años si se mantiene y se cuida bien. No se debe olvidar que todos lo tipos de telas y de rejilla tienden a atraer suciedad y deben ser limpiadas con cierta regularidad.

Muchas veces, es inevitable que en las rejillas se produzcan ciertos agujeros pequeños o desgarrones, que pueden ser remediados con facilidad sin llegar a tener que cambiar toda la tela.

Es importante que se remiende el agujero cuando aparece ya que, de otro modo, el hueco tenderá a desgarrarse y la reparación consiguiente será mayor. Incluso, si toma la decisión de cambiar la tela, es conveniente guardar la rejilla vieja para futuros remiendos.

También es importante que proteja los marcos de madera con una capa de pintura, así evitará que los marcos absorban la humedad y la madera tienda a hincharse o deformarse. La forma de limpiar una mosquitera es la siguiente:

1. Mantenga la mosquitera en buen estado de conservación por medio de un cepillado asiduo de la misma, de esta forma hará que la suciedad y el óxido acumulado se desprendan; luego deberá pasar una aspiradora por el enrejado.

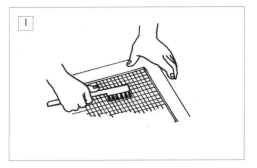

2. Una vez que haya limpiado toda la suciedad de la rejilla, aplique una fina capa de esmalte diluido o pintura a los dos lados de la mosquitera con un pincel.

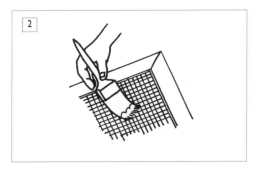

Reparación de agujeros

Para tapar un agujero pequeño en una tela metálica, éste deberá ser remendado con un adhesivo impermeable de secado rápido. Para ello deberá utilizar cola de acetona para la tela de plástico. Otra manera de tapar agujeros pequeños es tejiendo o entrelazando la parte estropeada con hebras de un trozo de rejilla o por medio de alambre fino, manteniendo el alambre lo más tenso que se pueda. La manera de remediar un agujero mediano o grande de la mosquitera es la siguiente:

1. Corte un trozo de rejilla vieja sobrante que sea más grande que el agujero que se quiere tapar; después deshilache los bordes del trozo y doble los alambres deshilachados hacia atrás.

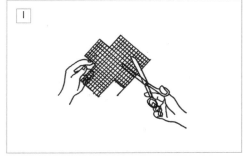

2. A continuación, pase los alambres a través de los agujeros de la tela hasta que el trozo del parche quede al mismo nivel que el de la rejilla.

Por último doble los alambres hacia el centro del parche y átelos. Para finalizar, deberá aplicar pegamento de plástico en los bordes del agujero.

Fijación de la mosquitera

Las juntas de fijación de la mosquitera con el marco de madera pueden verse reforzadas por medio de pletinas o placas de metal en forma de «L», de «T» o simplemente rectangulares, sujetadas por medio de cierres, tornillos de madera o clavijas.

En el caso de que las juntas se suelten, deberá retirarlas y aplicar un pegamento para reforzar así la juntura y volver a aplicar las fijaciones existentes.

Sustitución de una mosquitera

Las mosquiteras pueden romperse totalmente si reciben un golpe fuerte o simplemente por el tiempo; es decir, éstas tienden a debilitarse y oxidarse. En el supuesto de que una mosquitera empiece a oxidarse, deberá cambiarse inmediatamente. Lo primero que debe hacer para retirar una mosquitera es eliminar el listoncillo que la sujeta, de modo que dicho listón pueda ser usado de nuevo al montar la nueva rejilla.

Deberá, igualmente, cortar la pieza de recambio con una superficie mayor que la existente, para que sobresalga algo cuando la coloque. Una vez colocada, deberá tensar la mosquitera.

El proceso de colocación de una nueva mosquitera es el siguiente:

1. Deberá poner el marco donde se asienta la rejilla sobre un banco de trabajo, para poder levantar los listoncillos que sujetan a la rejilla vieja con una espátula.

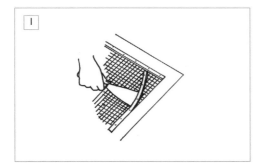

2. Después, corte la nueva rejilla y sujétela con grapas o tachuelas a uno de los lados del marco.

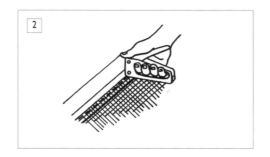

3. Sujete el marco del banco donde se está trabajando para combarlo ligeramente y tensar más fácilmente si cabe la mosquitera. Luego, fije con grapas o tachuelas el segundo lado.

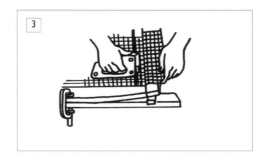

4. A continuación, tire de la rejilla hacia los lados y fíjela al marco con tachuelas o grapas. Este trabajo se realiza desde el centro hasta cada uno de los extremos, dejando el travesaño central para el final del proceso.

5. El quinto paso es fijar la rejilla al travesaño central y recortar el material sobrante con una cuchilla. Procure no cortar excesivamente cerca de las grapas o tachuelas que sujetan la mosquitera, porque podrían deteriorarse y se tendría que empezar de nuevo el trabajo.

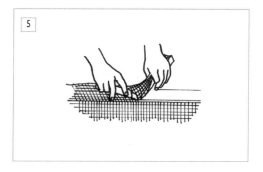

6. Por último, vuelva a poner el listoncillo viejo, en el caso de que sea posible o, si no, compre uno nuevo.

Fije el listoncillo con clavos y embuta ligeramente las cabezas de los mismos. Para terminar, aplique una ligera capa de pintura que protege la mosquitera y la hace más resistente al paso del tiempo y a las inclemencias atmosféricas.

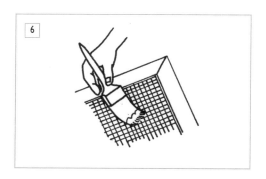

REPARAR ESCALERAS Y BALAUSTRADAS

No cabe duda que la escalera de una vivienda y la balaustrada son los elementos de carpintería más complejos de la casa.

Con el tiempo, estos elementos suelen desarrollar una serie de daños causados por el uso y el desgaste de los mismos.

Uno de los efectos más comunes y molestos es el peldaño que cruje. El problema de que esta situación se produzca se debe a que la junta entre la huella (la parte en la que se suele pisar) y la contrahuella (la parte vertical) se afloja, lo que provoca el roce de ambas partes al subir o bajar por la escalera.

Igualmente, la huella de la escalera puede verse dañada y sobresalir por la parte delantera. En este caso, la causa de este desperfecto hay que buscarla en el traslado descuidado de muebles, apoyando o dejando apoyar o caer los conjuntos transportados por las escaleras.

La balaustrada también puede dañarse o aflojarse por culpa los de golpes accidentales.

Lo primero que se debe hacer cuando se detecta un problema en estos elementos complejos y principales de la vivienda es valorar el daño inspeccionando la escalera, haciéndose una idea de cómo está construida y valorando su posible reparación. En este sentido, las huellas y contrahuellas deben ir sujetas a ambos lados de la escalera por medio de dos zancas paralelas.

Reparación de un peldaño que cruje

Si no puede acceder a la parte inferior de las escaleras, tendrá que taladrar un agujero bastante grande en la huella del peldaño. Después, deberá taladrar un agujero un poco más pequeño que el tornillo en la parte superior de la contrahuella del peldaño inferior de la escalera. A continuación, introduzca un tornillo en el agujero.

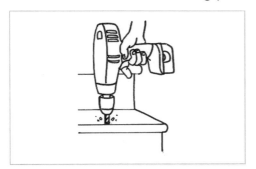

Taladrar un peldaño.

Más tarde, deberá tapar la cabeza del tornillo con un taco de madera. Para realizar esta operación, deberá encolar el taco

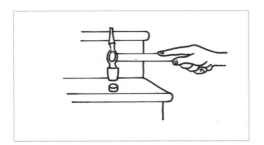

Introducción de un taco de madera.

e introducirlo en el agujero por medio de golpes suaves. Por último, cepille a ras la huella del peldaño.

Reparar un canto dañado de un peldaño

Deberá marcar la zona que hay que sustituir, asegurándose de que la línea es paralela al canto y que no llega a la contrahuella del peldaño. Después, corte a lo largo de ambas líneas con una sierra y realice cortes en ángulo recto en el canto posterior.

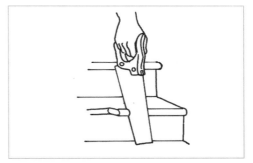

Serrado de un peldaño.

A continuación, corte un parche de madera que encaje perfectamente en la zona recortada previamente, encole y atornille en la posición deseada.

Parche de madera.

Para finalizar, dé forma al parche puesto con un cepillo de carpintero. Por último, puede pintar o barnizar.

Fijar un trozo de balaustre suelto

Si el balaustre está suelto, éste se puede fijar por medio de puntas clavadas en sentido oblicuo. Es decir, clave una punta ovalada en la zanja inferior en un ángulo de 45 grados; después hunda la superficie y cubra la cabeza de la punta con masilla de celulosa si va a pintar o con pasta de madera si va a barnizar la zona afectada.

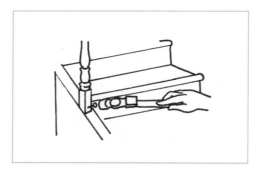

Fijado de un balaustre suelto.

Reparar un balaustre abierto

Un balaustre se puede abrir o quebrar a causa de golpes fuertes. Para repararlos, lo mejor es abrir la fisura y rellenarla con cola para madera, cerrándola posteriormente con cinta adhesiva alrededor.

Deje la cinta durante 24 horas hasta que la cola esté completamente seca.

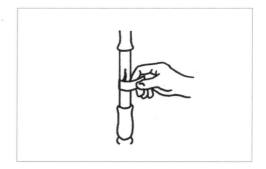

Reparación de un balaustre abierto.

Cambiar un balaustre

Primero deberá arrancar las dos partes rotas del balaustre. A continuación, deberá tomar las medidas de longitud del balaustre, para ello deberá ayudarse de una escuadra para transferir los ángulos de la zanca y del pasamanos al nuevo balaustre que va a colocar.

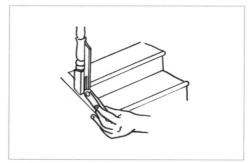

Cambio de un balaustre.

Después, deberá recortar el balaustre por las señales y colocarlo en su sitio. Para terminar, se clava el nuevo balaustre con puntas en sentido oblicuo a la zanja y al pasamanos.

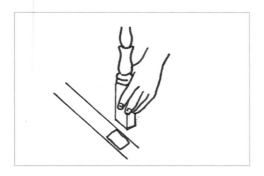

Acabado decorativo de una escalera.

Decorar una escalera de madera

La decoración final de una escalera de madera depende del acabado decorativo que tenga el elemento.

Normalmente, las escaleras de una casa relativamente nueva suelen estar barnizadas en consonancia con el gusto actual por la madera virgen o maciza. Por el contrario, las escaleras de las casas antiguas estarán pintadas en varias ocasiones, debido al paso de los años.

Es perfectamente posible volver a barnizar la madera que ya está barnizada o pintar encima de la misma. En el caso de que el acabado viejo de la escalera fuera la pintura, lo más fácil será volver a pintar la escalera.

Las escaleras cubiertas por varias manos de pintura vieja deben decaparse antes de proceder a una nueva mano de pintura. En cualquier caso, antes de pintar o barnizar, deberá inspeccionar la balaustrada y comprobar que se encuentra en buen estado.

Para trabajar sobre la escalera, lo mejor es realizar la labor con buena luz, sobre todo si el hueco de la escalera está poco iluminado.

El orden a la hora de pintar dependerá de cada tipo de escalera, aunque el mejor sentido de trabajo es de arriba abajo.

El proceso de redecoración de una escalera de madera es:

1. Si la escalera está enmoquetada, deberá primero eliminar la moqueta y retirar las puntas con un sacaclavos.

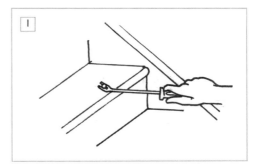

2. Limpie todas las escaleras o peldaños de polvillo o restos. Después compruebe el estado de la escalera y proceda a realizar las reparaciones necesarias en la misma.

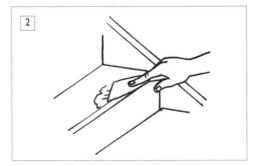

3. En tercer lugar, deberá lijar la madera con papel abrasivo fino para potenciar la adherencia del acabado. Después limpie los restos del lijado con una bayeta y pegue cinta adhesiva a lo largo de las superficies de la pared que se topan con las partes de la escalera que se van a pintar o barnizar.

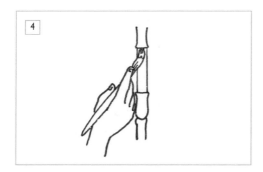

4. Lo primero que debe ser pintado es la balaustrada. Primero se pinta o se barniza la zona inferior del pasamanos y se prosigue por el resto de la pieza.

En el caso de que se realicen dos tipos de aplicaciones, deberá esperar a que seque el pasamanos para aplicar la zona de los balaustres.

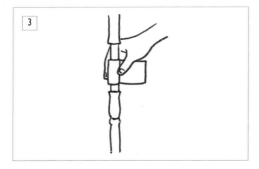

5. Después pinte la zanca exterior de los balaustres. Es esta área donde deberá trabajar con cuidado, pintando primero la base y el espacio entre los balaustres y después las superficies verticales.

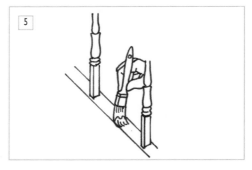

6. Pinte la zanca mural unida a la pared contigua.

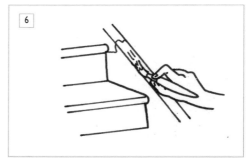

7. En el caso de que las escaleras vayan enmoquetadas, pinte la parte de las huellas y las contrahuellas que quedan a la vista.

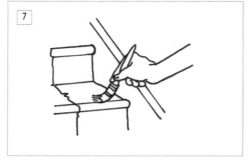

ELECTRICIDAD

ELECTRICIDAD

HERRAMIENTAS ELÉCTRICAS

Entre las herramientas imprescindibles
para acometer ciertas reparaciones eléctricas esenciales se encuentran una linterna, unos alicates, unos alicates para pelar
cables, un destornillador mediano y pequeño, un rollo de cinta aislante y alambre
de fusible o fusibles de cartucho. Para trabajos de mayor envergadura se precisará
de un equipo adicional, como son un serrucho para levantar el suelo, un escoplo,

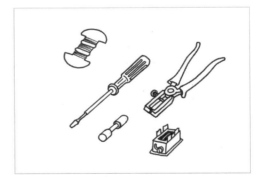

Herramientas y materiales eléctricos.

un martillo para rebajar el hueco por donde pasa el cable entre las paredes y una cinta métrica.

CONOCIMIENTOS BÁSICOS

Aunque muchas personas pueden suponer que trabajar en los circuitos de la casa puede ser una operación complicada, este tipo de labores eléctricas se basan en principios muy sencillos y simples.

En principio, para que funcione un aparato eléctrico es necesario que la corriente eléctrica disponga de un circuito completo; es decir, que la energía eléctrica fluya a lo largo de un conductor desde la fuente de energía hasta el aparato, y retorne de nuevo por otro conductor hasta su fuente. Esto es lo que se denomina simple y llanamente un circuito cerrado; en el caso de que el circuito se interrumpa o se abra en cualquier punto, el aparato en cuestión dejará de funcionar (por ejemplo, en el caso de una bombilla, ésta dejará de lucir).

La función que ejerce el interruptor consiste precisamente en abrir el circuito y volverlo a cerrar cuando así se desee o sea necesario. Con el interruptor cerrado, el circuito está completo y la bombilla funciona; si se abre el interruptor, el circuito se interrumpe y la electricidad deja de fluir.

Aunque la energía o la electricidad suministrada por la red eléctrica es mucho más potente que aquella que suministra una pila o una batería, lo cierto es que el funcionamiento de ambas es bastante similar, si no es el mismo.

El circuito básico es aquel en que la electricidad fluye desde la fuente, por ejemplo una pila, hasta el aparato eléctrico, por ejemplo una bombilla, regresando después a la fuente de origen. Un interruptor puede perfectamente cortar el circuito e interrumpir el paso de la electricidad.

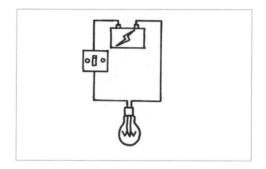

Circuito lineal.

En el caso de algunos aparatos eléctricos, éstos se encuentran doblemente aislados, es decir, son aparatos que poseen carcasas de material plástico no conductor que aislan al usuario. En estos casos, los elementos deben estar conectados a tierra por medio de un tercer cable de aislamiento de color verde y amarillo.

Tipos de circuitos

Como ya se ha citado antes, la corriente eléctrica recorre siempre un circuito, es decir, realiza un trayecto de ida y de vuelta.

Los circuitos eléctricos se pueden dividir en básico, lineal, radial y anular.

Circuito básico

El circuito eléctrico básico consta de un cable conductor, fusible de seguridad, interruptor, aparato o toma de corriente y cable de vuelta.

Circuito básico.

Circuito lineal

Es aquel que parte de un cuadro de distribución y alimenta solamente una toma.

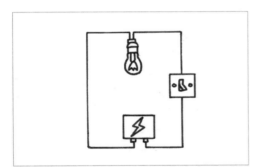

Circuito lineal.

Circuito radial

Es aquel que tiene dos hilos, procedentes del cuadro de distribución, y que alimentan diferentes puntos de luz o cajas o enchufes, que además terminan en la última caja o toma.

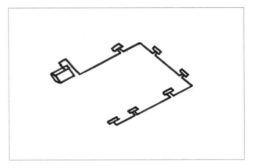

Circuito radial.

Circuito anular

Es un circuito cerrado o en anillo, en el que los hilos (tanto el portador como el de retorno o el de toma de tierra) forman un triple anillo completo, es decir, el cable sale de una terminal de seguridad, la caja de distribución, y vuelve a ésta después de alimentar varios puntos de luz o tomas de corriente.

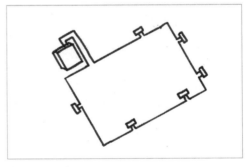

Circuito anular.

La corriente eléctrica se genera en las centrales, que pueden ser de distinto tipo, diferentes modelos y procedencia, se transforma y se distribuye a 220 V para el consumo doméstico. El calculo del consumo de un aparato eléctrico se mide en vatios (W), y la energía se factura dependiendo del tiempo que el aparato en cuestión permanece en funcionamiento.

El circuito eléctrico de una vivienda

El circuito eléctrico doméstico se inicia en el punto de acceso de la corriente procedente del transformador correspondiente de la compañía eléctrica, que generalmente coincide con una caja general de protección. Es en dicha caja de donde salen los hilos que, después de pasar por un contador de electricidad, llegan a la vivienda.

Una vez dentro de la vivienda, hay un cuadro de distribución, de donde salen los diferentes circuitos eléctricos de la casa. En principio, hay dos tipos de circuitos domésticos, los de alumbrado y los de toma de corriente.

Los circuitos de alumbrado suministran corriente a las lámparas, que además pueden no poseer toma de tierra. Los circuitos de alumbrado parten del cuadro de distribución y se ramifican en la caja de

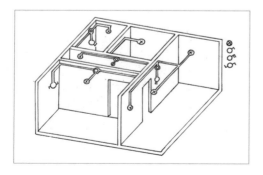

Circuito eléctrico doméstico.

conexión hasta llegar a los distintos puntos de luz controlados por los interruptores.

Los circuitos de toma de corriente parten del cuadro de distribución y se ramifican en las cajas de derivación para llegar a las diferentes tomas de enchufe.

Cuadro de distribución

El cuadro de distribución es el que recibe la corriente procedente de la compañía eléctrica y la distribuye a los distintos puntos de luz y tomas de corriente de la casa. Dentro del cuadro de distribución de una casa están situados los principales mecanismos de seguridad, que sirven para evitar accidentes y averías.

En el cuadro están los interruptores automáticos, el diferencial y la toma de tierra. Cada circuito dispone de un automático de seguridad que salta o se desconecta en el supuesto de que se producta una variación en el suministro, un cortocircuito o una sobrecarga.

El interruptor diferencial sirve para cortar el suministro eléctrico a toda la casa; y el cable de toma de tierra es un cable con función de seguridad que envía de retorno la corriente a un punto determinado, que suele estar situado en el cuadro de distribución.

Cajas de derivación

Sirven para hacer empalmes o conexiones. Es decir, a partir de una caja de derivación se puede realizar una conexión para conseguir una nueva toma de corriente en algún punto de la casa.

Tomas de enchufe

Srven para conectar aparatos eléctricos externos al circuito.

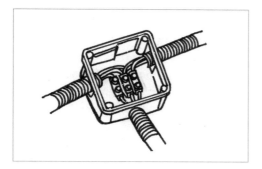

Toma de enchufe.

Tomas de corriente especiales

Aquellos aparatos eléctricos que tienen una carga superior a los 3.000 W, como por ejemplo una cocina eléctrica o un horno, tienen un circuito especial de distribución con sistemas de protección automáticos e independientes.

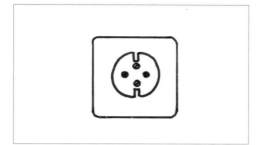

Toma de corriente especial.

Tomas de corriente especiales para algunos electrodomésticos

Aquellos electrodomésticos que están en contacto directo con el agua, como el calentador, la lavadora o el lavaplatos, tienen también su propio circuito independiente con un automático de seguridad.

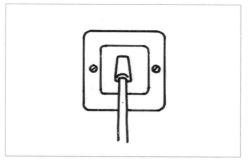

Toma especial para electrodomésticos.

Fusibles de seguridad

Los fusibles son el mecanismo de seguridad que se intercala en el circuito eléctrico para evitar sobrecargas y averías.

Básicamente, un fusible es un hilo que sólo puede transmitir cierta cantidad de electricidad, por lo que en caso de sobrecarga los fusibles se funden, cortando automáticamente la circulación eléctrica.

Muchos aparatos eléctricos contienen también fusibles de seguridad para evitar que un defecto en el suministro eléctrico o una avería pueda llegar a quemar el motor del aparato.

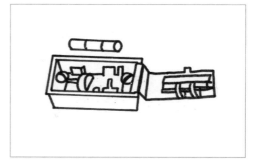

Modelo de fusible.

Seguridad

A pesar de que la mayoría de las instalaciones y reparaciones eléctricas son, en esencia, sencillas, nunca debe olvidarse el apartado de la seguridad. La máxima de que la electricidad puede matar es cierta. Por ello, es esencial poner la mayor atención en el uso diario y extremar las precauciones a la hora de efectuar cualquier trabajo de electricidad en el hogar.

En este sentido, no se debe emprender ningún trabajo eléctrico a menos que se sepa exactamente cómo hay que llevarlo a cabo y se conozca perfectamente lo que se está haciendo.

En el supuesto de no estar seguro de algo, lo mejor es llamar a un electricista profesional para que solucione el problema. Antes de comenzar a realizar cualquier labor es importante conocer los esquemas eléctricos y saber lo básico, como por ejemplo conectar los cables en los enchufes, en los interruptores o en las tomas de corriente. Una vez que conozca este sistema, habrá menos posibilidades de cometer un error que pueda llegar a ser peligroso.

SEIS REGLAS DE ORO

Antes de comenzar cualquier trabajo eléctrico:

• No se debe inspeccionar una instalación eléctrica, ni realizar trabajos en la misma, sin haber desconectado previamente el suministro de energía.

• Antes de trabajar en cualquier aparato eléctrico es necesario que se desconecte el cable enchufado a la red.

• Antes de volver a conectar el aparato a la red de alimentación es necesario comprobar que el trabajo está realizado y que las conexiones están hechas y listas para su conexión.

• Utilice siempre herramientas adecuadas a cada trabajo eléctrico que se vaya a emprender.

• Tenga especial atención en los fusibles, evitando instalar un fusible que tenga un amperaje superior al del circuito.

• Tome la precaución de utilizar siempre zapatos con suela de goma para realizar cualquier operación eléctrica.

En el caso de que no sepa o tenga dudas sobre la realización del trabajo en cuestión, es mejor que solicite ayuda o asesoramiento profesional, sobre todo si descubre que alguna parte de la instalación está anticuada o es peligrosa por algún motivo.

Igualmente, es importante cerciorarse de que el profesional que acuda esté debidamente cualificado.

En cualquier caso, toda renovación del tendido de cables, y muy especialmente cuando se trata de una nueva instalación de circuitos, debe ser revisada y comprobada por la compañía de suministro eléctrico antes de proceder a su conexión a la red. En este sentido, se aconseja que antes de iniciar cualquier instalación importante se ponga en contacto con la compañía local de suministro para solicitarle consejo.

Tipos de cables

Los cables están formados por hilos metálicos que están cubiertos por un material aislante que hace de recubrimiento. Los hilos pueden estar formados por un conjunto de hilos finos retorcidos o por un único hilo grueso menos flexible.

Normalmente, el metal utilizado habitualmente para hacer los hilos es el cobre, que es un material flexible, maleable y conductor. El recubrimiento suele estar fabricado con distintos materiales aislantes, incluso muchos cables disponen de un segundo recubrimiento externo.

A la hora de elegir el tipo de cable idóneo para cada trabajo o reparación se debe tener en cuenta la sección del mismo, es decir, el número de hilos, el diámetro, y el tipo de recubrimiento. Cuanto mayor sea la sección del cable, mayor será la cantidad de corriente que podrá transportar. En consecuencia, la sección del cable dependerá de la potencia del aparato o de la instalación a conectar, es decir, a mayor potencia, mayor grosor del cable en cuestión.

En la mayoría de las instalaciones se pueden utilizar cables recubiertos de PVC, que son más baratos y resistentes, aunque en la conexión de aparatos calentadores, como radiadores, hornos o tostadores, es conveniente usar cables recubiertos de caucho o de otro material resistente al calor.

En las instalaciones exteriores o en zonas húmedas es aconsejable utilizar una doble capa protectora de PVC.

El número de hilos del cable suelen ser los siguientes:

- El hilo de tierra, que es el hilo de la seguridad, y el que deriva la corriente a tierra en caso de avería. Se suele identificar con una funda verde y amarilla.

- El hilo de fase, es aquel que transporta la electricidad desde el transformador de la compañía a cada una de las terminales. Se identifica por tener una funda de color marrón, gris o negra.

- El hilo neutro, es aquel que devuelve la electricidad a la compañía. Se identifica con el color azul.

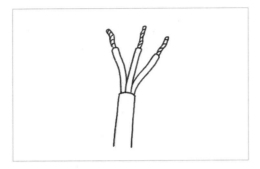

Cable e hilos.

La forma de pelar un cable para realizar los trabajos eléctricos es la siguiente:

1. En los cables que poseen funda exterior, se debe proceder por medio de un corte longitudinal con un cuchilla.

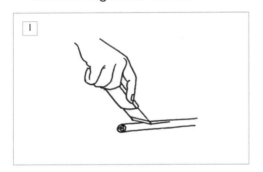

2. Después, se dobla hacia atrás la funda para cortarla con la cuchilla sin llegar a dañar ninguno de los hilos.

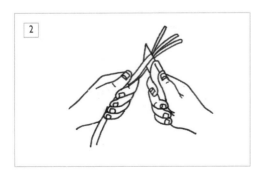

3. Para finalizar, se debe retirar el recubrimiento de cada cable, introduciéndolo en la ranura del pelacables correspondiente a su sección, y procediendo a cortar la funda. Por último, se debe tirar de ella para retirarla. Es importante que sólo se deje la cantidad de hilo necesaria para realizar la conexión.

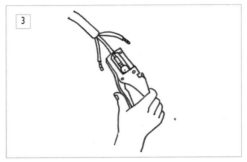

Los tipos de cables más usuales son los que se diferencian entre flexibles y los cables de instalación. Los cables flexibles son aquellos que se utilizan para conectar aparatos eléctricos externos, como lámparas o planchas; y los cables de instalación o rígidos son los que se usan habitualmente para realizar un circuito eléctrico fijo.

Cables flexibles

Cable de dos hilos paralelos

El recubrimiento de este cable es de material aislante; es decir, de PVC, y sirve para unir entre sí los hilos. Es un cable recomendable sólo para aquellos aparatos eléctricos de poca potencia.

Cable de dos hilos paralelos.

Cable de dos hilos con recubrimiento textil

En este caso, los dos hilos están cubiertos por una capa aislante de PVC y una capa textil trenzada. Es un cable con un buen aislante térmico.

Cable de dos hilos con recubrimiento textil.

Cable de dos hilos recubierto con manguera o material aislante

Los dos hilos están unidos por un segundo recubrimiento aislante de PVC o manguera. Estos cables se utilizan para conectar aparatos eléctricos de poca potencia.

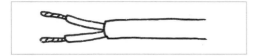

Cable de dos hilos con manguera.

Cable en espiral

Suele tener dos hilos y, por su capacidad de estirarse y encogerse, se utiliza para motores o aparatos eléctricos móviles.

También se suele utilizar como cable de alargador.

Cable en espiral.

Cable de tres hilos con manguera

Suele ser el cable conductor más utilizado, ya que contiene dentro de la manguera un tercer cable o hilo de tierra.

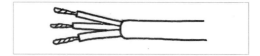

Cable de tres hilos con manguera.

Cable de tres hilos con doble recubrimiento

Este cable dispone, además del recubrimiento habitual, de una segunda manguera o recubrimiento que está protegido con aislante térmico.

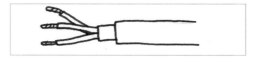

Cable de tres hilos con doble recubrimiento.

Cables para instalación rígidos

Cable monoconductor

Es aquel cable gordo –normalmente suele ser un tubo flexible– en cuyo interior se introducen cables con fundas de diferentes colores.

Cable monoconductor.

Cable bifilar o de dos conductores

Es aquel cable que se utiliza en instalaciones que no precisan tener una toma de tierra.

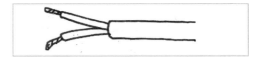

Cable bifilar.

Cable trifilar o de tres conductores

Es el cable habitual para realizar instalaciones fijas. Consta de tres hilos cubiertos por un recubrimiento aislante.

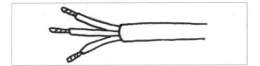

Cable trifilar.

Cable de cuatro hilos

Se utiliza para conexiones con conmutadores, es decir, sistemas de alumbrado que permiten apagar o encender un punto de luz desde diferentes interruptores.

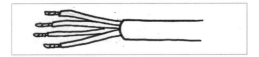

Cable de cuatro hilos.

Otros tipos de cables

Cables para altavoces

Este tipo de cable dispone de dos hilos y de una sección fina. Suelen identificarse por su color rojo y negro, o gris y negro.

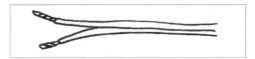

Cable para altavoces.

Cable telefónico

Es un cable fino que conecta el teléfono a su toma correspondiente.

Cable telefónico.

Cable coaxial

Es un cable especialmente aislado para evitar interferencias y se utiliza para conectar antenas o aparatos que emiten o transmiten imágenes.

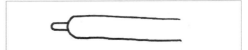

Cable coaxial.

Conexiones y empalmes

Realizar una conexión se refiere a unir un cable con otro o acoplar un clave al borde de una clavija, una caja de conexión o un aparato eléctrico.

Un empalme es un tipo de conexión entre dos tramos de un conductor, es decir, unir dos cables conductores para formar uno más largo.

Una derivación, por el contrario, es un tipo de conexión que permite obtener una nueva toma de corriente a partir de otra línea ya existente, como por ejemplo instalar un nuevo enchufe en una habitación.

Es esencial saber realizar todas estas operaciones eléctricas de forma correcta, no sólo para impedir pérdidas de tensión de red, sino también para evitar accidentes. En este sentido, los cables pelados al aire o las chapuzas hechas con cinta aislante pueden originar un cortocircuito, un recalentamiento en la zona o una electrocución en caso de contacto.

Empalme simple

1. Primero corte el protector externo o la manguera y separe los hilos de los cables. A continuación, pele el recubrimiento de plástico del extremo de cada uno de los hilos con un pelacables.

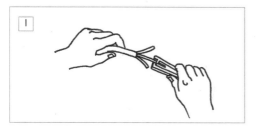

2. Después retuerza suavemente los hilos de cobre e introdúzcalos por uno de los orificios del aparato tras aflojar uno de los tornillos de sujeción. Más tarde, apriete de nuevo el tornillo para fijar y conectar el cable.

3. A continuación, por el extremo opuesto del aparato realice la misma operación con el hilo del mismo color que el cable que desea empalmar. Siga este procedimiento para el resto de los hilos.

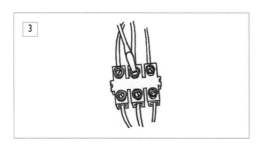

Empalme con dos cables eléctricos

El procedimiento es el siguiente. En el supuesto de que quiera alargar un cable, lo ideal es sustituirlo por otro nuevo que tenga la longitud deseada. Como esta situación no es siempre posible, tendrá que utilizar una clema o una regleta de conexión para hacer el alargamiento correspondiente. Una clema es una pieza de material aislante que posee un conducto metálico de conexión en donde se introducen los hilos para empalmar; la clema también posee una serie de tornillos que son los que fijan los hilos. Además, la clema o regleta dispone de unos orificios en el centro de la misma por los que se fija la clema, por medio de tornillos, a la caja o a la pared. Existen clemas para conexiones individuales y regletas múltiples que pueden cortarse según las necesidades de cada trabajo.

Clemas y regletas.

A la hora de realizar un empalme, deberá siempre conectar los cables que son del mismo color.

En todos los circuitos domésticos existen una serie de cajas de conexión que generalmente están empotradas y que se utilizan para proteger las derivaciones o empalmes de cables en instalaciones fijas.

Además, estas cajas de conexión sirven como recipientes de registro que permiten acceder a los cables en caso de avería.

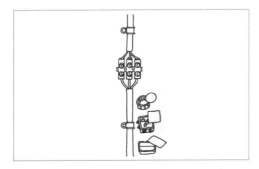

Conexión de un cable.

Existen diferentes modelos de cajas empotradas, siendo algunas de ellas incluso herméticas. Normalmente, el tamaño de la caja depende del número de conexiones que se prevé realizar. Los cables del interior de la caja de conexión están conectados directamente, ya que la caja suele actuar como barrera de protección.

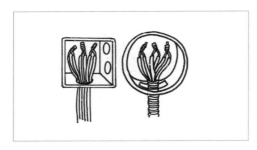

Cajas de protección.

Interruptores y enchufes

El acceso a los circuitos eléctricos se realiza mediante unos terminales (tomas de corriente o enchufes) a través de los cua-

les se pueden conectar a la red los distintos aparatos eléctricos externos. Los interruptores son unos mecanismos que permiten controlar el paso de la corriente eléctrica a un punto de luz o a un circuito secundario.

Los enchufes

Las clavijas o enchufes son terminales eléctricos que se conectan a la red o a un cable para recibir o transmitir la corriente eléctrica.

Los enchufes sirven, por tanto, para conectar entre sí dos cables, es decir, por uno de ellos sale la corriente y por el otro entra la corriente. Un enchufe está formado por una terminal macho y por una hembra.

La terminal macho posee unas patillas de conexión por las que recibe la corriente eléctrica y es un elemento móvil que sirve para conectar otros aparatos o motores a la red. La terminal hembra o enchufe, es la que está conectada a la red y es por donde llega la corriente. La hembra puede ser un elemento fijo, de toma de corriente, o móvil.

Si es fijo, el enchufe estará adosado o empotrado en la pared por medio de una caja de enchufe. Si es móvil, estará conectado a un cable.

Terminales macho y hembra.

Cajas de enchufe

Las cajas de enchufe pueden ser de diferentes variedades:

Cajas de enchufe múltiples
Son aquellas que permiten tener conectados a la vez varios aparatos eléctricos.

Enchufe múltiple.

Cajas de enchufe con toma de tierra
Son aquellas que se utilizan en un circuito doméstico.

Enchufe de toma de tierra.

Cajas de enchufe para exteriores
Son modelos estancos que impiden la entrada de humedad y suciedad con una tapadera hermética que cierra el acceso a la caja cuando no hay clavijas conectadas.

Enchufe para exteriores.

Cajas de enchufe sin toma de tierra
Son cajas que sólo son recomendables para conectar aparatos de poco consumo, como por ejemplo lámparas.

Enchufe sin toma de tierra.

Alargadores

Estos elementos constan de un cable con un terminal de clavija y otro de enchufe y se suelen utilizar para acceder más fácilmente a un aparato o una toma de corriente que está alejada.

Los alargadores sólo son una solución temporal. Existen varios modelos de cables de diferentes longitudes. Los modelos enrollables o de tambor son los más comunes.

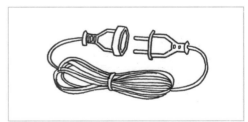

Modelo de alargador.

Interruptores

Se trata de mecanismos que sirven para conectar o desconectar un aparato eléctrico o un punto de luz. Existen distintos modelos de interruptores.

Interruptores temporizadores

Son aquellos que están conectados a un reloj que puede programarse para ejercer un corte de suministro eléctrico en aquellos periodos de tiempo establecidos.

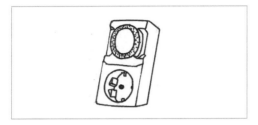

Interruptor temporizador.

Interruptores sencillos o múltiples

Una misma caja puede contener dos o más interruptores independientes, que a su vez controlan distintos puntos de luz.

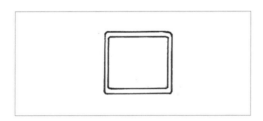

Interruptor sencillo.

Reguladores de potencia

Se utilizan para variar la potencia de la luz de las bombillas.

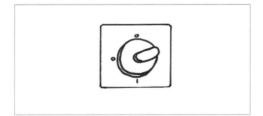

Regulador de potencia.

Termostatos

Son interruptores que contienen un sensor de temperatura para cortar el suministro a los aparatos de calefacción o aire acondicionado cuando se alcanza la temperatura deseada.

Termostato (izquierda) e interruptor de cordón (derecha).

Interruptores de cordón

Se suelen utilizar, sobre todo, para lámparas.

Interruptores crepusculares

Se activan al aumentar o disminuir la luz ambiental.

Interruptores de presencia

Poseen un sensor que abre el paso de la corriente eléctrica cuando detectan movimiento.

Interruptor crepuscular (izquierda) y de presencia (derecha).

REPARACIONES ELÉCTRICAS

El cableado fijo de un circuito doméstico conecta las tomas de corriente, las luces del techo y los interruptores al alimentador del circuito. A su vez, los diferentes circuitos de la casa se distribuyen hasta llegar al contador de la caja principal de la casa, que es en la que se encuentran los fusibles. Cada uno de los circuitos de la casa está protegido y pasa o llega a un fusible de la caja principal; y en el caso de que un circuito esté sobrecargado, el fusible salta; es decir, se funde. Esta circunstancia tiene una doble finalidad: por un lado avisa de que existe un problema y por otro, interrumpe la corriente del circuito en cuestión, preservando la seguridad para efectuar cualquier reparación en el sistema.

Conservación de enchufes y cables

Para un correcto estado de conservación de enchufes y cables, lo mejor es revisar todo el sistema de vez en cuando. En caso de encontrar algo deteriorado, se deberán arreglar las conexiones que estén sueltas o sustituir aquellos cables que estén pelados, deteriorados o gastados.

Cómo reparar un fusible
Cuando salta un fusible significa que hay algún defecto en alguno de los tramos del circuito. Existen dos tipos de fusibles, los de cartucho, que son los que utilizan muchas cajas de plomos moder-

nas; y los fusibles antiguos que para repararlos es necesario extraer el alambre viejo y sustituirlo por alambre nuevo en perfecto estado.

Fusible reparable antiguo.

El fusible reparable antiguo dispone de un agujero en cada extremo del mismo que permite observar si el alambre está roto o no. Si esta roto, deberá retirar el hilo viejo y poner uno nuevo desde los extremos. Si el fusible es de cartucho bastará con extraer de la caja el portafusibles y retirar el fusible fundido. A continuación se colocará uno nuevo.

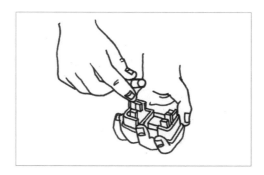

Fusible de cartucho.

Cómo instalar enchufes
Deberá cambiar siempre aquellos enchufes que estén agrietados o rotos. Para rea-

lizar la nueva instalación deberá seguir los siguientes pasos:

1. Primero deberá pelar con un cuchillo la funda externa del cable hasta una distancia que permita que los cables individuales lleguen a los bordes.

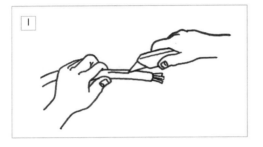

2. Proceda a pelar entre 6 y 12 mm de funda de cada una de las fases y retuerza ligeramente los hilos para que se mantengan juntos.

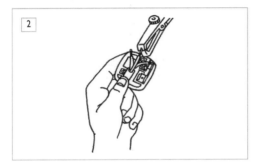

3. Conecte las tres fases a los bordes del enchufe.

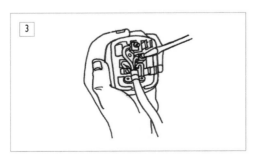

4. Por último, inserte un fusible adecuado y atornille la sujeción del cable. Para finalizar, coloque la tapa.

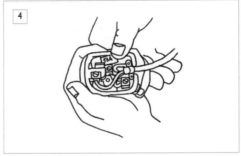

Reparar una lámpara de mesa

Lo primero que se debe comprobar es el estado de la bombilla de la lámpara. Generalmente, estará fundida y tan sólo deberá cambiarla. Sin embargo, si el problema no reside en la bombilla, sino que es eléctrico, deberá desenchufar la lámpara, examinar el cable y asegurarse de que todas las conexiones están bien fijas. En el caso de que el cable esté raído o estropeado, deberá cambiarlo siguiendo estos pasos:

1. Para cambiar un cable de un lámpara deberá quitar la tapa de la base para poder observar las conexiones de la misma. Utilice unos alicates para quitar la tuerca que fija la varilla a la base.

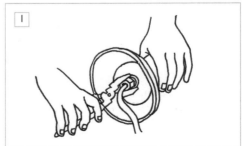

2. Después, tire del tubo hasta sacar el portalámparas del cono de la lámpara; haga girar el casquillo en sentido contrario al de las agujas del reloj y aflójelo. Ahora, retire la tapa exterior del interruptor y la arandela del catón aislante. Una vez realizados estos procedimientos, quedarán claramente a la vista los tornillos de transmisión.

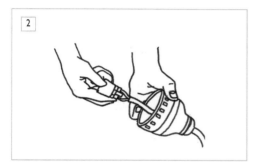

3. A continuación, desconecte los dos cables de los tornillos de trasmisión y examine el interruptor por si desea cambiarlo.

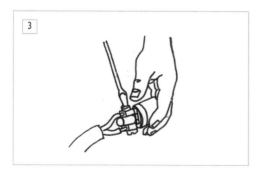

4. Si desea cambiar el cable de la lámpara y el enchufe, introduzca el cable a través de la base de la lámpara y por el tubo; conecte los cables al interruptor y asegúrese de que las conexiones realizadas están hechas firmemente. Reponga la lámpara

realizando todas las operaciones dichas anteriormente, pero a la inversa.

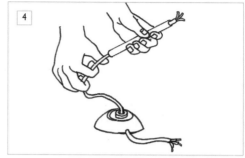

Cómo sustituir un interruptor

1. Primero deberá comprobar que los cables del interruptor están cortados a la medida, para ello utilice unos alicates pelacables para pelar entre 6 y 12 mm de hilo.

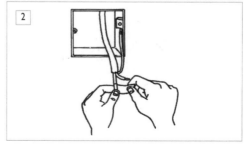

2. Conecte la fase de tierra al borde del interior de la caja del interruptor y marque el conducto de negro con cinta aislante roja para recordar que es la fase y que tiene que pasar la corriente.

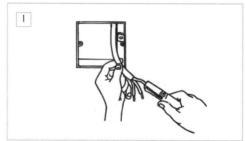

3. En un interruptor simple, conecte el conducto rojo a la fase A, y el negro a la fase B, y asegúrese de que los cables quedan fijados. Atornille la placa a la pared.

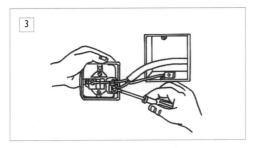

Instalar una lámpara de techo

1. Primero deberá colocar un plafón en el techo. Una vez colocado el plafón e instalados los cables de la futura lámpara a través del plafón deberá tirar de los mismos cuidadosamente.

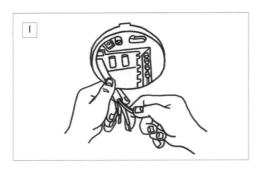

2. Después, conecte las fases A y B y la de tierra a los bordes correspondientes del plafón.

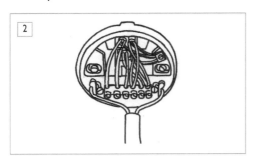

3. Por último, proceda a conectar los otros extremos de las fases A y B a los bordes del soporte del portalámparas.

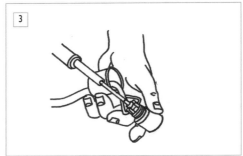

Averías en tubos fluorescentes

La vida útil de un tubo fluorescente depende del tiempo que se deja encendido y se apaga, o de las veces que se enciende continuamente. En este último caso, el tubo de luz durará menos que si se mantiene más tiempo encendido.

De hecho, hasta los propios fabricantes de tubos fluorescentes tienden a medir la vida del tubo en relación con el número de veces que se enciende. Por ejemplo, un tubo fluorescente de 40 V que haya sido encendido una vez cada tres horas, durará cerca de 12.000 horas, aunque por regla general la media de vida de un tubo fluorescente es de 7.500 horas y entre cinco y siete años de vida.

El tipo de luz del tubo fluorescente está diseñado para ser usado a temperaturas que superan los 10 °C. Por tanto, la vida del tubo también disminuye si el tubo tiene que trabajar a temperaturas inferiores a la descrita.

Los tubos fluorescentes requieren una instalación especial. Es decir, en los tubos fijos, las clavijas de ambos extremos encajan en sendas tomas alojadas en los soportes de los extremos del soporte fijo, mientras que en los tubos circulares, las clavijas se enchufan a una toma de corriente y se sostienen mediante clips.

En la actualidad, la mayoría de los soportes de tubos fluorescentes llevan una reactancia y un estabilizador, de esta forma se impulsa el encendido inmediato y se eliminan las vacilaciones de luz.

Los tubos de recambio, reactancias y estabilizadores deben ser siempre del mismo modelo y calidad que el aparato original. Cuando se instala y se conecta un nuevo tubo, es absolutamente normal que la luz vacile y se arremoline a lo largo del tubo, desapareciendo dicho efecto en poco tiempo.

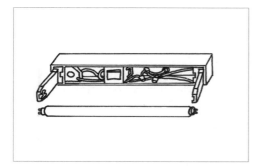

Tubo fluorescente.

La conexión de una lámpara fluorescente se realiza entre el cable de la lámpara y los cables del circuito mediante tres o cuatro empalmes, dependiendo de si se utiliza una regla o si se realiza mediante empalmes ciegos.

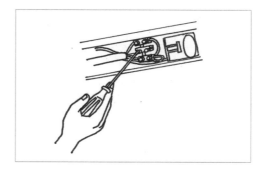

Conexión de un tubo fluorescente.

Luz titilante

Ocurre cuando la luz del fluorescente vacila y se arremolina en el interior del tubo. Esta circunstancia suele ocurrir cuando el tubo es nuevo. Normalmente, con el uso, estos síntomas tienden a desaparecer. En el caso de que persista, el fallo puede deberse a que el motor de la reactancia está averiado, y es necesario cambiarlo.

Intermitencias

En este caso, la luz se enciende y se apaga intermitentemente. Puede suceder que el tubo no esté fijado al aplique correctamente. Deberá extraerlo y examinar las clavijas, así como fijar bien las conexiones.

Zumbidos

El aplique zumba, pero funciona perfectamente. Deberá comprobar que las conexiones no están sueltas. Si éstas se encuentran bien fijas, entonces deberá cambiar el estabilizador.

Brillos

Los electrodos brillan a ambos lados, pero el tubo no se enciende. Si el brillo a ambos lados del tubo es blanco, significa que el motor de la reactancia está averiado y habrá que cambiarlo. Si el brillo es rojo, el fluorescente está a punto de agotarse y hay que cambiarlo.

Decoloración

Los extremos del tubo están descoloridos o marrones por el paso del tiempo. Si se ponen negros, deberá cambiar la reactancia. Si el fluorescente antiguo se pone negro a unos 5 cm de los extremos, es que el material de los electrodos se está evaporando y deberá cambiar el tubo. Si uno de los extremos pierde color, deberá extraer el tubo, invertirlo y volver a colocarlo.

Desgaste

El tubo fluorescente se gasta demasiado deprisa. Indicará que el tubo ha sido apagado y encendido demasiadas veces. Deberá cambiar el tubo y mantener la luz encendida durante periodos de tiempo más prolongados.

Tubos antiguos

El fluorescente ilumina a media luz. Esta circunstancia ocurre con los tubos antiguos. Deberá ser sustituido por uno nuevo.

Brillo parcial

El tubo sólo brilla por un lado. El soporte o el palique debe estar averiado por el extremo oscurecido, pruebe a insertar un tubo nuevo.

Detección y reparación de electrodomésticos

Normalmente, los electrodomésticos trabajan sin llegar a tener averías en años, sin embargo si éstos se utilizan con regularidad durante mucho tiempo, lo normal es que un día u otro sobrevenga un problema.

Muchas averías básicas, como cables desconectados o fusibles fundidos, pueden repararse de manera rápida y sencilla. En otros casos, se trata de averías internas que suelen ser igualmente fáciles de arreglar si se sabe cómo hacerlo.

La manera de detectar averías en un aparato eléctrico o electrodoméstico es comprobar que no funciona, que el enchufe y el cable conducen corriente hasta el aparato o si se ha fundido un fusible.

Comprobación de los cables

Para realizar esta tarea se debe abrir el enchufe y comprobar que todo está correcto y en su orden. Compruebe, seguidamente, que el cable está firmemente anclado a la base del enchufe y asegúrese de que el cable o el enchufe no están ni rotos, ni viejos, ni descoloridos.

Comprobación de fusibles

Normalmente, los fusibles tienden a saltar si existe una avería en el aparato, pero también pueden fallar si hay alguno fundido. Para comprobarlo, deberá poner un nuevo fusible, recomponer el enchufe y conectar el aparato. Si el electrodoméstico funciona, la avería ya está arreglada, pero si los fusibles saltan de nuevo, deberá aislar el aparato y llamar a un especialista.

FONTANERÍA, CALEFACCIÓN Y AISLAMIENTO

HERRAMIENTAS Y MATERIALES DE FONTANERÍA

El sistema de fontanería consiste en una red de cañerías que son las encargadas de conducir y suministrar el agua caliente y fría a toda la casa, así como llevar el material de desperdicio fuera de la vivienda.

Generalmente, este sistema de tuberías, así como los diferentes elementos a los que abastece (fregaderos, lavabos, bañeras e inodoros) requieren poco mantenimiento. Sin embargo, cuando algo no funciona bien en el sistema de fontanería, el arreglo puede producir muchos desperfectos e inconvenientes.

Normalmente, con un pequeño conocimiento básico del sistema de fontanería doméstico, la mayor parte de las reparaciones resulta fácil de arreglar.

Las herramientas necesarias para acometer los trabajos de fontanería podrían ser: dos llaves grifa bastante grandes; una llave fija de 12 o 19 mm, para quitar y reparar los grifos; una llave de pata de gallo para trabajar en espacios estrechos; un cortador de tubos de cobre; un muelle de doblar o una herramienta general para ese uso; una lanilla fina de acero para limpiar los extremos de las tuberías de cobre; masilla de fontanero y cinta de PTFE para envolver las juntas enroscadas y asegurarse de que las conexiones están completamente herméticas.

Las tuberías pueden tener dos funciones: las de acometida, que son aquellas que llevan el agua a los grifos y al resto de accesorios de la casa; y las de desagüe, que llevan el agua desde las salidas de desagüe hasta el alcantarillado.

Normalmente, en las viviendas antiguas, las tuberías son de plomo, pero actualmente el cobre es el material más utilizado para las tuberías de acometida y el plástico para las de desagüe. En ambos casos, los materiales son flexibles y fáciles de cortar, aunque el cobre suele ser más versátil.

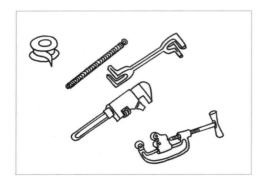

Algunas herramientas de fontanería.

El circuito del agua corriente

El agua que se consume en una casa o vivienda procede de la compañía suministradora de agua de la localidad, y recorre un circuito que abastece los diferentes grifos de los aparatos sanitarios (lavabo, fregadero, bañera, etc.) y de los electrodomésticos. Una parte de esa agua que llega a la vivienda pasa por el calentador, iniciando así otro circuito de agua caliente. En muchas casas, también existe un tercer circuito para la calefacción que es totalmente independiente del resto.

Una vez utilizada el agua, ésta circula por un nuevo canal, el de desagüe, que transporta el agua desechada a las alcantarillas.

El agua corriente llega a la casa conducida por la compañía suministradora y entra en la vivienda a través de la acometida general. Generalmente, la acometida general suele tener una llave que sirve para cortar el agua de entrada, en caso de que sea necesario.

Además, junto a la acometida, se suele encontrar el contador de agua, que puede ser individual o colectivo, y que es el encargado de registrar el consumo de agua realizado.

Generalmente, dentro de la vivienda suele haber otra segunda llave general de paso que sirve, igualmente, para cortar el suministro de agua de la vivienda en caso de averías o durante la realización de trabajos de fontanería que requieran el corte del suministro.

El circuito del agua caliente

En las casas o en los edificios con instalaciones individuales, el agua se calienta dentro de la propia vivienda por distintos o diferentes métodos: calentadores, calderas de energía solar, eléctrica, de fuel, de gas natural, etc. Sin embargo, en las comunidades de vecinos que poseen una instalación de calefacción y de agua caliente común, existirá también en cada vivienda una entrada de agua caliente; esta circunstancia originará un doble circuito de conducción; es decir, uno para el agua fría (representado habitualmente en los gráficos como de color azul) y otro para el caliente (representado en color rojo). Tan sólo en algunos casos existirá una única conducción de agua fría, que será calentada mediante termos o calentadores individuales.

Otros circuitos de la casa

Además del circuito del agua de consumo, existirá un canal de desagüe que será el encargado de transportar el agua sucia que procede de los sanitarios, los electro-

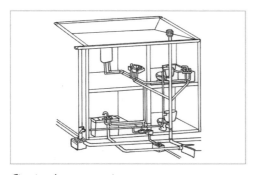

Circuito de agua corriente.

domésticos y distintas fuentes de agua de la casa. El agua sucia será eliminada a través de los desagües individuales, por las bajantes y hasta el desagüe general.

En una vivienda, además, pueden existir otros circuitos de agua, como el de aguas pluviales y el de calefacción.

Tuberías de cobre

El cobre se encuentra en todos los equipamientos de las viviendas actuales, debido a su nobleza, ligereza, facilidad de manejo y resistencia a las altas temperaturas. Además, las tuberías de cobre sirven tanto para las conducciones de agua caliente y fría, como para aquellas de calefacción.

Tipos de tuberías de cobre

- Tubos de cobre duro o rígido: se suelen presentar en forma de barras rectas de 5 m.

- Tubos de cobre blando o retorcido: se vende en rollos de 50 m y es un material más blando y moldeable que el rígido.

Las tuberías de cobre pueden ser de diferentes diámetros, pero las más utilizadas para las instalaciones domésticas son las de 15, 18 y 22 mm.

Una tubería de cobre se puede doblar y cortar sin ningún problema para poder realizar el trabajo deseado. Para ello existen una serie de herramientas específicas para acometer esta labor. Una de las formas más sencillas y baratas para curvar una tubería de cobre es mediante un muelle de doblar: la tubería se introduce en el interior del muelle y se ejerce una presión sobre el muelle hasta que se curve.

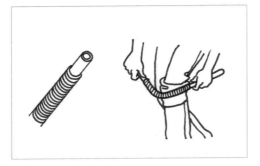

Curvatura de una tubería.

Cortar una tubería de cobre

Es tan sencillo como aplicar un cortatubos. El cortatubos es una herramienta que posee unas ruedecillas adaptadas al diámetro del tubo que permiten realizar el corte sin esfuerzo y sin temor a hundirlo por la presión. Tan sólo se debe hacer un movimiento giratorio alrededor del tubo para conseguir que se corte por completo. Una vez cortada la tubería, es conveniente pasar una lima por los extremos para eliminar las rebabas y evitar las pérdidas de presión.

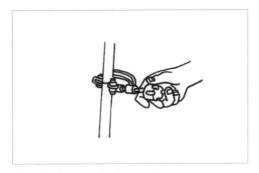

Cortado de una tubería de cobre.

Tuberías de PVC

Las tuberías de policloruro de vinilo (PVC) son canalizaciones asequibles y fáciles de manipular y utilizar; además, este tipo de tuberías no se oxidan ni se ven afectadas por las heladas como sucede con las conducciones metálicas.

El único inconveniente que poseen algunos materiales de PVC es que no son del todo resistentes al calor, sin embargo, en la actualidad hay tuberías muy resistentes al efecto calorífico. Por esta razón, hoy en día, las tuberías de PVC son muy usadas en las instalaciones modernas tanto para las conducciones de agua caliente como para las de agua fría.

Igualmente, las tuberías de PVC son muy recomendables para el bricolaje de fontanería, ya que no es necesario soldar piezas y son fáciles de desmontar y limpiar.

Cortar tuberías de PVC

1. Las tuberías de PVC se cortan fácilmente con un serrucho o con una sierra de dientes pequeños. Para conseguir un corte completamente recto, se puede usar una cartulina que, enrollada en el tubo, servirá de guía para acometer el corte.

2. Una vez cortada, se deberá pasar papel de lija para eliminar rebabas interiores y exteriores.

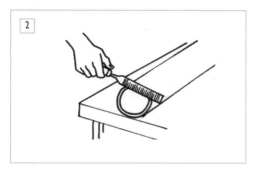

3. En principio, las tuberías de PVC no se deben doblar, ya que existen piezas de todos los ángulos que son fáciles de ensamblar a sus extremos. Sin embargo, en el caso de necesitar realizar pequeñas curvas, se puede utilizar un secador de pelo o un soplete para ablandar el material y permitir deformarlo parcialmente. Una vez que el PVC está caliente, se puede forzar suavemente el material para deformarlo, aunque hay que tener especial cuidado en la operación, ya que podría quebrarse.

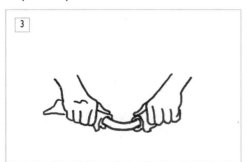

4. También existe una tubería de material de PVC específicamente flexible, que se puede curvar fácilmente sin necesidad de aplicar calor en la zona y que resulta más práctica.

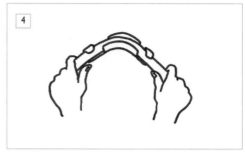

Grifos y llaves de paso

Los circuitos de agua caliente y fría transportan el agua de consumo a los distintos puntos de la vivienda. Los grifos son, en este caso, los terminales que permiten acceder al agua a los ususarios de la red. Los grifos son mecanismos complejos y precisos, dotados de juntas que se deterioran con el tiempo y que conviene reparar para evitar molestos goteos, averías o inundaciones.

Por encima de los grifos se encuentran las llaves de paso que controlan la entrada y salida de agua de ciertos puntos del circuito y permiten cortar el suministro en caso de averías o de largas ausencias.

Composición de un grifo.

Aunque existen infinidad de modelos de grifos, básicamente se pueden distinguir tres tipos de grifo: grifo sencillo, mezclador o doble y de lavadora.

Tipos de grifo

Grifo sencillo

Es aquel que se conecta directamente a la tubería. Son grifos individuales de los que se obtiene directamente el agua fría o caliente.

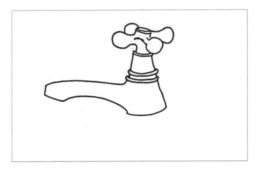

Modelo de grifo sencillo.

Grifo mezclador o doble

En este caso, el agua caliente se mezcla con la fría para obtener la temperatura deseada. En grifo tiene dos pomos reguladores, en su versión clásica, pero un único orificio de salida. También se pueden encontrar mezcladores automáticos en los

Grifo doble.

que el agua sale a la temperatura deseada usando un solo pomo para regular la cantidad de agua.

Grifo de lavadora

Se usa generalmente para conectar el electrodoméstico. En este caso, la boquilla del grifo ha sido sustituida por una rosca a la que se conectan las tuberías de acceso de las lavadoras y lavavajillas.

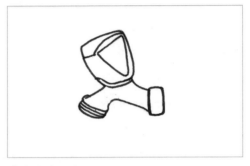

Grifo de lavadora.

Uniones y accesorios para tuberías de cobre

Para acometer una correcta instalación es necesario utilizar, además del tubo de cobre, una serie de piezas de unión y de accesorios. Estas piezas pueden ser de cobre, de latón o de bronce, y permiten realizar todo tipo de uniones entre tuberías del mismo o de diferente diámetro, así como derivaciones, injertos o cambios de trazado.

Accesorios de ensamble

Los accesorios para ensamblar los distintos diámetros y en los diferentes ángulos pueden ser rectos, en forma de «T», o con codos de diferente ángulo.

Conectores rectos

Son piezas que sirven para unir dos tubos en línea. En este caso, los tubos pueden tener el mismo diámetro o en el caso de que no lo tengan, se puede usar un manguito reductor.

Codos o uniones en «L»

Permiten realizar uniones en distintos ángulos.

Uniones en «T»

Permiten conectar tres tuberías del mismo o de distinto diámetro.

Conectores

Permiten conectar las tuberías de cobre a instalaciones de otros materiales, como PVC, acero o hierro. Este tipo de piezas se pueden unir mediante el sistema de compresión o de capilaridad. La uniones por compresión son más sencillas y no precisan soldadura; en contrapartida, este tipo de uniones son mucho más caras y menos seguras.

Tipos de uniones de tuberías

Uniones por compresión

Esta unión debe su nombre a que es una tuerca la que comprime una anilla cónica de plástico o de metal blando que es la que sella la unión evitando las posibles fugas. Es el sistema perfecto para tubos de cobre duro o rígidos, ya que los tubos blandos pueden deformarse al comprimirse.

1. Para realizar una unión por compresión, primero tiene que introducir las tuercas de compresión en la tubería y colocar los conos de forma que la parte más ancha y biselada mire hacia la zona del empalme.

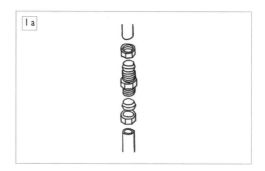

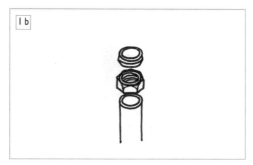

2. Después, meta cada extremo de las tuberías dentro de la pieza de empalme y presione ambas partes para que se acoplen por completo.

Más tarde, si lo desea, puede aplicar un poco de masilla para que el empalme se refuerce y se eviten pérdidas de agua. Es la manera más segura de hacerlo.

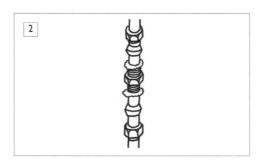

3. Por último, apriete las tuercas, primero a mano y después con una llave inglesa, sujetando la pieza con otra llave para que no se dañe.

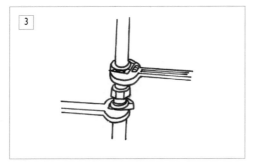

Uniones por capilaridad
La soldadura por capilaridad es una técnica que permite unir de forma permanente dos o más piezas de metal por medio de una aleación de estaño y plata que, al unirse, forman una pasta.

Para efectuar esta soldadura se necesita un soplete, además de un abrasivo; es decir, un estropajo metálico que elimina la suciedad y el óxido del metal al soldar. También se necesita un fundente, resina que facilita la soldadura, y un aglutinante, que es una aleación de estaño que al calentarse se funde.

Para que la soldadura sea efectiva es importante limpiar de rebabas y óxido los extremos del tubo que se van a unir. Para ello, se deberá usar una lima redonda y un estropajo para preparar las superficies, evitando en todo momento el contacto directo con los dedos o con la piel. Una vez terminada la soldadura y siempre que el metal esté todavía caliente, es conveniente pasar un paño húmedo para eliminar los residuos y enfriar la unión.

1. Para acometer la soldadura, primero debe unir las piezas a soldar, comprobando su encaje, así como untar con pasta o resina de soldar las zonas a ensamblar.

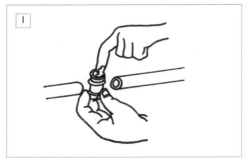

2. Una vez caliente el soplete, deberá aplicar la llama sobre la zona a empalmar hasta calentarla.

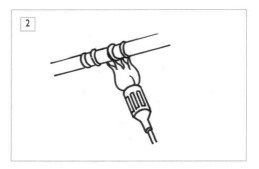

3. Después, se coloca la varilla de estaño sobre la junta para que se derrita al contacto con los tubos a unir. Aplique una película uniforme de metal por la zona de unión.

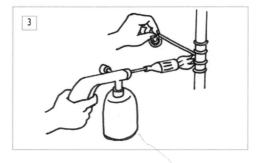

Uniones y accesorios para tuberías de PVC

Las piezas y accesorios para unir tuberías de PVC son muy parecidos a los existentes en las tuberías de cobre. La única diferencia es que su colocación es mucho más sencilla.

Además, se da la ventaja de que hay piezas especiales de PVC que permiten conectar una instalación nueva de PVC a otra ya existente de metal.

Accesorios de PVC

Uniones rectas

Es una pieza que sirve para empalmar dos tubos en línea; además, los modelos reductores permiten unir tuberías de diferentes diámetros.

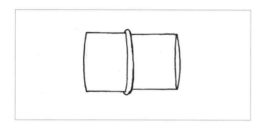

Unión recta.

Conectores

Permiten conectar las tuberías de PVC a instalaciones de otros materiales.

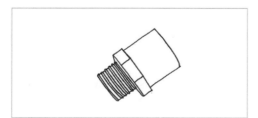

Conector.

Curvas y codos

Como no es conveniente doblar el material de PVC de las tuberías, hay piezas acodadas que posibilitan hacer todo tipo de uniones en distintos ángulos.

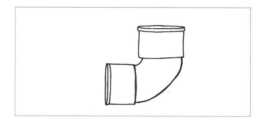

Codo.

Sifones

Son piezas enroscadas que pueden desmontarse fácilmente en caso de atasco.

Sifón.

Uniones en «T»

Son elementos que conectan entre sí tres tuberías de igual o de diferente diámetro.

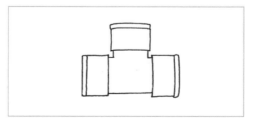

Unión en «T».

Tapones

Se utilizan para cerrar el circuito de agua.

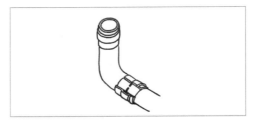

Empalme a presión.

Realizar un empalme

Para realizar un empalme pegado de tuberías de PVC hay que seguir estos pasos:

1. Primero se debe introducir el tubo en la pieza a ensamblar y marcar con un lápiz la zona de solapamiento.

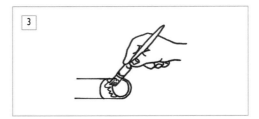

2. Se pasa por la zona marcada un trapo mojado con disolvente para PVC.

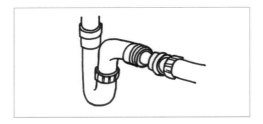

Tapón.

Tipos de empalmes de PVC

Empalmes pegados

La mayoría de los empalmes y uniones se realizan por medio de un pegamento especial para PVC.

Empalmes enroscados

En algunas piezas, como sucede con los sifones, los empalmes en caso de obstrucción se realizan por el sistema de empalme enroscado.

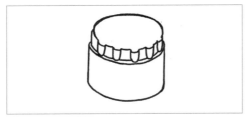

Empalme enroscado.

Empalmes a presión

Son empalmes que se usan, sobre todo, para tuberías de desagüe que no soportan presiones de agua.

Estos empalmes disponen en su interior de una arandela de goma labiada que se ajusta a la tubería cuando se empalma.

3 A continuación, se aplica el pegamento para PVC sobre la zona marcada.

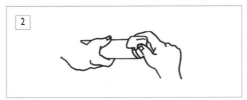

4. Por último, se unen las piezas y se inmovilizan durante unos minutos hasta que se peguen totalmente.

REPARACIONES

Reparaciones de emergencia

Todos los propietarios e inquilinos de una vivienda deben dominar las técnicas elementales de emergencia en fontanería para evitar daños innecesarios y ahorrarse los elevados costos de recurrir a un fontanero 24 horas.

Para acometer estos trabajos de emergencia tan sólo necesitará un juego de herramientas y unos pocos repuestos.

Descongelar tuberías heladas
Una buena forma para evitar que las tuberías se hielen es protegerlas bajo el suelo o a través del desván.

Si se percibe que el agua del grifo no brota bien o que la cisterna no carga como debe, puede ser debido a un problema de hielo. En estos casos, seguramente, se haya formado un tapón de hielo en una de las tuberías de suministro. Normalmente, el tapón no está en una tubería de abastecimiento, sino en una general que está en contacto con el exterior. Generalmente, la congelación de tuberías se suele producir en un espacio próximo al exterior, como por ejemplo debajo del tejado.

La mejor manera para deshacer el tapón de hielo es utilizar un simple secador de pelo para calentar la tubería, al tiempo que se deja el grifo abierto para que el agua fluya en cuanto se descongele el hielo de la tubería.

En el caso de que no pueda utilizar un secador de pelo, deberá rodear la tubería con una toalla caliente o poner junto a la misma una bolsa de agua caliente.

Arreglo de una tubería pinchada
A menos que se conozca exactamente el plano de la red de tuberías de la vivienda, es muy sencillo pinchar o agujerear una tubería cuando se clava una tabla en el suelo de la casa. Si sucede esta circunstancia, se podrá detectar el desperfecto porque el agujero emite un sonido silbante cuando sale el agua a presión; aunque, lo más habitual es que no se note nada hasta que aparezca una mancha húmeda en el techo del vecino o tenga un problema de humedad en la propia vivienda.

Para arreglar correctamente una tubería dañada, se debe proceder a cortar la tubería por donde se produjo la rotura o agujero y restituir la zona con un nuevo tramo de unión. Para solucionar temporalmente el problema, se puede acometer una reparación de emergencia. Para ello bastarán algunos elementos fáciles de encontrar como una manguera de goma, una abrazadera o una simple cinta, y pegamento o masilla.

1. Lo primero que hay que hacer para reparar una tubería dañada es cerrar la llave de paso del agua en la zona averiada y secar por completo las tuberías dañadas con un paño o secador de pelo.

2. Después, se pasa una lima sobre la zona dañada y se aplica un poco de masilla o pegamento para que cubra la rotura y la zona de alrededor.

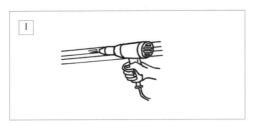

3. A continuación, se corta un trozo de manguera, se realiza un corte longitudinal a la pieza y se envuelve la tubería dañada.

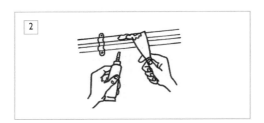

4. Por último, se sujeta la tubería de refuerzo con unas vueltas de cinta o unas abrazaderas. La avería estará totalmente solucionada cuando se haya secado el pegamento o la masilla, aunque debe revisarse posteriormente.

Inundaciones

En el caso de que se produzca una inundación por rotura de alguna tubería de la casa o por avería de algún electrodoméstico, lo primero que hay que hacer es cortar la llave general del cuadro eléctrico de la vivienda, para evitar así que el agua pueda producir un cortocircuito. No será conveniente volver a conectar la corriente hasta que los cables y los aparatos eléctricos estén completamente secos.

Para evitar inundaciones, se deben seguir los siguientes pasos: cerrar la llave general del agua si la casa va a estar deshabitada más de 48 horas; reparar los grifos o las llaves que goteen; revisar cada dos años las gomas de conexión de los electrodomésticos y quitar el tapón de los sanitarios después de utilizarlos.

Atascos

Los restos de grasa y comida, así como los productos químicos, la arena, los residuos minerales del agua y las pequeñas basuras que se van acumulando en las tuberías de desagüe de fregaderos y sanitarios o de electrodomésticos acaban por atascar el conducto. Muchos desagües modernos de PVC suelen disponer de un sifón que es sencillo de desmontar y desatascar para evitar un atasco general de la tubería; sin embargo, otras muchas instalaciones no disponen de este dispositivo, por lo que los atascos son más difíciles de solucionar.

La elección del método idóneo para realizar el acto de desatascar la tubería dependerá de la composición, importancia y localización de los restos que han producido el taponamiento. Lo mejor es ir probando todas las posibles soluciones hasta que se desatasque.

Desatascador.

Ante los primeros síntomas de atasco; es decir, cuando el desagüe va muy lento, se deberá comprobar que no hay ningún resto lo suficientemente grande a la vista. En estos casos, una jarra de agua hirviendo mezclada con amoniaco desatascará los restos grasos de la comida.

En el supuesto de que el desagüe no disponga de sifón, se puede recurrir a un desatascador de goma tradicional, es decir, se coloca la ventosa sobre el desagüe y se realiza un movimiento enérgico de arriba abajo con el mango del desatascador para mandar presión y empujar los materiales que han obstruido el desagüe.

En el caso de los electrodomésticos, como la lavadora o el lavaplatos, éstos suelen tener un filtro que retiene los restos. En el caso de que el atasco se haya producido en una tubería, se puede introducir por la tubería un tubo de goma blando afilado para retirar el tapón de desperdicios. Los desatascadores químicos contienen productos cáusticos muy potentes que disuelven los residuos orgánicos. Son elementos muy tóxicos y abrasivos, por lo que conviene tomar ciertas precauciones en su uso.

Para evitar atascos, la mejor opción es seguir una serie de reglas preventivas: no tirar restos de comida, aceites usados o productos químicos al desagüe del fregadero; colocar rejillas en los desagües para retener los cabellos y los restos orgánicos; limpiar periódicamente los filtros de la lavadora y el lavaplatos; no usar el inodoro como papelera; y no utilizar alambres u objetos punzantes para desatascar.

Reparaciones de fontanería

Las tuberías actuales; es decir, las de cobre o PVC son conductos fáciles de quitar, de poner y de reparar; sin embargo, las antiguas tuberías de plomo requieren, en la mayoría de los casos, de la presencia de un profesional que se haga cargo del trabajo. Para evitar ciertas complicaciones en las tuberías de plomo, lo mejor es cambiarlas todas por conductos más eficaces y sencillos de manejar.

Evidentemente, antes de proceder a la reparación o sustitución de un accesorio o al arreglo de una tubería, deberá asegurarse de conocer el sistema de fontanería que hay en la vivienda, así como el croquis de conductos, pasos de agua y válvulas de la casa.

Cómo desatascar un desagüe

Una vez que la acción del desatacascador de goma no da resultado y no logra desbloquear el conducto, deberá vaciar el sifón de desagüe y encontrar la obstrucción. Para ello, deberá colocar una palangana debajo del sifón para recoger el contenido de éste y evitar que el agua inunde la habitación y, posteriormente, proceder a desmontar la pieza. A continuación deberá utilizar un trozo de alambre para limpiar el sifón por dentro. En el caso de que no se pueda desatascar, deberá proceder a limpiar las tuberías y a desbloquear los conductos.

Desbloquear un sifón en forma de «U»
Consiste en inmovilizar el sifón con un trozo de madera y desenroscar mientras tanto el tapón del desagüe. En el caso de que no se puedan extraer los residuos, se deberá utilizar una llave cremallera para desmontar el sifón y limpiarlo a fondo consiguiendo el arrastre de todos los residuos.

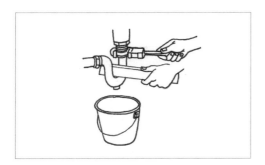

Desbloqueo de un sifón en «U».

Desatascar un sifón de plástico
Primero se deberán desenroscar las secciones de plástico del elemento y después proceder a desenroscar el sifón a mano.

Desatascar un sifón de plástico.

A continuación, habrá que limpiar las tuberías con un trozo de alambre en el caso de que la obstrucción persista.

Desatascar un fregadero
Cuando un fregadero, un lavabo o una bañera están obstruidos, se puede practicar el método de la ventosa, sin necesidad de desmontar o limpiar el sifón a conciencia.

1. Lo primero que se debe hacer para desatascar un fregadero es extraer o sacar todo el exceso de agua existente en el mismo.

2. A continuación, deberá situar el desatascador en el orificio de desagüe y mover el instrumento enérgicamente de abajo hacia arriba. Se entiende que el agua sobrante se vaciará una vez que se haya eliminado el bloqueo de la tubería.

Instalación de una lavadora

La gran mayoría de las lavadoras deben conectarse a tomas de acometida de agua caliente y fría. Para ello, la lavadora necesitará llaves de paso con válvulas incorporadas de control integral o válvulas que impidan el retorno del agua. Para entender la conexión de la lavadora a la red, véase el dibujo adjunto.

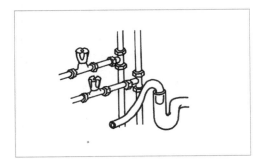

Conexión de la lavadora a la red.

Sustitución de un grifo

Antes de comenzar el trabajo de cambio del grifo, deberá extraer toda el agua existente dentro de la tubería. Para ello, hay que cerrar la llave de paso que controla la acometida de agua y abrir totalmente el grifo para vaciar el agua que pueda quedar dentro de la tubería. Para eliminar un grifo viejo, deberá desatornillar el empalme del grifo con una llave inglesa, aflojar la tuerca principal que sostiene el grifo y extraer o quitar el grifo en cuestión.

A continuación, aplique un poco de masilla, intentando que no fragüe en la parte inferior del nuevo grifo, y coloque la arandela de fibra plástica entre el grifo y el borde del fregadero o del lavabo. Después, coloque el grifo en el lugar que corresponde y adapte una arandela de fibra por debajo del asiento.

Sustitución de un grifo.

Sustitución de una zapata

Si el grifo gotea, requerirá la colocación de una nueva zapata. Los grifos de fregadero y de lavabo necesitan una válvula de 12 mm, mientras que los de bañeras requieren válvulas de 19 mm.

Para realizar el cambio de zapata en el grifo, lo primero que tiene que hacer es cortar el agua y abrir el grifo, para que salga todo el agua y se vacíe la tubería. Para acometer este trabajo, existen dos tipos de grifos, el tradicional, que dispone de una cabeza denominada de cabestrante y los de nuevo diseño, con cabeza oculta.

Lo primero que se debe hacer en el caso del grifo de cabeza de cabestrante es descubrir la tuerca de la cabeza del grifo. Después, se procede a desenroscar la tuerca para observar la junta que sostiene la arandela; a continuación, coloque una nueva arandela y reponga de nuevo la funda.

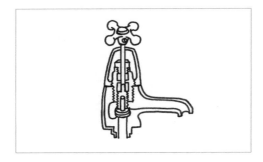

Grifo de cabecera cabestrante.

Para el grifo de cabecera oculta; es decir, de corte moderno, hay dos opciones para desmontar el grifo: tirar de la cubierta o desatornillar el tornillo central de fijación. A continuación, desatornille la cabeza del grifo como si se tratase de un grifo normal.

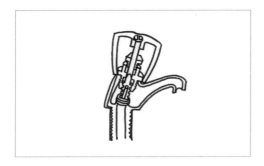

Grifo de cabeza oculta.

Mantenimiento de la cisterna y del depósito del WC

No es necesario llamar al fontanero para reparar la cisterna del retrete. Además, la mayoría de las cisternas se encuentran detrás de la taza del inodoro, estando muy a mano para su reparación oportuna. En el caso de las cisternas antiguas, se puede acceder a éstas por medio de una escalera. Igualmente, los mecanismos de las cisternas suelen ser muy parecidos, pudiendo encontrar piezas de repuesto en cualquier tienda de fontanería o de bricolaje.

El depósito de almacenamiento del agua es simplemente un contenedor. Los únicos fallos que puede provocar una cisterna son problemas en la válvula del flotador.

La mayoría de los retretes actuales se vacían por medio del desagüe directo, es decir, el agua entra en la cisterna vacía por medio de una válvula que se abre y se cierra por la acción de un flotador hueco que está unido al extremo de un brazo rígido. A medida que el agua sube, el flotador se levanta hasta que el otro extremo del brazo cierra la válvula y corta el suministro de agua.

El vaciado de la cisterna se realiza apretando una palanca que levanta una placa de metal al final del tubo que está doblada en forma de «U» invertida. Cuando la placa se levanta, las perforaciones quedan selladas por medio de un diafragma de plástico, que es la válvula de charnela. Después, la presión de agua resultante detrás del diafragma hace que éste se retire y que el contenido de la cisterna suba a través de las perforaciones de la placa y baje por la tubería de descarga. A medida que baja el nivel del agua de la cisterna, también baja el flotador, activando el mecanismo de abertura de la válvula por la que se llena la cisterna.

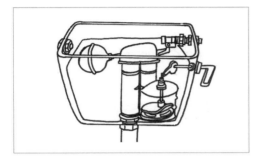

Cisterna de acción directa.

Normalmente, el tipo de cisterna de acción directa suele crear pocos problemas, resolviéndose la mayoría de ellos por medio de un mantenimiento regular.

La mayoría de los fallos se deben a un flotador defectuoso o un brazo mal ajustado, que hace que el agua salga de la cisterna y se pierda en la tubería. En el caso de que el llenado de la cisterna sea lento o ruidoso, puede ser debido a un flotador mal instalado. Si la cisterna sólo se vacía cuando se baja la palanca repetidas veces, se deberá cambiar la válvula de charnega.

Para cambiar la válvula de charnega, primero deberá verificar que el mecanismo funciona perfectamente. Si funciona bien y la cisterna del retrete no se vacía a la primera, deberá reemplazar la válvula de charnega en el sifón. Corte el agua y proceda a vaciar la cisterna, para ello deberá utilizar una llave grande para desenroscar la tuerca que sujeta la tubería de descarga; después,

libere la tuerca que sujeta el sifón a la base de la cisterna y desconecte el mando al tiempo que retira el sifón de dentro de la cisterna. Por último, levante el diafragma de la placa de metal y sustitúyalo por uno del mismo tamaño. Para finalizar, vuelva a colocar el mecanismo de descarga en orden inverso y conecte el tubo a la cisterna. Los pasos, por tanto, son los siguientes:

1. Libere la tubería de descarga.

2. Afloje la tuerca de sujeción y levante la válvula de charnela.

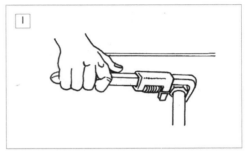

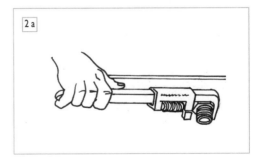

Para reparar una pérdida de agua continua, deberá levantar el sifón y cambiar la arandela que sella el sifón en la base de la cisterna, asegurándose de que el recambio puesto es exactamente igual al retirado.

Arreglos de las válvulas de flotadores de las cisternas

Para ajustar el flotador de la cisterna en un nivel óptimo de agua, deberá doblar la varilla de metal rígido para reducir el nivel de agua o enderezarlo para admitir más agua en la cisterna, depende de cada caso.

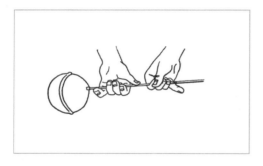

Doblar el brazo de metal del flotador.

Todos los brazos de la válvula de flotador están equipados con un tornillo de ajuste que hace de presión justo en el extremo del pistón. Si quiere bajar el nivel, deberá liberar la tuerca de cierre y girar el tornillo

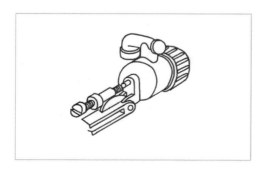

Tornillo regulador de la válvula.

hacia la válvula, o girarlo hacia el lado contrario en el caso de que quiera que suba.

Es raro que un flotador moderno de plástico pierda agua, sin embargo los flotadores antiguos de metal suelen corroerse y dejar que les entre el agua; además, los flotadores antiguos se hunden poco a poco hasta que no pueden cerrar la válvula.

Para reemplazar un flotador deberá desenroscar el aparato y sacudirlo bien, de esta forma eliminará toda el agua que tiene en su interior. A continuación, proceda a colocar el nuevo flotador. No tiene mayor misterio ni complicación.

Limpiar y desatascar una bajante o sumidero

Es relativamente habitual que el depósito de agua de descarga, el tubo de bajada o el sumidero del patio se tienda a atascar por distintos motivos.

Limpieza del depósito y del tubo del desagüe

Es preciso protegerse la manos con guantes y sacar los restos del depósito, así como explorar el tubo del desagüe con una caña y verificar que se encuentra libre de obstrucciones. Para ello, deberá limpiar el fondo del tubo con un trozo de alambre doblado y reemplazar el viejo tubo por uno nuevo de PVC, en caso de que sea necesario.

Desatascar el sumidero del patio

Deberá, además de proceder con guantes y eliminar cuantos mayores restos mejor, enjuagar el sumidero con una manguera y desinfectarlo con lejía, cloro o cualquier otro tipo de desinfectante industrial. Una buena opción antes de proceder de manera más contundente es limpiar el sumidero a mano.

Limpieza del sumidero a mano.

Desatascar el tubo del retrete

Es aconsejable contratar los servicios de una compañía especializada en este tipo de trabajos, sobre todo si se trata de una bajante de hierro. En el caso de que la tubería sea de plástico, el trabajo puede ser perfectamente realizado por el propietario, quien deberá desenroscar los ramales apropiados y limpiar el interior por medio de una sonda de alambre que desatasque la obstrucción. Es conveniente empujar o tirar de la sonda hasta eliminar completamente la obstrucción, procurando no dañar las tuberías. Una vez desatascada la zona, deberá limpiar y desinfectar concienzudamente la zona afectada.

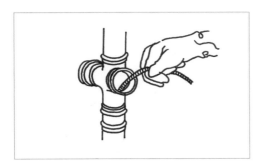

Desatascado de la bajante del retrete.

Desatascar la taza del retrete

Deberá comprar o alquilar un desatascador grande para empujar la obstrucción hacia la bajante. Es decir, deberá colocar la parte de la goma del desatascador metida dentro del codo de la «U» y bombear varias veces hasta intentar desatascarlo. Una vez que se elimine la obstrucción, el nivel del agua del retrete bajará repentinamente acompañado de un sonido característico que así lo indique.

Desatascador especial para bombear.

En el supuesto de que el sifón esté muy atascado, deberá comprar una sonda especial para retretes. En estos casos, deberá meter la varilla flexible todo lo que pueda, después virar el asa y desbloquear el atasco. Una vez realizado el trabajo, deberá lavar la sonda con agua caliente.

Sonda para retretes obstruidos.

LA CALEFACCIÓN EN CASA

Casi todas las viviendas necesitan de algún tipo de calefacción, desde la estufa de leña o la chimenea hasta las calefacciones centrales. Debe tener presente que parte del calor generado por el sistema de calefacción desaparece a través de las paredes, techo, ventanas o puertas de la casa. Por esta razón, un buen aislamiento proporciona una mayor conservación del calor dentro de la vivienda y, por supuesto, un ahorro de dinero en gastos de calefacción.

Antes de proceder al cambio o a la instalación de la calefacción o de un determinado sistema de calefacción, deberá evaluar detenidamente todas las ventajas y desventajas de dicho sistema. Primero, deberá decidir qué tipo de combustible desea para el nuevo sistema de calefacción, cuántos radiadores necesita y que tipo de control quiere.

Tipos de combustible

La calefacción central puede funcionar con distintos materiales: gas, petróleo o combustible sólido. Se entiende que el gas suele ser el combustible más económico, además de servir para una amplia variedad de calderas. Igualmente, el gas no ensucia, es más limpio y es más fácil de controlar. A diferencia del gas, el combustible sólido es mucho más fácil de obtener y tiene un precio más competitivo, por el contrario, se requiere de un gran espacio para poder almacenarlo; además de que las calderas requieren un tiro y necesitan de un cuidado y atención regular.

En lo referente al petróleo, este combustible suele tener un precio variable, además de estar obligado a almacenarse fuera del recinto, de la casa o del bloque.

Tipos de control de la calefacción

En líneas generales, es el propietario de la vivienda la persona que controla la temperatura que desea en la casa y el tiempo que el sistema o el nivel de calor está en funcionamiento. En este sentido, hay tres tipos de controladores:

Termostatos ambientales
Cada sistema de combustible dispone de un termostato ambiental para proporcionar un control de la temperatura.

Termostato ambiental.

Programadores y temporizadores
Suelen tener dos interruptores de encendido y apagado y control manual.

Programador.

Válvulas termostáticas

Con estos elementos, el propietario determina la temperatura de cada radiador de la casa.

Válvula termostática.

Herramientas de calefacción

Las herramientas necesarias para las reparaciones de un sistema de calefacción son principalmente llaves. En cualquier caso, la única herramienta especializada para este tipo de labores es una pequeña llave para purgar radiadores.

Las llaves ajustables son especialmente útiles para las reparaciones de la calefacción, en donde se requiere un cierto trabajo de fontanería, como cambiar un radiador o reparar un escape de una tu-

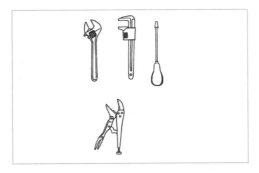

Herramientas de calefacción.

bería. Este tipo de llaves son elementos voluminosos.

Las llaves fijas de anillas poseen un mango de metal de dos cabezas pivotantes que se aprietan contra el mango a medida que el usuario gira la llave. Con este sistema, no es necesario extraer la llave cada vez que se da un nuevo giro de tuerca. Las llaves de tubo se utilizan para sujetar tuberías y barras. Las hay de distinta forma, sistema y tamaño.

Sistemas de calefacción

Cada vez son más los usuarios que calientan la casa con algún tipo de calefacción central. Normalmente, un sistema de calefacción central suministra calor procedente de una sola fuente de calor a todas o varias habitaciones de la casa. Suele ser un sistema eficaz, fácil de controlar, limpiar y mantener.

Todos los sistemas de calefacción central se dividen en seco y de agua. En el sistema seco, el calor llega a las habitaciones en forma de aire caliente, mientras que en el sistema de agua, esta última es el medio calorífico.

Sistema seco de calefacción central

La fuente de energía de la mayoría de los sistemas de calefacción central por aire caliente es un gran calentador por acumulación de calor, que contiene una serie de ladrillos refractarios con elementos de calentamiento eléctrico. Este sistema aprovecha el suministro eléctrico de la tarifa más baja de electricidad para calentar los ladrillos. Además, un ventilador incorporado en la unidad lleva el aire caliente, a través de distintos conductos, hasta las habitaciones y departamentos de la casa. A su vez, cada conducto termina en un regulador ajustable que se utiliza para medir la temperatura.

Se entiende que el sistema de aire caliente por conductos es el único sistema de calentamiento seco genuinamente central, porque existen igualmente otro tipo de sistemas de calentamiento eléctrico que suelen estar clasificados como calefacción central: se trata del sistema de calentamiento subterráneo y aéreo, los calentadores ambientales e individuales por acumulación y los nuevos calentadores de acumulación.

Calefacción central de agua

El sistema más popular de calefacción central es el de agua. Es decir, el agua se calienta en una caldera y se bombea a través de tuberías de diámetro pequeño hasta los radiadores, que son los que extienden el calor por todas las habitaciones. El agua del radiador vuelve a la caldera central para recalentarse e iniciar de nuevo el ciclo.

El control del sistema y de la cantidad de calor en cada habitación es muy flexible, ya que el sistema incorpora termostatos y válvulas para controlar la emisión calorífica. De esta manera, todas aquellas habitaciones vacías pueden evitar ser calentadas, si así se desea.

Una ventaja adicional al sistema de agua es que se puede utilizar también para calentar el suministro de agua caliente sanitaria de la casa.

La caldera central del sistema general de calefacción por medio de agua puede calentarse o funcionar por medio de gas, petróleo, propano, electricidad o combustible sólido.

Otros sistemas de calefacción

Hay en el mercado una amplia variedad de artefactos e instrumentos que ofrecen alternativas a la calefacción central. Éstos incluyen un amplio espectro de calefactores eléctricos y portátiles. Este tipo de elementos calurosos son aparatos eficientes, fáciles de mover y no resultan caros.

Están los radiadores eléctricos, los calefactores de aire con ventilador, los fuegos a gas, los calefactores de acumulación eléctrica, o, incluso, las estufas de leña.

Los radiadores

El agua caliente procedente de la caldera de una calefacción central se bombea por toda la casa por medio de una red de tuberías que están conectadas a un conjunto de radiadores por toda la vivienda.

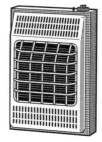

La emisión de calor radiante puede percibirse directamente en la superficie de un radiador. A medida que el aire caliente se eleva hacia el techo, el aire más frío circula en el aparato, se calienta y se eleva. Finalmente, se establece en la habitación una circulación de aire constante y suave, al tiempo que la temperatura de la sala aumenta progresivamente hasta el punto máximo indicado en el termostato.

Un radiador normal es un panel metálico de doble superficie. El agua entra a través de una válvula situada en una esquina del mismo y sale por otra válvula. En una de las esquinas superiores del radiador se instala un purgador para que el aire pueda salir y no forme burbujas impidiendo el correcto funcionamiento del radiador.

Normalmente, las superficies de casi todos los radiadores son onduladas, para que haya en ellas una mayor y mejor transmisión del calor.

Tipos de radiadores

Existen una amplia gama de tamaños de radiadores. Se entiende que cuanto mayor sea el radiador, mayor será su potencia calorífica. Además, si así se desea, esta potencia de calor puede verse incrementada con la instalación de radiadores de dos o incluso tres paneles.

Hay radiadores de un solo panel, de dos paneles y radiadores con aletas.

Radiador de un panel.

Radiador de dos paneles.

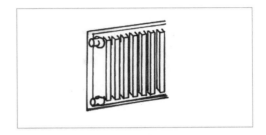

Radiador con aletas.

Las válvulas del radiador

Si una válvula de un radiador tiene fugas, deberá apretar una de las tuercas de retención que lo sujetan a la tubería del agua. Para realizar la operación deberá utilizar una llave inglesa para apretar la tuerca al tiempo que sujeta el cuerpo de la válvula con una llave grifa para impedir que se mueva. En el caso de que este arreglo no dé resultado, habrá que cambiar la válvula.

Cambiar una válvula

Deberá asegurarse primero de que la nueva es exactamente igual que la vieja, ya que en caso contrario, la nueva válvula no quedará alineada con la tubería del agua.

Para proceder al cambio de la válvula, deberá primero vaciar el sistema de calefacción y poner una serie de trapos debajo de la válvula para recoger los posos que salgan del radiador.

1. Habrá que sujetar la válvula con una llave grifa y utilizar una llave inglesa para desenroscar las tuercas de retención que sujetan la válvula a la tubería de agua.

2. Después, retire la válvula del extremo de la tubería.

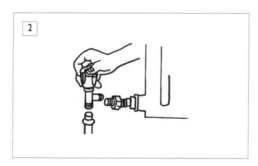

3. A continuación, desenrosque el adaptador del radiador. Para ello puede ayudarse de una llave inglesa o de una llave hexagonal especial para radiadores, dependiendo del tipo de adaptador que haya. Asegúrese de que las roscas del extremo del radiador están limpias, y rodéelas con cinta especial para esta operación, realizando cuatro o cinco vueltas alrededor de las roscas del nue-

vo adaptador de la válvula. Después, enrósquela a mano en el extremo del radiador y apriétela dando una vuelta más con la llave inglesa.

4. Ponga la tuerca de retención de la válvula, así como una nueva junta cónica en el extremo de la tubería de agua, e instale la válvula en el extremo de la tubería.

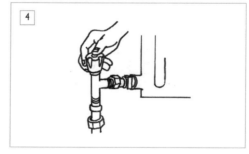

5. Más tarde, deberá poner en línea el cuerpo de la válvula con el adaptador y apretar la tuerca de retención que los mantiene juntos.

6. Sujete firmemente el cuerpo de la válvula con una llave grifa y apriete la tuerca de retención que sujeta la válvula a la tubería. Finalmente, rellene el sistema y compruebe si hay fugas en las juntas de las nuevas válvulas y apriete las tuercas un poco más, en el caso de que sea necesario.

Purgar un radiador

Uno de los problemas más frecuentes de un sistema de calefacción es el de un radiador que no está tan caliente arriba como en el resto de la superficie del mismo. Esta circunstancia se debe, generalmente, a una entrada de aire en el radiador, ya sea de aire disuelto en el agua o producido por la corrosión dentro del sistema, se crea una burbuja en su interior que impide al circuito funcionar con normalidad.

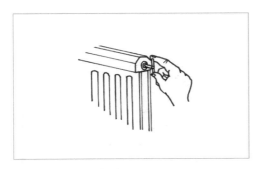

Purgado de un radiador.

La solución para estos problemas es purgar el radiador abriendo la válvula de purga con una llave especial para radiadores, que permitirá la completa salida de aire.

Asegúrese para realizar esta operación en colocar un cubo y un trapo debajo de la purga para recoger el agua que cae del radiador, cerrando la válvula tan pronto como aparezca el agua.

Sustitución de un radiador

En ocasiones los radiadores tienen un escape en la parte de la junta inferior del mismo. Si esto ocurre, probablemente se deberá a la corrosión o a la antigüedad del radiador. En esos casos, el radiador deberá ser sustituido por otro.

Para comenzar el proceso de recambio, deberá primero cerrar ambas válvulas y desconectar el radiador por los extremos. A continuación habrá que levantar el radiador de los soportes y quitar los empalmes. Sustituya el radiador por otro de la misma capacidad, evitando colocar uno de mayor capacidad.

Gráficamente, el cambio de radiador se realiza de la siguiente manera:

1. Coloque dos acoplamientos nuevos y una válvula de sangría en el nuevo radiador. A continuación, elévelo hasta las sujeciones de la pared.

2. Conecte el radiador a la válvula de cierre y a las válvulas manuales. Enrolle la cinta de estopa alrededor de cada extremo y selle la conexión.

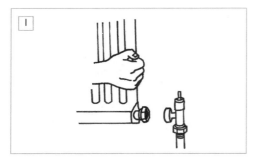

3. Una vez que las conexiones estén selladas, abra la válvula de sangría y las dos válvulas de la parte inferior de modo que el radiador se llene de agua.

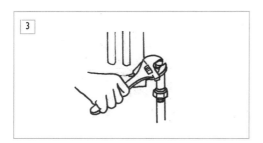

Limpieza del sistema de calefacción central

Es conveniente vaciar y limpiar periódicamente el tanque de abastecimiento y expansión para eliminar la corrosión y los sedimentos que puedan dañar la bomba o producir puntos fríos en los radiadores.

Para vaciar el tanque deberá cerrar la válvula de entrada de acometida del agua, abrir la espita de drenaje y vaciar todo el agua del tanque en un cubo preparado al efecto. Después, cierre la espita de drenaje y abra la válvula de entrada para volver a llenar el tanque. Continúe vaciando y llenando el tanque hasta que el agua que sale por la salida del desagüe sea razonablemente clara. Por último, eche líquido anticorrosivo en el agua para prolongar la vida de los radiadores.

Para introducir líquido anticorrosivo en el agua circulante, primero deberá obstruir la válvula de entrada en el tanque de abastecimiento; saque aproximadamente 20 l de agua por la llave del desagüe y eche la cantidad recomendada de líquido anticorrosivo en el tanque. Por último restablezca la acometida de agua y llene a tope el sistema. Encienda la bomba y el líquido anticorrosivo comenzará a circular.

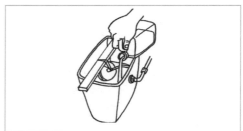

Añadir líquido anticorrosivo.

Aislamiento

Si la vivienda no se encuentra bien aislada, las tres cuartas partes del dinero y del calor de la calefacción desaparecen. Con un aislamiento adecuado es posible reducir

la pérdida de dinero a prácticamente la mitad.

Además, actualmente se pueden aislar todas, o casi todas, las partes de la estructura de una casa. De hecho, hay ciertas partes de la vivienda que son más responsables que otras de la pérdida de calor, por lo que conviene aislarlas más que otras. Por el contrario, algunas zonas requieren un aislamiento más sencillo y más económico. Por ejemplo, aislar un desván es relativamente fácil y económico, además de ser una zona muy sensible en la pérdida de calor de la casa; sin embargo, la zona de las ventanas o del doble acristalamiento es caro y no supone una evasión considerable de calor.

Prioridades en el aislamiento

Existe la idea generalizada de que el completo aislamiento de una casa requiere un desembolso económico importante; empero, también se admite que el gasto a largo plazo del aislamiento es positivo.

Los profesionales indican que en una casa de tipo medio, al menos un 35% de pérdida calorífica se produce a través de las paredes, un 25% a través del tejado, otro 25% a través de las puertas y venta-

nas, y un 15% a través del suelo. En el mejor de los casos este ejemplo puede considerarse como una pauta aproximada de la mayoría de las viviendas.

Aislamiento en los distintos elementos de la vivienda:

- Tuberías y depósitos de agua caliente: es conveniente poner un revestimiento termoaislante en el depósito del agua caliente y en cualquier pieza de fontanería que vaya al descubierto por las zonas no caldeadas de la casa. Esta medida supondrá en pocos meses un ahorro considerable.

- Radiadores: es conveniente que se coloque una chapa de metal detrás de los radiadores de las paredes exteriores para que el calor se refleje en la chapa y vuelva a la habitación antes de que la pared lo absorba.

- Protección contra las corrientes de aire: hay que impedir la entrada de corrientes tapando resquicios y agujeros en las puertas y ventanas. Con un pequeño desembolso, se consigue una importante recuperación, tanto en términos económicos como de comodidad.

- Tejado: si se aísla el tejado, el nivel de evasión calorífica se reduce drásticamente.

- Paredes: dependiendo de la construcción de la casa, aislar las paredes puede suponer una muy buena inversión, aunque sea relativamente caro.

• Suelos: muchas veces se aíslan los suelos poniendo alfombras o similares en los mismos. El hecho de tomar medidas adicionales a éstas dependerá del grado de comodidad que se desee conseguir en la casa.

• Doble acristalamiento: al contrario de lo que se piensa, por las ventanas y los cristales se escapa relativamente muy poco calor. Sin embargo, el hecho de colocar un doble acristalamiento puede servir para incrementar el valor de la vivienda. La ventaja más destacada del doble acristalamiento o de unos cristales más gruesos es que el ruido exterior es menos molesto, máxime cuando el acristalamiento elegido es triple.

Tipos de material aislante

Los materiales utilizados como aislante son muchos y variados. Los más comunes son la fibra de vidrio y el poliestireno expandido, que tiene unas excelentes propiedades para conservar el calor. También son muy útiles las hojas de papel metálico de aluminio.

Materiales aislantes para paredes
Normalmente, los constructores suelen utilizar fibra de vidrio u otro material de fibra mineral para el aislamiento de paredes huecas. Este tipo de aislante se inserta en planchas mientras se construye el edificio. Para el uso común, se pueden utilizar láminas de poliestireno expandido con el fin de aislar paredes y reducir la condensación.

Rollo de poliestireno expandido.

Materiales aislantes para el techo y el desván
El método más común para aislar desvanes y detener la pérdida de calor es colocando esteras de fibra de vidrio. Este material se compone de fibras que imitan la trama de un tejido y que se venden en rollos. Existen diferentes espesores, desde 15 cm hasta los 75 mm para agregar más material a superficies ya aisladas. Igualmente, este material es muy adecuado para revestir tanques de agua y cisternas.

Manta aislante de fibra de vidrio.

Otras alternativas para aislar el desván son las bolas o virutas de poliestireno expandido. Para revestir el techo del desván se puede utilizar papel de construcción o planchas de fibra.

Materiales para aislar tanques y cisternas
Las esterillas de fibra de vidrio son el material que más se utiliza para revestir tanques en desvanes. Para los cilindros de agua caliente, se pueden utilizar fundas de

fibra aislante recubiertas de plástico. Para las tuberías, utilice espuma aislante, que se enrolla en un tubo y se pega. Para los rincones y las superficies más incómodas, utilice bandas autoadhesivas para tubos, que son mucho más flexibles que la espuma aislante.

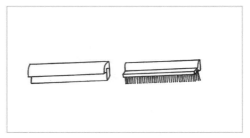

Burletes para puertas.

Sitúelos de manera que el cepillo o el tubo blando toquen el borde de la puerta.

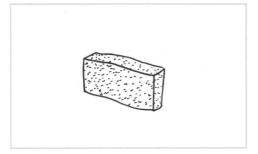

Espuma aislante.

Evitar corrientes de aire

La pérdida de calor a causa de las corrientes de aire puede llegar a representar hasta el 16% del total del combustible.

La instalación de cristales dobles puede detener el aire que entra por las ventanas, pero es preferible colocar burletes.

El burlete es una tira de tela, rellena de estopa o algodón, que se pone en el canto de las puertas, ventanas o balcones para que al cerrarse queden cubiertos todos los huecos y no pueda entrar por ellos aire a las habitaciones.

Burletes para puertas

Las corrientes de aire que pasan entre las puertas y los marcos pueden evitarse con la instalación de burletes. Para ello, deberá colocar burletes con cepillo o tubulares alrededor del marco de la puerta.

Burletes para ventanas.

Ventanas de bisagras

Para las ventanas de pivote o bisagra, habrá que colocar una cinta autoadhesiva y fijarla al marco, de esta forma la ventana cierra sobre ella. Sobre el lado de las bisagras, deberá fijar espuma a la cara lateral del marco.

Ventanas de guillotina

El mejor material aislante para las ventanas de guillotina es una tira de cepillo nailon. Esta tira dispone de un soporte de plástico o metálico que se fija alrededor del marco de tal modo que la tira del cepillo hace presión sobre la hoja deslizante. Para sellar los rieles por los que se deslizan las ventanas de guillotina verticales, utilice tiras en «V» elásticas.

CONSEJOS PARA AISLAR SUELOS Y TECHOS

• El método más sencillo es tender hojas de papel de aluminio o papel metalizado con papel de construcción debajo del revestimiento o de la moqueta.

• Para aislar un suelo sólido, lo mejor es utilizar láminas de polietileno y planchas de poliestileno, a la vez que reviste todo con tablas de madera aglomerada.

• Para aislar un suelo de madera utilice cartón aislante de fibra cubierto por madera contrachapada. Cubra los resquicios del zócalo con listoncillos, así evitará corrientes de aire y el acabado del suelo será perfecto.

• Para el techo puede utilizar tablón térmico.

Revestimiento del techo

Si la casa es antigua y no posee revestimiento en el techo, las corrientes de aire y la lluvia pueden crear ciertos problemas. Para evitar estas circunstancias se puede proceder a revestir las vigas con papel de construcción impermeabilizado o con refuerzo metálico; de esta manera se protegerá contra la lluvia y ayudará a disminuir el elevado coste de la calefacción.

Para hacer este trabajo, deberá primero revestir las vigas en tiras horizontales, comenzando por el vértice del techo y ba-jando por los aleros. Deberá superponer las bandas de papel a unos 5 cm. Antes de fijar la última banda, deberá meter trozos de papel de construcción en los aleros que están entre las vigas, de esta manera asegurará que toda el agua que caiga bajo las tejas caerá por el revestimiento y dentro de los aleros. Si no hace esta operación, el agua progresará y acabará dañando las maderas del techo. Es conveniente también que deje un espacio para la ventilación de los aleros, ya que una ventilación deficiente aumentará el riesgo de que la estructura se pudra y necesite un arreglo más caro.

Para el revestimiento

1. Primero deberá clavar una serie de grapas a través de pequeños cuadrados de cartón instalados, para que las grapas no desgarren el papel.

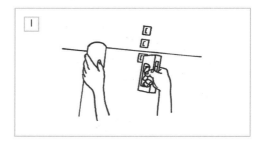

2. Después, coloque el papel dentro de los aleros para desviar el agua de las vigas que proceden del techo.

Cuando lo que se desea es aislar una zona amplia de la casa, se deberá revestir el área con un aislante de mayor envergadura. Este procedimiento consiste en colocar bandas de material impermeabilizado al techo y agregar un material aislante entre las vigas, para terminar con un acabado.

Antes de comenzar el trabajo, deberá examinar si las maderas del techo presentan signos de carcoma o humedad. En caso positivo, deberá solucionarlo antes de proceder a la colocación del aislamiento. Si está trabajando en un desván que no tiene suelo, deberá tender algunas tablas a través de las viguetas del techo para crear una zona de paso temporal.

El mejor material impermeable es un fieltro para techos sostenido por listones fijados a los lados de las vigas, aunque también se puede utilizar papel de construcción y hojas de plástico para evitar la filtración del agua. El material aislante puede ser planchas de poliestireno expandido o rollos de fibra aislante metidos entre las vigas y sostenidos por cañas de bambú.

1. Lo primero que se debe hacer es fijar las bandas de material impermeable entre las vigas, dejando un espacio de aire entre el fieltro y la parte inferior de los listones del techo.

2. Después, proceda a colocar el aislante bajo el revestimiento. En este caso, las planchas deben ser sostenidas con clavos a la vigas, colocando la fibra de vidrio entre las vigas.

3. Para conseguir un buen acabado, deberá fijar a las vigas de cartón aislante de fibra, cartón-yeso vaporizado o madera templada, de esta forma se aumentará el efecto aislante.

Aislamiento de un desván

Para aislar un desván, el material más utilizado es la lana mineral o la fibra de vidrio en forma de rollos. Es conveniente que antes de comenzar el trabajo se realice una prospección de la zona por si existen problemas de carcoma o de humedad.

Cuando se trabaje en un desván, deberá caminar sobre los apoyos de las viguetas o sobre los tablones extendidos al efecto.

1. Desenrolle la estera aislante empalmando a tope los extremos de los rollos.

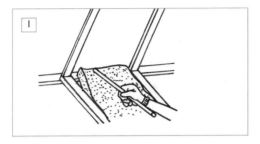

2. Después, coloque la manta de fibra sobre los tubos de agua que corren a lo largo del suelo del desván.

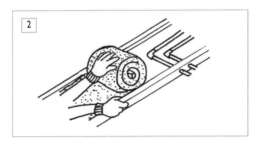

Revestimiento de tanques y cisternas

Los tanques de acumulación de agua y los de abastecimiento y expansión que están en el desván deben ser aislados para que el agua que contienen no se congele.

Para ello, deberá aislar los lados y la parte superior, dejando la base sin aislar, para que un calor suave pueda subir desde las habitaciones que están debajo. Habrá que cubrir el tanque con una tapa ajustada y colocar otra saliente sobre ella, de esta manera no se caerá el agua.

Cuando esté colocando la tapa, deberá acomodar la tubería de expansión. Para ello, tendrá que taladrar un agujero a través de la tapa y del aislante debajo del punto en que termina la tubería de expansión y colocar un embudo grande en el agujero, así el embudo recogerá toda el agua que caiga de la tubería de expansión y la guiará dentro del tanque sin mojar el material aislante.

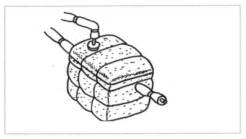

Aislamiento de un tanque.

Revestimiento de tuberías

Para evitar el congelamiento y los posibles reventones de tuberías, habrá que aislar todas las tuberías expuestas del desván, así como las tuberías de desagüe y expansión e, incluso, las que están vacías.

Es conveniente aislar los recorridos largos de las tuberías de agua caliente, sobre todo, si están bajo el suelo. Esta circunstancia mantendrá el agua que viene del tanque caliente y evitará la pérdida que sucede cuando el agua caliente que hay en las tuberías se enfría rápidamente.

El material ideal para revestir tuberías es la espuma moldeada, aunque también puede llegar a necesitar una manta de fibra para las llaves de paso, válvulas y esquinas estrechas. Algunas clases de espuma aislante tienen un cierre a presión tremendamente fácil de usar.

La espuma aislante puede curvarse alrededor de los ángulos grandes, sin embargo en los ángulos cerrados y en los codos será conveniente cortar la espuma en forma de tubo y realizar una junta de 45° para que empalme perfectamente.

Espuma moldeada.

La espuma aislante ya formada y moldeada suele ser difícil de colocar correctamente en las llaves de paso y en las válvulas. En estos casos, deberá utilizar el material tradicional tipo manta, es decir, cortar el material en bandas y enrollarlo formando una espiral superpuesta alrededor del tubo. La mejor manera de fijar este tipo de material aislante es sujetándolo a intervalos con una cuerda.

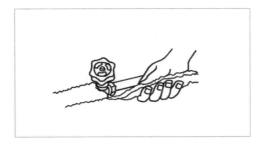

Espuma aislante.

Aislamiento de un sótano
El aislamiento del desván evita el escape de calor, el aislamiento del sótano impide la entrada de frío y de humedad. Para aislar un sótano, revista las paredes con material aislante de paredes reforzado con papel de construcción, plástico, metálico o impermeable.

En el caso de que el sótano sea un lugar donde se aloja el conducto del sistema de calefacción central o tramos largos de tuberías de agua, es conveniente aislarlos también individualmente, además de aislar todo el ámbito. Si el sótano tiene el suelo de tierra batida, deberá cubrir todo el recinto con plástico. Si el sótano no tiene ningún uso, deberá aislar el techo de la misma forma y manera que se aísla un tejado.

En los sótanos con calefacción, se deberán colocar primero listones de madera en las paredes para a continuación fijar el cartón-yeso aislante a los listones.

Doble acristalamiento
Una ventana doble se compone de dos hojas de cristal separadas por una cámara de aire. La cámara de aire proporciona una capa aislante que reduce la pérdida de calor y la trasmisión de ruidos.

La condensación también suele ser menor en el doble acristalamiento porque la capa interna del cristal permanece relativamente más caliente que la externa.

Las unidades selladas en fábrica y el acristalamiento secundario son los dos métodos más utilizados para el doble acristalamiento de las casas. Ambos sistemas suelen ofrecer un buen aislamiento térmico. Para un aislamiento térmico optimo, la cámara de aire debe poseer un espesor de 20 mm para que sea eficaz. Por debajo de los 12 mm, el aire puede conducir una parte de calor a través de la cámara, y por encima de los 20 mm no se aprecia un beneficio adicional en el aislamiento térmico.

El cristal doble ayuda a reducir las facturas de combustibles, además de eliminar las corrientes de aire. Además, con el doble acristalamiento, las zonas frías asociadas a una ventana grande quedan reducidas. Igualmente, el doble acristalamiento incrementa la seguridad contra un posible forzamiento de la ventana.

Modelos de dobles acristalamientos
1. Está la unidad sellada en fábrica.

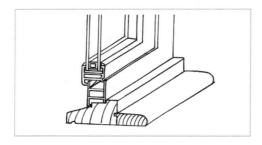

Ventana sellada.

2. El sistema de ventana secundaria, que consiste en la ventana de doble acristalamiento más la ventana normal.

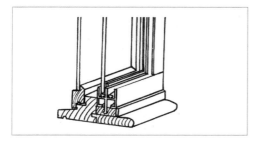

Ventana secundaria.

3. El triple acristalamiento.

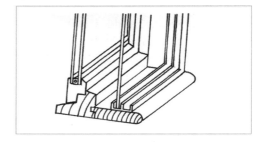

Triple acristalamiento.

Los cristales de plástico

Un método sencillo para colocar un acristalamiento interior en una zona poco transitada o secundaria es utilizar una pequeña película o lámina de plástico. Estos materiales ligeros se fijan con cintas autoadhesivas formando un cierre completamente estanco, muy práctico para pasar el invierno con la vivienda protegida de humedades y corrientes de aire.

La mayoría de las sujeciones con tiras suelen emplear un magnetismo o algún tipo de cinta de contención, de forma que el cristal secundario pueda ser eliminado para limpiarse o simplemente para ventilar el cuarto. Normalmente, la cara interna de las tiras y cintas suele ser de espuma flexible, lo que produce ligeras irregularidades en la madera. Lo normal es que se pongan en invierno y se quiten en verano.

1. Para instalar un sistema desmontable de cristales de plástico, primero deberá limpiar las ventanas y las superficies del marco de la ventana con un producto específico. Después, corte la lámina de plástico al tamaño adecuado según sea

la ventana; coloque el cristal encima y márquelo alrededor.

2. Extienda el plástico sobre la mesa, despegue el papel protector de una de las caras de la tira autoadhesiva y fíjela a la superficie del plástico. A continuación, córtela a medida y repita la operación en el resto de los bordes. Corte las partes coincidentes de las tiras y péguelas al marco de la ventana. Por último, coloque el cristal en su sitio.

3. Para finalizar, ponga los elementos alrededor del cristal, despegue la cubierta protectora y presione todo el conjunto contra el marco.

MUEBLES, ESTANTERÍAS
Y ALMACENAMIENTO

ESTANTERÍAS

Después de los trabajos de pintura, la instalación y colocación de baldas es una de las tareas de bricolaje más sencillas y que todos pueden realizar. El espacio de una vivienda para el almacenamiento y la exposición es una necesidad real en todas las casas, y existen varias opciones para elegir según las necesidades. Los tipos o modelos de estanterías van desde baldas sueltas hasta unidades independientes, pasando por

baldas encajadas en un hueco. Para terminar la colocación de las estanterías habrá que realizar un acabado pictórico y colocar una iluminación para poner el sello personal en el mueble instalado al efecto. La combinación de baldas y armarios en la sala puede convertir el conjunto total en una sensación de mueble empotrado.

Las baldas empotradas logran un gran aprovechamiento del espacio en la sala y la instalación es muy económica. Las baldas de exposición elevadas deben ser bas-

Baldas con un mueble.

Baldas elevadas.

tante estrechas para poder observar perfectamente lo que hay debajo de ellas. Son baldas adecuadas para artículos de uso frecuente.

La iluminación es un componente que puede ser importante en la balda. Si se opta por colocar iluminación, la luz realzará los artículos que hay en ella, además de aportar un ambiente suave al resto de la habitación.

Las baldas y las estanterías cerradas con cristal ofrecen una gran protección a los artículos que están dentro de ellas. El uso de puertas de cristal en lugar de madera en una estantería logrará un efecto menos cargado.

Estantería cerrada.

Baldas empotradas.

También puede ser una buena idea pintar las baldas de un color distinto al de la pared, así se produce un contraste muy agradable. Las estanterías pueden llegar a ser tan simples como dos escuadras y una plancha de madera o tan complicadas y adornadas como se desee.

Baldas fijas

La manera más sencilla de instalar una sola balda es con escuadras. Las escuadras se pueden encontrar en una gran variedad de estilos y acabados decorativos, y van atornilladas a la pared y a la balda. Lo único que se necesita para sujetar una balda corta es un par de escuadras, sin embargo, los estantes más largos requerirán un mayor número de escuadras. La distancia entre cada escuadra dependerá del material con el que esté hecha la balda, su grosor y el peso que vaya a soportar, cosa que será prevista de antemano.

La distancia máxima entre escuadras para baldas de madera maciza de dos centímetros de espesor es de 80 cm para cargas medias y de 60 cm para cargas pesadas, como equipos de música y libros de pasta dura. En el caso de los tableros de fibra, se debe reducir la distancia a 75, 60 y 45 cm.

En las paredes de cartón-yeso que estén huecas deberán utilizarse soportes murales de gran resistencia para sujetar la balda y la carga. Es aconsejable que antes de comenzar a realizar el trabajo, localice y conozca el paso de cables y de tuberías antes de taladrar.

Instalación de baldas fijas

Los pasos a seguir para colocar una balda son los siguientes:

1. Cuando vaya a instalar baldas que requieran tres o más escuadras, primero deberá decidir la longitud de la ubicación de la balda. Mida la distancia entre

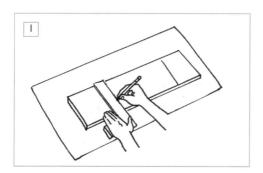

las escuadras y utilice una escuadra de tacón para marcar su posición en la cara inferior de la balda.

2. Después coloque una de las escuadras en la pared. La sección más larga es la que se fija a la pared y la más corta es la encargada de sujetar la balda. Con ayuda de un punzón, señale la posición del tornillo inferior en la pared.

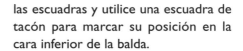
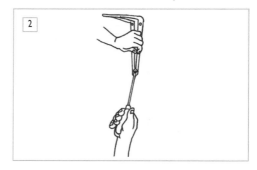

3. Taladre un agujero para el tornillo en la pared con una broca helicoidal para cartón-yeso y una broca para mampostería en paredes de ese material.

En las paredes de mampostería deberá introducir también un taco en el agujero y golpearlo con un martillo. Coloque, a continuación, la escuadra y atorníllela a la pared, dejando el conjunto un poco suelto.

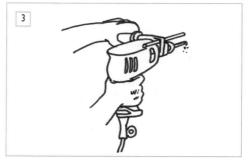

4. Coloque un nivel encima de la escuadra para comprobar que la escuadra está nivelada. Después, marque la posición de los agujeros, gire la escuadra y taladre en las marcas. Vuelva a situar la escuadra y atornille el resto de los tornillos. Luego apriételos.

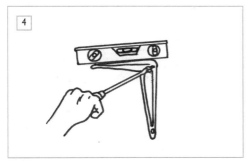

5. Apoye el borde de la balda sobre la primera escuadra y ponga de nuevo el nivel encima de la balda para alinear la parte superior de las escuadras. En la línea guía de la balda marque la posición de la otra escuadra y fíjela como hizo con la primera. Utilice el mismo método para añadir escuadras intermedias a la balda.

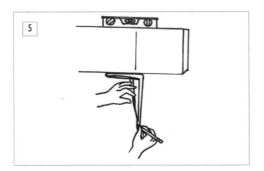

6. Sitúe la balda sobre las escuadras poniendo las líneas guía que han sido marcadas previamente en la cara inferior de la balda. Apriete los tornillos desde la parte inferior de la escuadra hasta la

balda. El largo de los tornillos debe permitir penetrar dos terceras partes de la balda, pero no más.

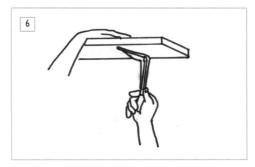

Si las baldas son cortas y sólo requieren dos escuadras, resultará más fácil atornillar primero las escuadras a la balda. Coloque una regla o un trozo de madera para alinear la parte posterior de las escuadras con el borde posterior de la balda.

Una vez clavadas las escuadras, coloque la balda contra la pared, alineada en horizontal, y señale la posición de los tornillos. Después taladre los agujeros y atornille las escuadras a la pared.

Baldas graduables

Las baldas fijadas a guías son fáciles y sencillas de colocar. Son baldas con dos o más guías verticales y una serie de escuadras que encajan en las ranuras de las guías. Se suelen comercializar en blanco, colores primarios vivos y elementos con efectos metalizados. Este sistema puede llegar a soportar baldas de diversos materiales y se pueden comprar prefabricadas o fabricadas por uno mismo.

Las escuadras son igualmente fáciles de recolocar, incluso con las baldas puestas y las guías permiten, en el caso de que sean tres o más, una mayor flexibilidad en lo referente a la medida de las baldas y a su disposición. El espaciado de las guías debe calibrarse como el de las escuadras de las baldas fijas; es decir, según el tipo de balda, su espesor y la carga que va a soportar.

Instalación de baldas graduables

El modo más sencillo de instalar las baldas implica que el borde posterior de éstas no este pegado a tope a la pared. Si desea enrasarlas con la pared deberá cajear el canto posterior de las baldas.

1. Una vez que haya decidido la ubicación y el espaciado de las guías, deberá apoyar la primera contra la pared y marcar con un punzón la posición del tornillo superior. Después taladre el agujero y meta un taco si la pared es de mampostería. A continuación, atornille sin apretar.

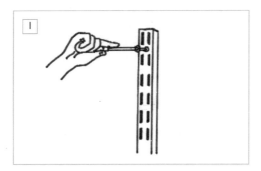

2. Compruebe la verticalidad de la guía con un nivel de burbuja y ajústela hasta que la burbuja esté centrada en el tubo de fluido apropiado. Después, marque la posición de los otros tornillos, gire la guía y taladre los agujeros. Vuelva a colocar la guía e introduzca los tornillos restantes.

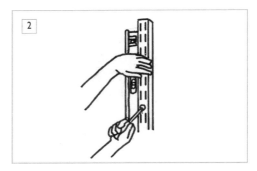

3. Para colocar la guía del otro extremo, deberá introducir una escuadra en la ranura de ambas guías. Después coloque la balda en vertical sobre la escuadra de la primera guía, sitúe la guía que está en el otro extremo en su lugar y señale la posición del tornillo superior.

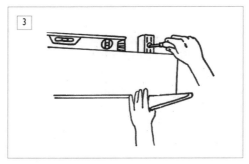

4. Encaje las escuadras en las ranuras de la guía, al tiempo que comprueba que se encuentran a la misma altura que su pareja. Cuente el número de ranuras por encima o por debajo de la escuadra.

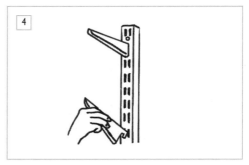

233 • Muebles, estanterías y almacenamiento

5. Una vez colocadas las baldas sobre las guías, proceda a alinear los extremos de las baldas con un nivel de burbuja o en su defecto con una plomada.

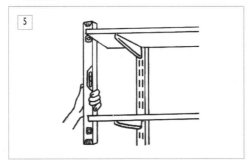

6. Lo ideal es que las baldas acaben atornilladas a las escuadras. Para ello, atornille desde la parte inferior de las escuadras presionando la superficie de la balda con la otra mano. Procure, igualmente, que los tornillos no penetren más de dos terceras partes en el espesor de la balda.

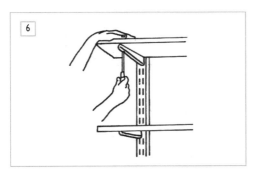

Aprovechar un hueco

No cabe duda de que muchos hogares y casas disponen de huecos, en ocasiones a ambos lados de la chimenea o de una estructura similar. Esos suelen ser lugares idóneos para colocar baldas o cualquier otra forma de almacenamiento, ya que las paredes del hueco proporcionan el soporte necesario, especialmente para cargas pesadas.

El método más sencillo consiste en atornillar listones de madera a las paredes laterales y apoyar las baldas sobre éstos.

En los huecos grandes, deberá añadir un tercer listón a lo largo de la pared posterior. Si la superficie es de yeso irregular, deberá rematar cada balda por separado.

Las baldas a colocar pueden ser de cualquier material: madera, contrachapado, conglomerado chapeado o incluso metal. Todos estos materiales pueden pintarse o teñirse.

Si lo que se pretende es fijar un listón a lo largo de la pared posterior del hueco, deberá tener cuidado si hay algún tipo de instalación. Normalmente, el cable eléctrico va hasta la luz oculto en la pared y un agujero equivocado podría traspasarlo. El mejor modo de localizar los cables eléctricos es por medio de un detector.

Colocación de una balda en un hueco:

1. Para empezar el trabajo, primero deberá decidir la ubicación de la balda y la separación adecuada, en el caso de que se pretenda instalar varias baldas. A continuación mida y señale la posición de cada balda en una pared lateral del hueco.

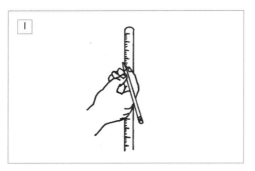

2. Después corte con un serrucho de costilla los listones que van a sujetar la estructura y lije los extremos).

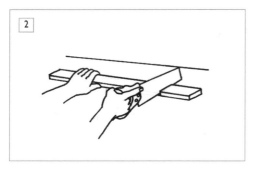

3. Taladre dos agujeros a través de cada listón lateral, a unos 3 cm de los extremos. Sujete el listón a la altura de la marca y nivélelo con la ayuda de un nivel. Señale con un punzón la posición del tornillo posterior. Taladre un agujero y proceda a meter el taco en el caso de que sea necesario. Después atornille y fije el segundo tornillo al igual que se ha hecho con el primero.

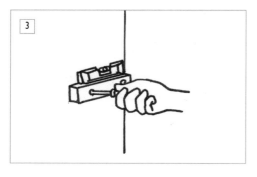

4. Una vez colocados los listones, apoye un nivel sobre cada listón y haga líneas horizontales de uno a otro lado del hueco.

Utilice las líneas como guía para instalar los listones de la pared contraria e instale también los listones en la pared posterior en el caso de que las baldas sean anchas.

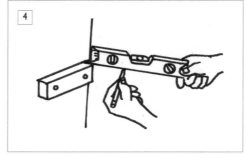

5. A continuación, tome medidas para cada balda por separado, ayudándose para ello de varillas calibradoras. Utilice una falsa escuadra para hallar el ángulo exacto de cada esquina del hueco.

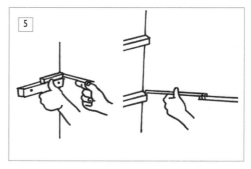

6. Una vez que tiene las medidas exactas, transfiera dichas medidas a cada balda y córtelas. Coloque las baldas con cuidado sobre los listones, evitando desconchar las paredes.

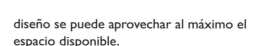

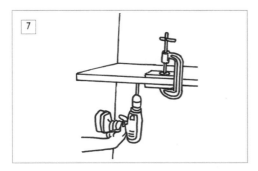

7. Corte el listón que encaja por debajo del borde de cada balda, sujételo con un gato y clave los tornillos que atraviesan el listón, penetrando cada tornillo dos terceras partes en la balda.

Después rellene los huecos entre los listones y las baldas con pasta para madera. Una vez que la pasta esté seca, aplique una mano de pintura.

Opciones de almacenamiento

El concepto de almacenamiento perfecto consiste en tener un lugar para cada cosa y cada cosa en su lugar.

Todos los hogares parecen tener un sinfín de cosas, elementos y productos que guardar. Con una cuidada planificación y

diseño se puede aprovechar al máximo el espacio disponible.

En la mayoría de los casos, amueblar una cocina a medida supone una gran inversión. Por esta razón, si desea cambiar el aspecto o la forma de la cocina, podrá conseguir ese efecto modificando algunos de los efectos pictóricos de la cocina, como cambiar el barniz o tinte, cambiar las puertas o cambiar y pintar los cajones.

Las unidades modulares son un híbrido entre los muebles a medida y los muebles independientes. Las estanterías abiertas permiten guardar la vajilla en la cocina, pero como contrapartida todo se llena de polvo.

Las puertas persiana, por su parte, permiten una ventilación excelente y son muy adecuadas para armarios roperos. Normalmente, estas puertas se han transformado en un elemento destacado al pintarlas en colores vivos y chillones dentro de la casa. Si se trabaja en casa, es sumamente importante poder disponer de espacios independientes para la vida y para el trabajo. En el caso de que no se pueda dedicar una habitación completa a

Unidades modulares en la cocina.

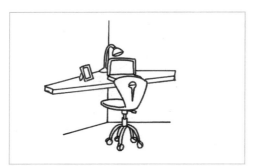

Rincón de trabajo en esquina.

la oficina, podrá crear un despacho en el rincón de otra habitación.

Para trabajar más cómodamente desde casa, el espacio dedicado al almacenamiento de la oficina deberá estar accesible. La ropa y el calzado deben estar bien guardados, así la ropa tiene más y mejor vida.

Accesibilidad de los artículos de oficina en casa.

Armarios roperos.

ARMARIOS

Armarios empotrados

Lo primero de todo es decidir qué tipo de armario quiere y necesita; es decir, un armario para guardar sábanas o juguetes o un armario de gran capacidad. Un planteamiento minucioso puede ayudar a instalar el armario en cuestión en un hueco no utilizado de la casa, como por ejemplo el hueco de la escalera.

Otra elección es la de poner puertas lisas a ras de la pared sobresaliente, rebajarlas un poco o construir más allá de la superficie de la pared. Antes de comenzar a hacer nada, deberá saber los ángulos del hueco, para comprobar si los ángulos son rectos y si las paredes adyacentes son perfectamente verticales. Las paredes irregulares afectan a la realización del armazón del armario.

Construir un armario empotrado

Los pasos a seguir para construir un armario empotrado son los siguientes:

1 Primero necesitará un listón horizontal para sujetar el borde posterior de la tapa del armario. Una vez tomadas las dimensiones de la pared, deberá cortar el listón a medida con un serrucho de costilla. A continuación, deberá atornillarlo a la pared posterior del hueco.

2. Para la colocación de un frente a ras, deberá marcar la posición de los listones verticales. Utilice, en este caso, un nivel de burbuja para alinear el extremo superior

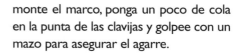

de cada listón vertical con la parte superior de cada listón vertical de la pared posterior. Después, ponga el tornillo superior y alinee en vertical. Recorte los listones por encima del rodapié existente.

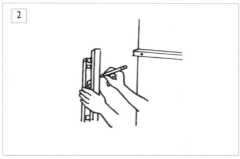

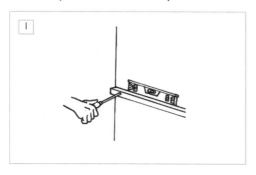

3. Para realizar la ensambladura con clavijas, deberá utilizar un serrucho de costilla para cortar los cuatro listones de madera a medida. Para ello deberá sujetar cada tabla y taladrar los agujeros en los extremos para meter las clavijas. Después

monte el marco, ponga un poco de cola en la punta de las clavijas y golpee con un mazo para asegurar el agarre.

4. Después clave una tira de soporte a cada lado del marco para atornillar sobre ella el listón mural y evitar así la presencia de tornillos en el frente del armario. Añada otra tira de soporte a lo largo de la parte inferior para que sujete el borde frontal de la balda inferior. A continuación, atornille el marco a los listones verticales de la pared.

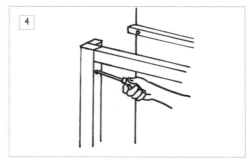

5. Corte un plinto; es decir, una base cuadrada de poca altura, y clávelo a la parte inferior del bastidor. Fije el listón horizontal inferior a la pared usando la parte superior de la tira de soporte del frente del marco para hallar su nivel. Después añada los listones laterales y posteriores para colocar las baldas intermedias.

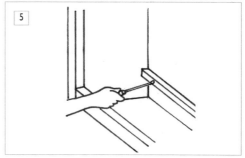

6. Corte las baldas a medida después de medir el ancho y largo del hueco para colocar cada balda. Apoye la balda inferior sobre el listón de la pared y la tira de soporte sobre el bastidor. Encole la balda superior al bastidor y al listón.

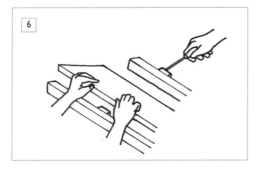

7. En el caso de que cree sus propias puertas, realice un par de bastidores con juntas de clavija. Encole y clave listoncitos a los bordes interiores de la parte posterior de los bastidores y ponga paneles de cristal; después encólelos y clave junquillos de sujeción alrededor de los bordes interiores del frente del bastidor.

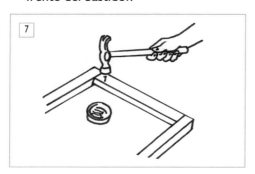

8. Para proceder a colgar las puertas, atornille las bisagras a la puerta y fije las bisagras al armazón.

Ponga un tornillo en una bisagra y luego en la otra.

Cuando todos los tornillos estén colocados y apretados, taladre agujeros para los tiradores y atorníllelos. Por último, ponga el cierre.

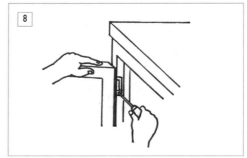

Cómo renovar un armario

Renovar el aspecto de los muebles a medida, sobre todo si no están dañados, no implica cambiarlos por otros. Para renovar una pieza tan sólo deberá cambiar el acabado existente, ya sea de plástico o de madera natural, como fuente de base para la nueva mano de pintura.

El dueño del mueble debe decidir cuál es el alcance de la renovación. Tal vez sólo se desee decorar las puertas y los frentes de los cajones, o quizá se prefiera volver a pintar también el interior de los armarios y de los cajones.

Sea como fuere, deberá planificar el trabajo como si se tratase de una operación en cadena. Suele resultar más fácil pintar las puertas y los frentes de los cajones cuando están colocados sobre un banco de trabajo en vez de cuando están instalados en los muebles.

La pintura puede ser aplicada con una brocha o con una pistola de pintar. Siempre es conveniente que se guarde un poco de pintura en un recipiente hermético para poder retocar en un futuro posibles golpes o roces.

La renovación de un armario tiene las siguientes fases:

1. Primero deberá descolgar todas las puertas una por una y desatornillar las bisagras y los tiradores. En teoría los herrajes son intercambiables, pero, por si acaso, guarde las partes en montoncitos separados.

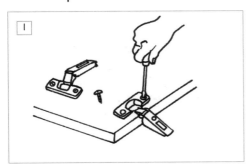

2. Después proceda a lavar las superficies que vayan a ser pintadas con jabón y detergente para eliminar el polvo, la grasa y las huellas acumuladas. Aclare con agua limpia y deje secar la superficie tratada.

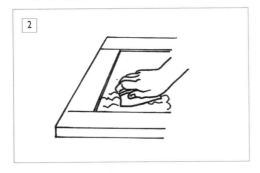

3. Lije las superficies con papel abrasivo. De esta manera conseguirá que la nueva pintura agarre bien en la superficie. Después limpie la zona con un trapo humedecido en aguarrás o con un paño adherente, para eliminar el polvillo producido por la abrasión.

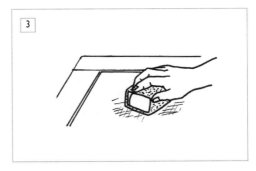

4. Pinte las puertas. Si son paneladas, deberá comenzar en las zonas rebajadas y avanzar hacia los paneles; por último deberá concluir en los bordes. Una vez que la mano base se ha secado, es cuando debe aplicar un efecto pictórico decorativo y volver a colgar las puertas.

5. Saque los cajones. Deslice el cajón hasta el final e inclínelo para extraerlo. Cuando vuelva a poner el cajón en su sitio, deberá inclinarlO también para encajar la ranura en las dos guías. Procure no intercambiar los cajones y colocar cada cajón en su hueco correspondiente.

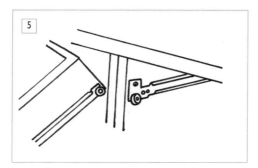

6. Desatornille los tiradores. Si los cajones poseen frentes independientes, deberá desatornillarlos. Es mucho más fácil pintar los frentes si no están unidos al cajón.

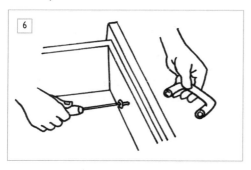

7. Si desea sustituir tiradores de dos tornillos por tiradores de un solo tornillo o viceversa, deberá rellenar los agujeros con pasta para madera. Para ello deberá centrar el nuevo aplique sobre los frentes, señalando la posición y taladrando.

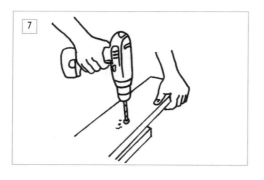

8. Apoye los frentes de los cajones sobre los trozos de cartón o aglomerado y pinte los bordes sin manchar, en ningún momento, la superficie. Después aplique la pintura y deje secar. Vuelva a atornillar los frentes y los tiradores y encájelos en las guías.

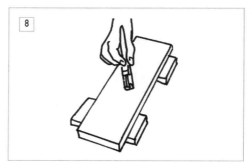

Cambiar puertas de armarios y frentes de cajones

Las estructuras o armazones tienen partes móviles, por eso estas piezas no están sometidas a un gran desgaste o deterioro. Además, los muebles modulares modernos son de dimensiones estándar, por lo que comprar o cambiar una puerta o un frente de un cajón no es ningún problema.

De hecho, hay una amplia gama de materiales donde elegir, como la madera maciza, chapeada y el plástico laminado, así como acabados en esmalte o con efectos pictóricos decorativos.

Para poder colocar los nuevos cajones o frentes es necesaria una fresa de corte de 35 mm de diámetro para realizar agujeros en las puertas y en las bisagras. Por su parte, los frentes suelen ir atornillados a los cajones.

Cambio de una puerta

1. Primero tendrá que descolgar la puerta existente, soltando las bisagras del armario. En el caso de que las bisagras estén embutidas, deberá liberar la placa base aflojando el tornillo del centro de la cruz.

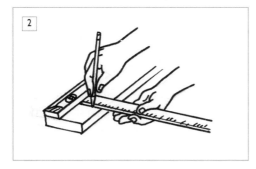

2. Después desatornille los tornillos de retención que sujetan las bisagras a la puerta. En el caso de bisagras embutidas, éstas deberán ser sacadas de los rebajos.

Guarde los tornillos en un lugar seguro y utilice la puerta vieja como plantilla para diseñar la posición de la bisagra en la cara interior de la puerta nueva.

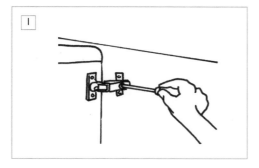

3. En el caso de las bisagras embutidas, deberá utilizar una fresa de corte de 35 mm de diámetro para taladrar agujeros en todas las marcas realizadas en el anterior paso. Para ello deberá sujetar la taladradora en un soporte de columna y practicar un agujero de una profundidad equivalente al grosor del saliente de la bisagra.

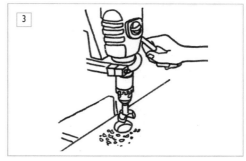

4. A continuación, embuta las bisagras viejas en los huecos y asegúrese de que todos los tipos de bisagra tienen su tornillo, que fueron quitados de la puerta vieja.

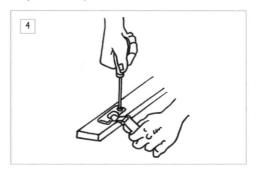

5. Cuelgue cada puerta nueva en su armario, sujetando primero la bisagra superior y luego las demás. En el caso de las bisagras embutidas, los tornillos de ajuste de la placa deberán lograr la verticalidad deseada de la puerta.

Una vez que haya colgado todas las puertas, realice los ajustes necesarios para alinearlas entre sí.

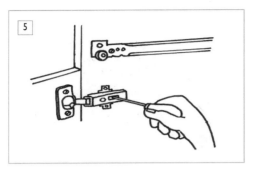

6. Para cambiar el frente de un cajón, deberá primero aflojar los tornillos que lo sujetan y apartarlos. Después coloque el frente nuevo con el dorso hacia arriba y ponga el cajón sobre él.

7. Marque la posición de los agujeros de los tornillos en la cara interior del frente del cajón por medio de un punzón. Taladre los agujeros pertinentes y atornille el frente nuevo al cajón. Compruebe que la estructura no está torcida. Para finalizar, vuelva a poner el cajón en el mueble.

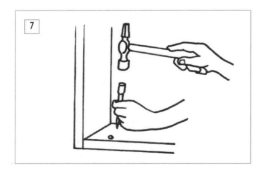

Cómo se aprovecha bien un armario

Incluso en los hogares bien aprovechados o en la casa grandes, llega un momento en que ya no se pueden instalar más armarios. En consecuencia, los propietarios de la vivienda deberán aprovechar al máximo el espacio existente tanto en la casa como en cada uno de los armarios.

Normalmente, las principales zonas de almacenamiento son la cocina y el dormitorio. Actualmente, se comercializan numerosos elementos para ahorrar espacio que facilitan el uso de las zonas más inaccesibles de la casa.

En la cocina, por ejemplo, las ideas más útiles pasan por una bandeja giratoria para aumentar la capacidad de los muebles esquineros, así como con cestas de rejilla de todas las formas y tamaños para encajar en unidades extraíbles o en el dorso de las puertas.

En el dormitorio, por su parte, las cestas de rejilla son igualmente versátiles como organizadoras idóneas del espacio, además permiten ver lo que contienen y la ropa suele estar más aireada que en los armarios cerrados.

Otras ideas de gran utilidad son las barras a media altura y los elementos o los cajones que aprovechan el espacio debajo de la cama.

Para comprobar y distribuir mejor el espacio de la vivienda hay que tomarse el tiempo necesario, así como conocer todos los artilugios de este tipo que hay en el mercado. Un buen comienzo puede ser darse una vuelta por tiendas de bricolaje, ferreterías y establecimientos de muebles del hogar.

Instalar una bandeja giratoria

1. Primero deberá decidir la posición relativa de las bandejas, ya que esta posición dependerá de los objetos que se van a guardar en la misma. Coloque la palomilla de la bisagra sobre el armazón del armario y señale la posición de los tornillos. A continuación proceda a taladrar.

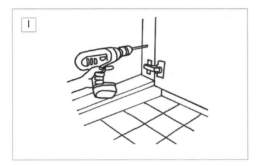

2. Después, atornille la palomilla al armazón y continúe así con el resto de las palomitas hasta fijar todas.

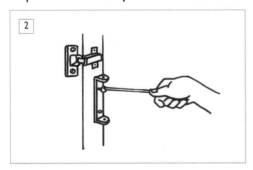

3. Coloque la bandeja interior en la palomilla correspondiente, procurando que la pestaña superior de la rejilla encaje en la pestaña superior de la palomilla. Después, meta el eje de la palomilla y golpéelo suavemente con un martillo.

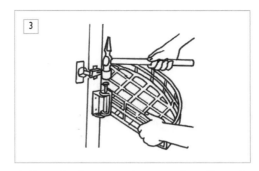

4. Para finalizar, instale una palomilla en la puerta; es decir, tire de la bandeja cuando la puerta se abra, haga girar la bandeja hasta que toque la puerta, coloque la palomilla en la puerta con el gancho sobre la bandeja, y marque la posición de los tornillos. Retire la palomilla, taladre y atornille la palomilla con la bandeja colocada bajo el gancho. De esta manera habrá colocado una bandeja giratoria en uno de los armarios de la cocina.

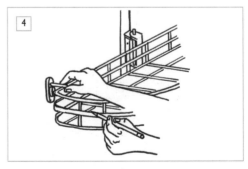

Colocar una barra

1. Para instalar una barra en un ropero, primero tendrá que medir y señalar la posición de los soportes a cada lado del armario, ya que éstos deben quedar centrados y a la misma distancia de la parte superior del ropero. Marque la posición de los tornillos, taladre los agujeros y atornille los soportes correspondientes.

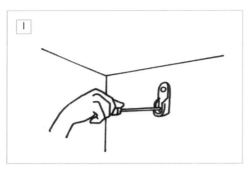

2. Después mida el interior de uno de los soportes hasta el interior del otro. Corte un trozo de barra de la longitud deseada con una sierra para metales. Meta el extremo de la barra en uno de los soportes y después coloque el segundo extremo en el soporte opuesto.

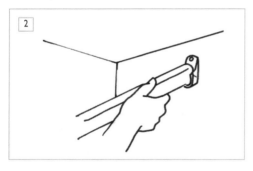

Instalar un colgador giratorio

1. Sólo tiene que tener muy en cuenta que el colgador gira hacia fuera del ropero. Sabiendo ésto, señale la posición de los tornillos, taladre los agujeros y

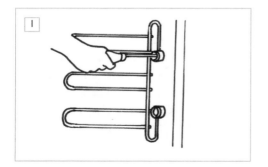

atornille el colgador a un lado del armario. Existen colgadores del mismo tipo, específicos para corbatas o para pañuelos.

OTROS MUEBLES

Construir un mueble multimedia

En todos los hogares hay, en mayor o menor medida, equipos y muebles dedicados al entretenimiento. Por eso, se debe elegir la mejor solución para las necesidades de la casa confeccionando una lista de los aparatos que se posee, cómo van a ser utilizados y dónde se van a colocar.

Por ejemplo, es bastante razonable meter la televisión y el DVD en un solo mueble junto al aparato de música, los CD´s y los DVD´s. En el caso de que se posea un ordenador será adecuado ubicarlo en una habitación diferenciada, aunque también puede ir junto a los otros.

Una vez que se ha decidido la ubicación y configuración de todos los aparatos tecnológicos que se van a incluir en el mueble, tendrá que dejar la profundidad suficiente en la parte posterior del mismo para las conexiones eléctricas y aéreas, así como proporcionar un espacio vacío para que circule el aire.

Deberá comprobar igualmente que los enchufes están en un lugar accesible.

Elaboración de un mueble multimedia

1. Si todavía no posee un armario empo- trado, deberá comenzar por comprar o realizar uno a medida, para después po- derlo adaptar siguiendo los pasos de elaboración del mueble multimedia. Para que los cables de la parte superior del mueble conecten con el equipo o los enchufes, deberá taladrar un aguje- ro en una de las esquinas con una tala- dradora provista de sierra de corona.

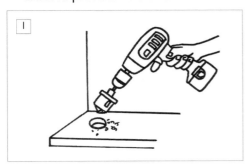

2. Las baldas con carriles o los carriles permiten extraer directamente el DVD o el decodificador para llegar a los mandos. La balda también puede servir para sujetar el teclado del ordenador. Para ello, deberá cortar una balda a medida, dejando espacio para las guías. A continuación, coloque las guías de una en una y fije cada guía, una a la bal- da y otra a la pared.

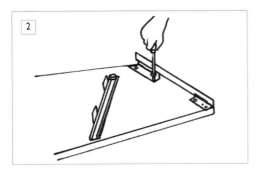

3. Para realizar la columna del mueble para los CD´s y los DVD´s proceda a tomar las medidas y a cortar los cua- tro lados de la caja. Marque la posi- ción de dos filas de agujeros a lo largo del frente y el fondo de los dos lados verticales de la caja y utilice un sopor- te de columna para taladrar todos los agujeros.

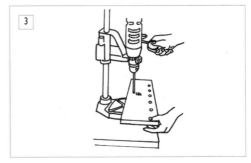

4. Después monte los lados de la caja y fí- jelos con tornillos. Utilice tornillos lar- gos que puedan penetrar un tercio de su longitud en cada pieza. Luego, clave a fondo las puntas con un martillo para evitar que los objetos se caigan por la parte de atrás.

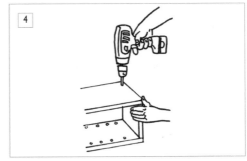

5. Remate el frente de las columnas, en- cole y clave cantos de piano en los bor- des de la caja. Si plantea pintar la co- lumna, lo mejor es que lo realice en este momento.

6. A continuación, tome medidas, corte y coloque una de las baldas. En el caso de que vaya a poner aparatos eléctricos en la balda es conveniente que realice un agujero en una esquina posterior que se corresponda con el del armario interior. También puede usar baldas graduables.

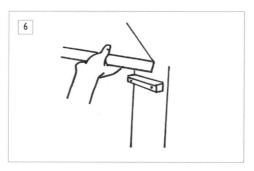

7. Para terminar, coloque las columnas encima del armario. Atornille el frente de la columna y meta en los agujeros tacos para las clavijas y en las baldas. Para concluir, si lo desea puede instalar un brazo giratorio para la televisión.

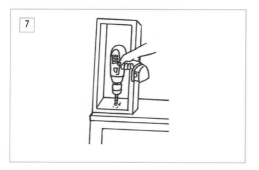

Cómo crear un lugar de trabajo dentro de la casa

Un lugar de trabajo se puede crear casi en cualquier sitio, siempre y cuando se disponga del espacio necesario para ello.

Para crear el propio espacio de trabajo se puede elegir, por ejemplo, entre sujetar la superficie con listones fijados a dos paredes u olvidarse de los listones y combinar dos módulos de cajones y armario. Otra opción también válida es apoyar un extremo sobre un listón mural y el otro extremo sobre unas patas.

Rincón de trabajo fijo a la pared.

Es sumamente importante decidir cómo desea usar el mueble; es decir, de pie o sentado. En cualquier caso deberá procurar que tenga la altura adecuada para apoyarse sobre él, así como que el nuevo lugar de trabajo se encuentre cerca de enchufes y de la corriente eléctrica.

Cronograma de construcción de un lugar de trabajo

1. Para realizar los lados de la base, deberá cortar dos trozos de madera de la profundidad del cajón y la altura de la puerta y el cajón. Para ello deberá em-

plear una fresadora integral para recortar todos los rebajos necesarios. Tendrá que practicar los rebajos a lo largo del extremo posterior de las planchas. Para realizar esta operación deberá guiar la fresadora con un listón y prepararla para que penetre hasta la mitad del espesor de la pieza.

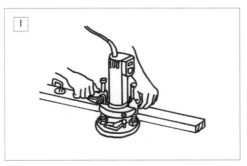

2. Para realizar la parte superior e inferior del conjunto, deberá cortar dos trozos de madera de la misma profundidad que el cajón e igual de anchos que la puerta. Taladre tres agujeros avellanados en la parte posterior de los rebajos de las piezas laterales y monte la caja deslizando los extremos de las piezas en los rebajos de las piezas. Después atornille todo el conjunto con un taladro eléctrico.

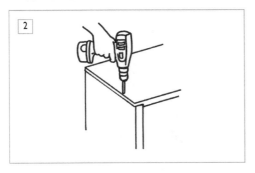

3. Refuerce el armario con un fondo. Para hacer esta labor, corte una lámina de tablex para el fondo y clávela. Para hacer la balda, corte otro trozo de madera del ancho y de la misma profundidad del armario, e introdúzcalos en los rebajos. Después, taladre agujeros en los rebajos desde el exterior del mueble, avellánelos y atornille la balda.

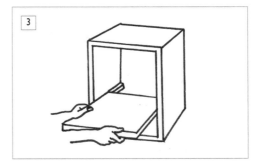

4. Marque la posición de las guías de los cajones en el interior del mueble. Haga los agujeros para los tornillos e instale las guías. Meta el cajón para comprobar que la pieza encaja perfectamente y que el cajón abre y cierra bien. A continuación, sáquelo y déjelo a un lado hasta que el mueble esté totalmente acabado.

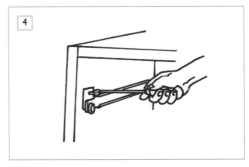

5. Haga un plinto para que la puerta abra bien; es decir, corte cuatro listones de madera de 5 cm más cortos que las dimensiones de la tapa. Júntelos y atorní-

llelos. Atornille también el plinto a la base del mueble; atornille las bisagras a la puerta ya confeccionada y coloque las bisagras contra el armario. Después taladre los agujeros para los tornillos e instale las bisagras.

6. Corte un listón del ancho de la tapa y desplace el mueble hasta la pared. Apoye la tapa sobre él y señale la altura de la pared. Trace una línea horizontal desde la marca y taladre agujeros en el listón, marcando la posición de éstos en la pared. Después, vuelva a taladrar agujeros en las señales e introduzca tacos, atornillando el listón.

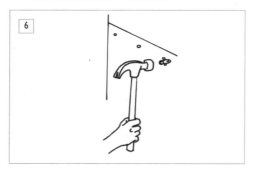

7. Corte la tapa a la longitud deseada y correcta y ponga un extremo encima del mueble y el otro sobre el listón. Atornille la tapa al listón con las escuadras de plástico blanco. Para fijar el armario a la tapa, deberá taladrar agujeros a través de

la parte superior del armario hasta la tapa, justo antes de atornillarlo.

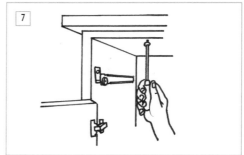

Encimeras

No cabe duda de que la encimera de la cocina soporta un mayor uso y desgaste que el resto de las superficies de la casa. En la encimera se apoyan las cazuelas, los platos calientes y el resto de vajilla, así como alimentos recién salidos del horno o comidas calientes.

Hay distintos tipos de encimera según el material, pero el modelo de encimera más fácil de cambiar es la de conglomerado, que es un material forrado con una capa de plástico laminado. El canto frontal de la encimera de conglomerado suele ser redondeado.

Cambiar una encimera de conglomerado
1. Si la encimera dispone de fregadero o grifos, situación bastante habitual, deberá cortar el agua antes de comenzar el trabajo.

Una vez que ha realizado el corte del agua, deberá aflojar las clavijas del fregadero que lo sujetan a la encimera y extraerlos. Desatornille también los tornillos que fijan la encimera a los armarios inferiores, y pegue cinta adhesiva en el interior del armario con los tornillos que ha quitado para usarlos más tarde en la sujeción de la nueva encimera.

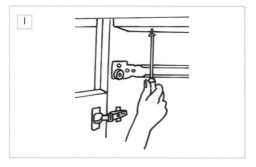

2. Después, levante la encimera y retírela. Más tarde, elimine los cordones de silicona vieja de las paredes.

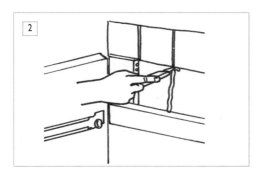

3. Utilice la encimera vieja como plantilla para medir y marcar la nueva. Es decir, señale los agujeros necesarios para el fregadero o los grifos. Después, apoye la encimera, con el dorso hacia arriba, sobre un banco de trabajo y taladre un agujero en cada esquina del agujero, perforando dentro de la zona que es desechable.

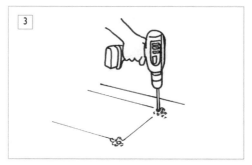

4. Introduzca la hoja de una sierra de calar en uno de los agujeros y comience a cortar el agujero. Continúe así con los cuatro lados.

5. A continuación sujete con un gato un listón, para que sirva de guía a la sierra circular y recorte el extremo de la sección a la medida adecuada.

En el caso de que el extremo quede a la vista, deberá rematarlo con una regleta de metal.

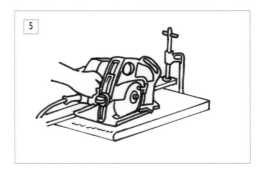

6. Por último, coloque la encimera y fíjela a los armarios interiores con tornillos y clavijas. Si va a utilizar más de una sección, éstas deberán estar unidas por medio de una regleta metálica. Selle el hueco de la esquina entre la encimera y la pared por medio de un cordón de silicona.

7. Para rematar una esquina, deberá colocar una regleta metálica especial en la junta, entre el canto frontal redondeado de una parte y el canto recto de la otra zona.

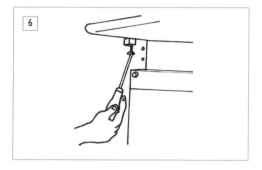

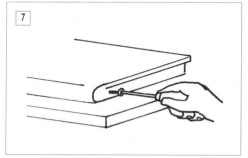

TELAS
Y COMPLEMENTOS

LOS TEJIDOS EN LA DECORACIÓN

Los tejidos no sólo se utilizan para cubrir superficies; es decir, para el entelado, sino también para vestir o revestir muebles, que es la tapicería.

Además, los tejidos pueden ser también una buena opción y solución para renovar ambientes o proporcionar una nueva forma a los muebles de la casa. En telas hay fibras naturales y artificiales, además de las mezclas, en colores lisos o estampados; todas las posibilidades y combinaciones servirán de forma rápida, limpia y sencilla para cambiar el estilo y el carácter de cualquier material.

Uso de telas y accesorios

En todas las estancias de una vivienda es necesario el uso de las telas, por eso elegir la calidad, la textura, el color o el es-

tampado adecuado para cada mueble o complemento es una tarea relativamente sencilla si se siguen una serie de criterios como armonizar el color, la calidad de las piezas y la textura en conformidad con el ambiente en general.

En el supuesto de duda, si no se tienen las cosas muy claras desde el principio, lo mejor es optar por la decisión más sobria y sencilla; es decir, es mejor decorar por defecto que no por exceso: no inunde la casa de volantes o galerías superfluas, porque lo único que conseguirá será un ambiente excesivamente cargado.

Respecto a la durabilidad de las telas, a pesar de los tratamientos tecnológicos que se aplican a los tejidos de decoración para facilitar la limpieza de los mismos, lo cierto es que mantener una tela en buenas condiciones suele ser más delicado y laborioso que en el caso de otros materiales.

En cuanto al color de la tela, lo aconsejable es guiarse por los gustos personales y no por el color de moda del momento. En este sentido, tampoco deberá temer jugar con determinados colores o arriesgarse con combinaciones novedosas o modernas.

A la hora de elegir una tela, tenga en cuenta quién y para qué se va a usar el tejido, cuáles son las necesidades de coordinación decorativa, cuál es el presupuesto con el que se cuenta, y qué cuidados se van a poder dar a la tela.

Siempre que se usen telas en algunas de las muchas tareas decorativas de la casa, se requerirá igualmente una serie de accesorios y complementos que darán el acabado perfecto a la tarea.

En este sentido, hay una amplia gama de telas de bajo precio que pueden usarse para forros, refuerzo, protección o fondo, es decir, se trata de todas aquellas operaciones previas o complementarias para las que la tela definitiva resulta excesivamente cara. En este caso son trabajos en arpilleras, lienzos, rectores, forros, lonas y lonetas.

No menos importancia tienen los complementos de remate: galones de tapar juntas, borlas y borlones, cordones, flecos, espumillones, etc.

Tipos de tejidos

Para clasificar la enorme variedad de telas que hay en el mercado se utilizan dos criterios. El primero de ellos se refiere a la composición interna del tejido, es decir, a si el tejido está fabricado con fibras naturales, artificiales o mixtas; el segundo aspecto hace referencia al aspecto externo que ofrece el tejido: textura, brillo, rigidez o suavidad, etc.

Según la composición del tejido, pueden ser de las siguientes clases:

Artificiales

Se trata de tejidos de fibras sintéticas. Son tejidos resistentes, fuertes, lavables, de colores sólidos y muy variados, fáciles de limpiar y de mantener. Los tejidos artificiales más conocidos son la viscosa, el rayón, el poliéster, el nailon y sus combinaciones.

Mezclas

Son tejidos formados por distintas proporciones de fibras naturales y artificiales, es decir, son telas que tratan de aunar las ventajas de unas y de otras, combinando la belleza y nobleza de las fibras naturales con la resistencia y durabilidad de las telas artificiales.

Naturales

Son telas de procedencia animal o vegetal. Tras pasar una época textil en que parecía que perdían la batalla con las fibras artificiales, lo cierto es que los nuevos tratamientos de resistencia y la facilidad de uso y mantenimiento les han proporcionado un nuevo esplendor y auge.

En cuanto a su aspecto exterior, las telas se dividen en tres grupos importantes con nombres genéricos, como son los tejidos gruesos, los de grueso medio y los tejidos finos y ligeros:

Tejidos gruesos y pesados, usados para tapicerías

Brocado
Antiguamente se trataba de un tejido que se adornaba con hilos preciosos, como oro o plata, formando dibujos. Hoy en día, se fabrica con fibras sintéticas.

Damasco
Es un tejido con dibujos monocolores conseguidos mediante hilos brillantes y mates del mismo color,  con cierto criterio de relieve y que generalmente puede usarse por las dos caras.

Otomán
Es un tejido grueso y bastante rígido, de aspecto acanalado, y de color liso.

Jacquard
Se llaman así a las telas realizadas en dicho material. Se caracterizan porque tienen dibujos con hilos de colores y no estampados sobre la superficie.

Chenilla
Es un tejido de aspecto aterciopelado que se suele confundir, de hecho, con esta tela.

Terciopelo
Es un tejido característico, de tacto extraordinariamente suave, proporcionado por el cortado de pelo en la superficie.

Pana
Es una variante del terciopelo de inferior calidad y de aspecto acanalado.

Alcántara
Es un tejido sintético de microfibras de poliéster con un tratamiento repelente de las manchas y de aspecto similar al ante.

Tejidos de grueso medio

Loneta

Es un tejido liso, de trama regular y densa, parecida a la lona pero más blanda. La loneta es fuerte y resistente.

Chinz

Tejido característico de aspecto satinado o semibrillante.

Madrás

Se trata de un tejido de tamaño irregular y de colores muy variados.

Moaré

Es un tejido muy característico porque su brillo hace formas similares a la veta de la madera.

Pequín

Se trata de un tejido a rayas que se consigue tejiendo distintos tipos de hiladuras y diversos colores, de esta manera, unas rayas se diferencian de otras por el relieve y el color.

Shantung

El auténtico se fabrica con seda natural salvaje y es una tela característica por su brillo sedoso y el grosor irregular de sus hilos, con zonas nudosas.

Tejidos finos y ligeros

Etamín o etamina

Es un tejido que se puede fabricar con lino, algodón o seda. Es translúcido, fino y suave al tacto.

Gasa

Está realizada en algodón o mezcla de fibras sintéticas. Es un tejido vaporoso, ligero y suave al tacto.

Orgadín

Es del mismo grosor y transparencia que la gasa, sin embargo se trata de un tejido característico por su rigidez.

Herramientas de tapicería

Muchos de los utensilios de tapicería, como las tijeras, los lápices textiles o las máquinas de coser son los mismos que se utilizan en las labores de costura.

Otros, sin embargo, son herramientas especializadas que se utilizan para fijar los tejidos a las estructuras de la madera de los muebles que van a ser tapizados.

Se trata del martillo, despuntador y quitagrapas, además de la grapadora, manual o eléctrica.

Las herramientas y útiles en la tapicería son los siguientes:

Martillo de tapicero

Se trata de un modelo pequeño, de material pesado, y útil para hundir las puntas de un solo golpe sin dañar la estructura de la madera.

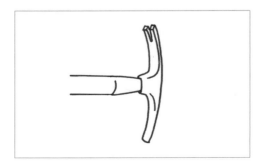

Despuntador

Se utiliza para retirar las puntas o tachuelas antes de tapizar.

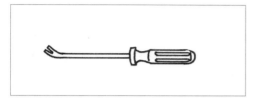

Tijeras

Unas tijeras de tapicero son herramientas ergonómicas y afiladas que ayudan a cortar los tejidos para obtener así una correcta caída y adaptación de las piezas.

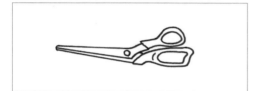

Quitagrapas

Se trata de un escoplo de punta afilada y biselada que facilita la retirada de las grapas.

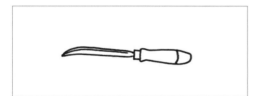

Agujas

Las agujas de tapicería son más gruesas y largas que las de costura. De esta manera se permite atravesar fácilmente los tejidos.

Cinchas

Las cinchas de yute tradicionales o la de fibras sintéticas se usan como soportes elásticos en muchos trabajos de tapicería.

Cinta de medir

Tanto la cinta de medir flexible como el flexómetro son herramientas útiles para hacer las correspondientes mediciones.

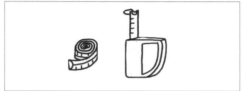

Plancha

Se utiliza para marcar y dar el acabado final a los tejidos.

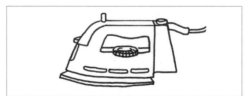

Lápiz textil

Sirve para marcar los tejidos. Los trazos suelen ser fáciles de eliminar sin necesidad de lavar las telas.

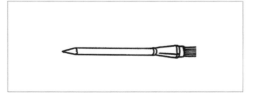

Hilos

Además de los hilos de algodón que se utilizan en los revestimientos exteriores, en tapicería también se usan otras fibras resistentes para coser los elementos estructurales sometidos a tensión.

Máquina de coser

Los múltiples accesorios de la máquina de coser permite usarla para realizar la mayoría de los trabajos de tapicería.

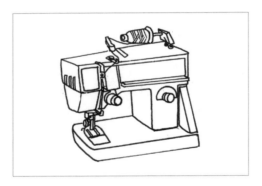

Retor y loneta

Son tejidos de algodón basto, de precio bajo, que se utilizan para hacer forros y tapizar en blanco.

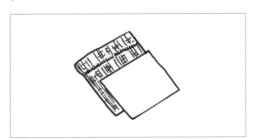

Loneta aragonesa

Se trata de un tejido muy resistente que se utiliza como refuerzo en el tapizado profesional.

Puntas

Existen tachuelas, puntas o clavos de tapicería de diferentes tamaños.

Los más pequeños se usan para sujetar los tejidos y los más grandes para tensar cinchas y estructuras.

En muchos casos, las puntas se sustituyen por grapas.

Grapadoras

Tanto los modelos manuales como los eléctricos permiten realizar los trabajos de tapicería con más rapidez.

Las grapas deben ser de material inoxidable, para que se fijen mejor a los tejidos y evitar desgarros.

Además, las grapadoras eléctricas no sólo grapan, sino que sirven para acoplar clavos o para acometer otra funciones.

Igualmente, la grapadora eléctrica permite regular la fuerza de la percusión y variar la longitud de las grapas.

CORTINAS

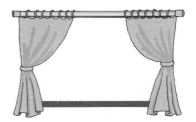

Cantidad de tela para una cortina

Una vez que se ha decidido por el tipo de cortina que se desea, se debe calcular el tamaño de la cantidad de tela que se requiere.

Si se trata de visillos pegados al cristal, la operación es mucho más sencilla que para cortinas enteras, basta con medir el ancho y el alto del cristal. Una vez calculada la operación, se debe multiplicar por dos para tener margen para frunces, así como añadir al largo 10 cm para el dobladillo inferior y 6 cm para las jaretas superiores.

Para las cortinas que tienen que cubrir toda la ventana, se deberá determinar primero la longitud de la barra o riel. La cortina debe cubrir toda la distancia de la barra, aunque se aconseja que el riel sobresalga por ambos lados de la ventana, para que la cortina recogida deje completamente libre la luz y la estructura de la ventana.

A continuación deberá definir la longitud de la cortina teniendo en cuenta las dimensiones de la habitación, el uso de la misma y las proporciones de la propia ventana o puerta-ventana.

Después, deberá seleccionar el frunce o plegado que se desea. Una vez que ya se dispone de todos estos datos, es cuando se debe calcular la cantidad de tela necesaria. En cualquier caso, la cantidad nunca debe ser inferior a dos veces y medio el alto total, ya que con menos tela los pliegues pueden quedar raquíticos.

La forma de medir es la siguiente: medir el largo del rail, multiplicarlo por dos, dividir el resultado por el ancho de la tela (que suele ser de 1,40 o de 1,60 m), multiplicar el resultado por la altura, incluido el dobladillo. El número final será el número de metros que se necesitan para hacer la cortina.

Colgar cortinas

Antes de llevar a efecto el hecho de confeccionar las cortinas se deben tomar varias decisiones, como el tamaño de las mismas, el método de fijación, el estilo, el tipo de plisado y los accesorios, tales como abrazaderas, galones, galerías, forro, etc. Todas estas opciones previas son las que determinan el tipo de cortina y la cantidad de tejido que se debe adquirir.

A la hora de colgar las cortinas se debe elegir igualmente uno de los múltiples sistemas de fijación que existen. Básicamente, se pueden distinguir entra las barras de cortina y los sistemas de fijación invisibles o rieles.

Las barras de cortina

Son soportes rígidos que se fijan a la pared o al techo de la habitación. A su vez, las cortinas deben contar con anillas y otro sistema análogo para poder colgarlas y facilitar así su apertura y cierre.

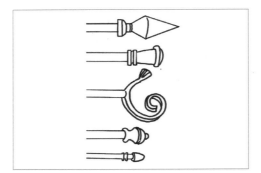

Distintas terminaciones en barras de cortina.

Barras de madera

Son barras que pueden ser compradas ya pintadas o barnizadas. Además, debido al material, son barras que se pueden teñir, pintar o dorar para adecuarlas a la decoración de las habitaciones o a los tonos de las cortinas.

Barras de metal

Suelen estar realizadas en hierro o metales cromados.

ESTORES

Tipos de estores

Los estores se pueden considerar una mezcla entre cortinas y persianillas. Además, existen distintas formas y estilos de estores, desde las líneas simples de un estor enrollable, que encajan perfectamente en un ambiente juvenil y moderno, hasta los volúmenes barrocos de un estor veneciano. Antes de seleccionar un estor, se debe tener muy claro cuál es la intención decorativa del mismo, y la aplicación funcional del estor.

El estor enrollable

Se desliza sobre el cristal proporcionando una pantalla que tamiza la luz. Las telas más adecuadas para este tipo de estores son el algodón y el lino.

El estor liso tableado

Una variante del estor enrollable es el liso tableado, que es tan sencillo de confeccionar e instalar como el anterior, pero es un poco más vistoso y elegante que este último. El modelo tableado se confecciona con una tarjetas que están cosidas a intervalos de 30 cm. El tableado requiere tejidos firmes y de buena trama para que no se formen pliegues o deformaciones. Además, este tipo de estores admite estampados sencillos como cuadros o rayas.

Estores venecianos

Se parecen mucho a las cortinas tradicionales, se encuentran fruncidos cuando están cerrados y cuando se suben producen pliegues. Este tipo de estores consumen una gran cantidad de tela y su realización en mucho más compleja.

Otros estores

Otro modelo de estores que es una mezcla entre el estor veneciano y barroco y el estor tableado. Se trata de un estor más o

menos liso sin armazón rígido, que produce una ligera caída en onda cuando se recoge.

Cálculo de medidas en los estores

Los estores suelen ajustarse bastante bien al tamaño de las ventanas. En general basta con dejar 5 cm de margen a los lados de la ventana y entre 5 y 10 cm de más en la altura.

El soporte del estor debe colocarse lo más cerca posible del borde superior de la ventana, teniendo presente que el estor totalmente recogido debe permitir la total apertura de la ventana. La longitud del estor suele ser de unos 10 cm más que la ventana, siempre y cuando no existan obstáculos debajo de la misma que lo impidan.

La cantidad final de tela necesaria será de unos 10 cm más de ancha y unos 20 cm más larga que cuando el estor está terminado.

Para los estores de tablas además se necesitará una cinta o un galón de color, anillas de plástico de 1 cm y varillas de metal de 3 o 4 mm de diámetro cortadas a la medida del ancho de la tela. Todos estos elementos serán de colores que casen con la tela.

Los estores de ondas llevarán los mismos accesorios, a excepción de las varillas. Para instalar un estor y permitir su funcionamiento se necesitarán algunos accesorios suplementarios, como por ejemplo los rieles para fruncir o enrollar el estor.

La función de los rieles se completa con los cordones que unen el estor con el mecanismo correspondiente. Es decir, el estor se plegará sobre el riel con cintas de velcro; las anillas cosidas a la tela permiten el recogido o plegado de los estores; y las varillas metálicas forman el esqueleto de los estores plegables de tablas.

Confección de estores

Estor de onda
Para confeccionar un estor de onda tendrá que cortar un trozo de tela del mismo ancho que la barra de colgar, además de añadir 5 cm para los dobladillos laterales y unos 30 cm más de largo que la altura máxima deseada. Luego, corte los dobladillos laterales y una jareta de 5 cm en la parte superior, cosa una cinta de velcro sobre la jareta y un dobladillo de otros 5 cm en la parte inferior. A unos 10 cm de los bordes laterales cosa por el revés de la tela unas cintas de retorta. Comience en el borde

del dobladillo inferior y cosa sobre las cintas una anilla de plástico en intervalos de 10 cm hasta llegar arriba.

Una vez que el estor esté confeccionado, tan sólo necesitará colocarle los cordones y pegarlo sobre el velcro de la barra de soporte.

Como ejemplo le pueden servir las siguientes medidas: calcule que para un estor de 1,25 m de largo y 0,75 m de ancho necesita (1,25 x 2) + 0,75 = 4,25 m.

Estor liso de tablas

Para este tipo de estor le sirven, como base, las mismas medidas para la tela, la barra de soporte, las anillas, el velcro y el cordón.

En este caso, deberá coser los dobladillos laterales y superior igual que se ha indicado en el modelo anterior. En la parte inferior puede optar por un remate de adornos o por un acabado totalmente liso. En el caso de que quiera un adorno, deberá cortar la longitud del mismo en el largo total del estor.

También deberá decidir el tamaño de los pliegues, ya que éstos dependerán en parte de las dimensiones de la ventana. Es aconsejable que el ancho del pliegue doblado no sea inferior a 10 cm ni superior a 15 cm. Para hacerlo, divida el ancho total del estor, entre el doble del ancho elegido para el pliegue; en el caso de que la división no sea exacta, tendrá que aumentar o disminuir la medida del pliegue hasta conseguir un número entero de ellos.

Mida desde el borde superior del estor y marque con una tiza, por el revés, las líneas de división de los pliegues. Siga esas líneas, cosa una jaretilla del ancho mínimo para que entren las varillas y cosa las anillas.

Estor veneciano

En el caso del estor veneciano, éste se confecciona en su parte superior igual que una cortina, por lo que deberá tener en cuenta las normas de medida y calculo de cantidad de tela referidas a la cortina.

Para la longitud del estor pueden producirse ligeras variaciones según se quiera un estor veneciano clásico o una versión más sencilla.

Para la confección deberá comenzar por coser los dobladillos laterales e hilvanar las dobleces superior e inferior. Después, coloque la cinta fruncidora y cosa la doblez superior. De igual forma, proceda con el borde inferior. A continuación, divida el ancho del estor en bandas verticales de la misma anchura y trace por el revés las líneas divisorias con un jaboncillo.

Después aplique sobre cada línea una cinta de remate, con costura de fruncir, desde el borde del dobladillo inferior hasta encontrarse con la cinta fruncidora de la cabecera. Ajuste todos los frunces y remate bien todos los hilos.

Para concluir, aplique anillas sobre las cintas a intervalos regulares y pase los cordones por las anillas.

MANTELES

Los manteles y las faldas para mesas no sólo sirven para cubrirlas y protegerlas durante las horas de la comida, sino que también se pueden convertir en un elemento decorativo permanente que ayuda a obtener ambientes más acogedores y cálidos.

Los manteles se utilizan también para cubrir y decorar muebles de escaso valor o que se encuentran en mal estado de conservación.

Los modelos más sencillos de manteles se limitan a tapar la superficie superior de la mesa, dejando caer libremente la tela sobrante; sin embargo, los manteles más estructurados se ajustan al mueble mediante tableados, actuando como verdaderas fundas decorativas.

Cálculo de la tela necesaria

El tipo y el tamaño o superficie a cubrir, así como el modelo de la falda o mantel a realizar determinarán la cantidad de tela necesaria para confeccionar el mantel. Sea como fuere, será necesario conocer las medidas de la superficie y la caída del mantel, que evidentemente dependerá de la altura de la mesa o del mueble.

Superficies cuadradas

Se deberá medir el tamaño del tablero y la altura del mueble o en su defecto, la caída del mantel. Para realizar faldas fruncidas con una barra, habrá que tomar medidas entre las patas (entre la longitud de

las dos patas de la mesa) y la altura existente desde el tablero de la mesa hasta el suelo.

Medidas en superficies cuadradas.

Superficies redondas

Bastará con medir el diámetro del tablero; sin embargo para superficies ovaladas se deberá conocer el ancho máximo y el mínimo del tablero, además habrá que saber la altura de la mesa o la caída que se desea proporcionar al mantel.

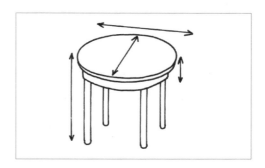

Medidas en superficies redondas.

Cómo hacer un mantel

Los modelos sencillos de mantel consisten en una pieza de tela redonda, cuadrada o rectangular, que es colocada sobre el tablero y que cae libremente. Para ello bastará con cortar la tela a la medida deseada y rematarla con un dobladillo, adornado en algunos casos con festones, ribetes o encajes.

Los modelos armados, son aquellos en los que los ribetes y costuras se adaptan al contorno de la mesa, exigiendo por tanto una preparación precisa.

Cómo cortar un mantel redondo

1. Primero hay que coser los diferentes paños para obtener las medidas del mantel y evitar que las costuras queden a la vista. Lo ideal en estos casos es añadir dos trozos de tela a ambos extremos de la pieza a cortar.

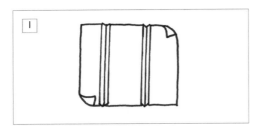

2. Después, doble el mantel en cuatro partes y utilice un cordón atado a un lápiz de marcar para improvisar un compás con el que señalará la línea circular del corte.

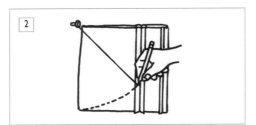

3. Por último, deberá hilvanar o sujetar con alfileres el mantel plegado para evitar que la tela se desplace. Deberá cortar a la vez todo el conjunto con unas tijeras.

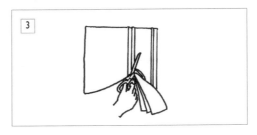

Cómo realizar un doble mantel

La tradicional mesa camilla es uno de los muebles más económicos y con más posibilidades decorativas. Normalmente, debido a la poca calidad de las maderas de su estructura, se suelen cubrir con manteles o faldas de largo entero. Para realizar la falda de la mesa camilla, deberá calcular la distancia que hay desde el centro de la mesa hasta el suelo y proceder a cortar la tela, sin olvidar dejar unos centímetros más para hacer los correspondientes dobladillos.

En el caso del cubremantel, éste se puede marcar y cortar directamente sobre la propia mesa. Luego, bastará con colocar la tela al revés para hilvanar la pieza superior de la faldilla y coserla a máquina siguiendo los hilvanes puestos anteriormente.

TAPICERÍAS

Tapizar sillas y taburetes

Los tejidos que cubren las sillas y los taburetes tienden a sufrir con el tiempo un gran deterioro, además de estar expuestos a manchas. Todo ello obliga a que las tapicerías de sillas y taburetes precisen una renovación casi periódica.

La gomaespuma y los rellenos sintéticos son más fáciles de utilizar y son más limpios. Igualmente, la grapadora eléctrica o manual ha simplificado la renovación de muchos de estos trabajos de tapicería.

Reparación de un asiento rígido

Algunas sillas y taburetes están compuestos de una estructura de madera o de metal en la que se coloque el asiento como tal. El asiento consiste, en la mayoría de los casos, en una pieza rígida de madera cubierta por un relleno y después tapizada.

Una vez desmontada esa pieza rígida, suele ser bastante sencillo retirar la tapicería vieja levantando las grapas o las puntas con un despuntador.

A continuación es cuando se procede a retapizar el asiento.

1. En el caso de que el relleno del tapizado esté apelmazado o en mal estado, éste debe ser sustituido por una plancha de gomaespuma de su mismo tamaño.

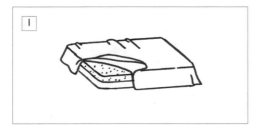

2. Después, se debe tensar y sujetar la nueva por el revés de la estructura rígida usando grapas o puntas.

3. Por último, se deben cubrir los bajos con un forro.

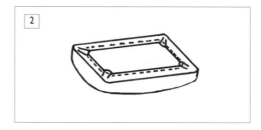

Tapizado con cinchas

Muchas de las sillas y taburetes existentes en las casas suelen tener un asiento formado por un bastidor o estructura de madera hueco.

El método tradicional de tapizado, a base de cinchas, lonetas o muelles, es relativamente complejo. Además, en este caso, los materiales de relleno empleados por los profesionales, tales como lana o plumas, exigen técnicas artesanales para sujetarlos y evitar que se deformen.

Actualmente, aunque algunos tapiceros profesionales siguen utilizando estos métodos tradicionales para reparar sillas o sillerías, los modernos materiales de relleno existentes en el mercado permiten volver a tapizar fácilmente asientos en mal estado.

En este sentido, las cinchas elásticas son fáciles de colocar y no se requiere para su utilización herramientas tensoras profesionales.

El proceso a seguir es el siguiente:

1. Primero se dobla y se clavan las cinchas en el bastidor de la silla, usando clavos o grapas. Después se tensan bien antes de fijarlas en el otro extremo y se cortan a la medida para volverlas a clavar.

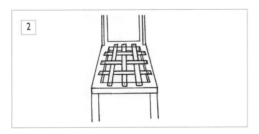

2. Después se colocan las nuevas cinchas en el sentido contrario a las primeras; es decir, cruzándolas con las otras para realizar un entramado firme, pero elástico.

3. Clave o grape la loneta fuerte y cubra las cinchas.

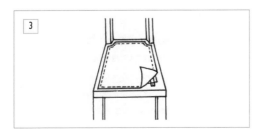

4. En lugar del relleno tradicional a base de crin y lana, utilice una plancha de gomaespuma de alta densidad a la medida del asiento como relleno.

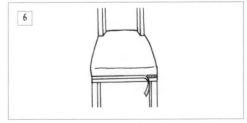

5. Sujete la nueva tapicería a la estructura de la silla usando una grapadora y recorte la tela sobrante con unas tijeras.

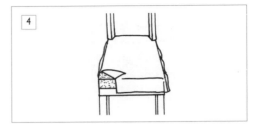

6. Por último, cubra las grapas o puntas con un galón de pasamanería que se adherirá con un adhesivo.

FUNDAS

Las fundas permiten renovar la tapicería en mal estado o cambiar de aspecto un mueble anticuado.

Las fundas son más fáciles de rellenar que un tapizado tradicional y si se utiliza un tejido adecuado se puede lavar fácilmente para que se mantenga siempre limpio.

La única condición para enfundar un sofá o una butaca es que la estructura del mismo y el relleno estén en perfecto estado.

Fundas para sillas

Para las fundas es conveniente utilizar una tela lavable, que no encoja y que sea resistente para que se adapte bien a las formas del mueble a tapizar.

En el caso de que se utilice una tela estampada, se deberán tener en cuenta los motivos de la tela a la hora de cortar y coser las diferentes piezas, ya que el estampado debe casar.

Para que las fundas encajen y se ajusten perfectamente a la estructura del mueble, conviene hacerlas a medida; es decir, cortando e hilvanando las distintas piezas sobre el mismo mueble y por el revés de la tela. De esta forma será más sencillo unirlas con la máquina de coser.

Medidas de una funda para silla.

Cómo tomar las medidas

Antes de comprar la tela de las fundas, se deberá decidir el modelo que se va a realizar y tomar las medidas del mueble en cuestión.

En el caso de confeccionar una funda con faldón, habrá que calcular además de las medidas del respaldo y el asiento, la altura de la silla.

Para medir la altura y la base del asiento y el respaldo completo habrá que sumar 4 cm más para cada una de las costuras y 6 cm para los dobladillos.

Para realizar el faldón se deberá calcular la altura de las patas, y añadir 15 cm para la costura y el dobladillo. También habrá que medir el contorno de la silla y multiplicar por dos si se quiere un faldón tableado.

PANTALLAS PARA LÁMPARAS

Otra de las aplicaciones de los tejidos decorativos es la realización de pantallas para lámparas, ya que la tela de las mismas además de ser un material traslúcido puede coordinarse y ambientarse con el resto del ambiente.

Para obtener la rigidez adecuada se necesitan distintos armazones metálicos sobre los que se pega o se cose la tela elegida siguiendo diferentes técnicas. Además, estas estructuras metálicas permiten sujetar fácilmente la pantalla de la lámpara.

Modelos de armazones

Cada uno de ellos exige una técnica diferente, aunque básicamente se distinguen tres tipos:

Modelos rígidos
Normalmente se suelen realizar en cartulina, pergamino o tela acartonada. En ocasiones, el propio material suele actuar como estructura, por lo que el armazón se limita a unos aros para sujetar la lámpara a la pantalla. De hecho, la mayoría de las pantallas se venden ya hechas y se confeccionan de forma industrial.

Apliques
Suelen utilizar armazones semicirculares o planos y se usan para cubrir lámparas murales.

Modelos estructurales
En este caso, se tiende a utilizar telas que en su caída natural están ya tensadas y estructuradas con armazones. Estos modelos se prestan más a ser confeccionados con tejidos decorativos.

Construir un armazón

En el caso de los armazones para lámparas, las pantallas están realizadas habitualmente con materiales no rígidos, con un armazón que las estructure y que sirva de soporte para acoplarlas a la lámpara. Estos armazones se pueden comprar en co-

mercios especializados, donde también podrán ser realizados a medida. Normalmente, estos armazones son de acero pintado para evitar que el metal se oxide y se manche con la tela.

Aunque normalmente no es necesario forrar el armazón, si se desea se puede realizar una pantalla rígida. Para ello se utiliza una cinta de algodón de 1,5 o 2 cm de ancho que se va enrollando en varillas hasta cubrirlas por completo, ya que se suelen rematar con unas puntadas o con un poco de adhesivo para que se muevan.

Forrado del armazón con cinta.

Para calcular la tela necesaria de una pantalla, ésta dependerá del tipo de modelo elegido y de las propiedades de la tela en cuestión. Para realizar modelos lisos, lo más práctico es utilizar una cartulina con la que realizar un patrón de la proyección de la pantalla, para conocer tanto la longitud como el ancho de la tela.

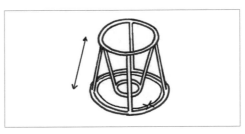

Medidas del armazón.

Si lo que se desea es realizar modelos fruncidos o plisados, se deberá medir la altura de las varillas verticales para conocer el tamaño de los paños. La longitud del aro inferior se tiene que multiplicar por 1,5 o 2, lo cual servirá para conocer el ancho de la tela. En todos los casos se deberá calcular el margen para los remates, costuras y dobladillos del material global.

Pantalla de tela plisada

El modelo más representativo de pantalla para lámparas es el de la tela plisada, por lo que el detalle de su preparación puede servir perfectamente para la ejecución de otros modelos:

Pantalla de tela plisada.

1. Primero, habrá que cortar la tela necesaria y coser los extremos para hacer una banda continua, así como cubrir el armazón con una cinta de algodón.

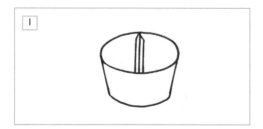

2. Después, se plisa la parte superior de la tela con alfileres y se sujeta al aro su-

perior con unas pinzas, de manera que la tela, al caer, deja marcar las tablas. A continuación, se cosen las tablas inferiores al armazón encintado, por medio de un dobladillo pare rematar.

3. Por último, se cose al dobladillo la tela plisada al arco superior del armazón, realizando también un dobladillo. Se cubren las costuras con una cinta que se puede realizar por medio de una costura o de un adhesivo textil.

BIOMBOS

Construir y decorar con tela un biombo

Es una tarea de las más sencillas que se pueden emprender para entrenarse en las técnicas de tapicería, al mismo tiempo que se gana un nuevo elemento de decoración y de división de espacios, que puede adaptarse a distintos ambientes.

Lo primero es construir el biombo, para lo que se necesitará saber cuáles son las medidas del hueco disponible, además de saber que un biombo semiplegado pierde longitud respecto a un biombo totalmente plegado.

Calcule por tanto, el espacio útil ocupado por el biombo. Normalmente, el espacio de fondo del biombo será de 20 cm y de un 80% de su longitud total; es decir, un biombo de 1,5 m ocupará al menos un espacio de 20 x 120 cm.

Realizar un biombo de tres hojas
Para realizar un biombo de tres hojas, de 45 cm de ancho y 160 cm de largo, se necesitan los siguientes elementos:

- Tres tableros de aglomerado con medidas de 160 x 45 x 2 cm.

- Una plancha de gomaespuma de 1 cm de grosor y suficiente para cortar seis láminas de 160 x 45 cm.

- Cola de contacto y un pincel para extenderla.

- Cola blanca de carpintero.

- Seis bisagras de 80 mm de largo y tornillos de latón aglomerado.

- Tela de tapicería. Para una tela que mida 1,60 m, se requerirá 3,30 m.

- Galón de pasamanería.

- Grapadora de tapicero y grapas de 8 mm.

Una vez que haya adquirido los tableros ya cortados, mida con uno de ellos la gomaespuma y corte las seis planchas del mismo tamaño.

Después, coloque los tres tableros en paralelo sobre el suelo de una habitación o en el lugar donde vaya a efectuar el trabajo, extienda con cuidado la cola blanca a todos ellos y pegue encima de cada uno una de las planchas de gomaespuma. Una vez que se hayan secado, dé la vuelta a los tableros y repita la operación por la otra cara.

Corte la tela en dos trozos de 1 m, con las orillas de la tela situadas en el canto lateral del tablero, de tal modo que sólo tendrá que grapar en uno de los cantos. Después, corte la tela sobrante dejando el margen justo para que se solapen las dos orillas y la que queda encima se puede doblar hacia dentro 1 cm.

Prenda con alfileres, de una manera provisional, la tela de forma que quede lo más alineada y tensa. Luego, vaya grapando todo el borde, procurando colocar las grapas un poco ladeadas para asegurar que sujetan bien las dos telas. Acomode los bordes superior e inferior de la misma manera y repita los mismos pasos con el siguiente tablero.

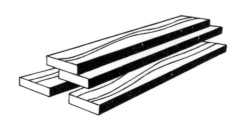

Por último, forre el tercer tablero, suje-te las dos tiras de tela con los derechos encarados y colóquelas sobre una cara del tablero; grape longitudinalmente sobre uno de los cantos cogiendo las dos telas a la vez y dé la vuelta a una de las telas para rodear con ella la otra cara del tablero. Cierre de la misma manera el canto opuesto del tablero.

A continuación, mida el perímetro de uno de los tableros con el galón de rema-te y corte el trozo de forma abundante; corte los otros dos trozos iguales. Unte con cola de contacto los cantos de los ta-bleros y el revés de los galones. Una vez que haya acabado de poner la cola al últi-mo, ya estará el primer tablón listo para pegar.

Coloque las bisagras a unos 30 cm del borde del tablero, en los extremos, y la tercera en medio de las dos, es decir, a unos 50 cm cada una de ellas.

MANTENIMIENTO DE LOS TEJIDOS

Los principales problemas que aparecen para mantener en buen estado los tejidos decorativos son el desgaste y la suciedad que se acumulan con el uso. Por eso, co-nocer los textiles y saber cómo limpiar-los, así como saber los modernos méto-dos de protección pueden alargar la vida de los revestimientos y evitar retapizar ciertos muebles.

La composición de los artículos textiles

• Todos los artículos textiles para el hogar deben contar con una etiqueta en la que se detalle su composición. Si se trata de productos puros, los teji-dos estarán compuestos en un 100% de una sola materia prima. En cambio, si se trata de mezclas, la etiqueta debe indicar las materias primas existentes y el porcentaje de las mismas.

• La etiqueta informativa debe ir cosi-da a los artículos ya sean confeccio-nados o, en el caso de los textiles que se venden por metros, tiene que estar incluida en el etiquetado de la pieza, en el catálogo o en el muestra-rio. Nunca compre piezas que no la lleven.

• El hecho de conocer la composición de un tejido permite saber cómo mantenerlo y eliminar las posibles manchas. Muchos textiles cuentan también con una etiqueta en la que, a través de símbolos, se ofrece una in-formación más completa, no sólo de la composición, sino también de su mantenimiento.

Lavado

Muchos tejidos tienen colores poco sólidos o fibras no estabilizadas, por lo que si se lavan en agua caliente, estos tejidos pueden perder el color, desteñirse o encoger. Aunque, en ocasiones, la etiqueta o información del vendedor es una ayuda útil para conocer las características del tejido, siempre en caso de duda se debe realizar una prueba sencilla para conocer la reacción de la tela al lavado. En estos casos, se debe permitir una muestra de la tela que será dividida en partes iguales, de las cuales, en una de ellas se realizará el siguiente experimento: se mojará en agua caliente y se pasará por una plancha, colocando el tejido entre dos piezas de algodón blanco.

Si después del planchado, el algodón sigue blanco, significa que el tejido se puede lavar perfectamente en agua caliente; en el caso de que el algodón tenga manchas de desteñido, deberá limpiarse siempre en agua fría o llevarse a la tintorería; si los colores se han corrido o la tela blanca tiene marcado el estampado de la muestra, habrá que lavarlo en seco. Por último, siempre puede llegar a comparar el tejido en el que se ha hecho la prueba con el original.

Arreglos

Cuando un tejido está desgarrado o quemado, la única solución es arreglarlo inmediatamente para evitar que la tela de deshilache. Además, si se actúa con rapidez y habilidad, la reparación puede pasar casi desapercibida, evitando así tener que

retapizar el mueble dañado. Para realizar esta operación, tan sólo se necesitan unos retales de la misma tela. En el supuesto de que no se hayan conservado telas de la misma clase, éstos se pueden obtener de una zona no visible, como del interior de almohadones, debajo del mueble o en el faldón. Además, hará falta un poco de pegamento textil.

Reparar un tejido desgarrado o quemado:

1. Recorte los hilos sueltos o quemados con unas tijeras de costura. Corte un trozo de tela de una media un poco mayor al de la superficie a reparar, así como una pieza del mismo tamaño de cinta térmica.

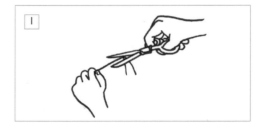

2. Introduzca el parche y la cinta térmica a través de la raja. Realice, igualmente, un hilván para evitar que se desplacen las piezas y para mantener la grieta cerrada. Deberá colocar la cinta métrica entre el parche de la tela y la tapicería.

3. Para fijar la cinta métrica, deberá pasar la plancha caliente sobre la zona a reparar. Tendrá que planchar en el sentido de la trama para, de esta forma, fijar los hilos sueltos y para que el desgarro no sea visible.

4. Por último, el pegamento textil puede ser usado para pegar el parche por el interior de la raja y evitar que se deshilachen los bordes de la grieta o quemadura.

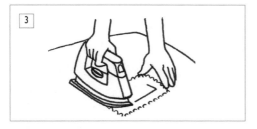

DECORACIÓN
DECORACIÓN

EL ESPACIO ÚTIL

En el mundo desarrollado, y en la casa occidental, cada vez se requiere más que la vivienda sea un espacio con muchas prestaciones, a pesar de que, paradójicamente, las viviendas medias son más pequeñas.

Aunque no es ningún trabajo fácil instalar, amueblar y decorar una vivienda pequeña, planificando todos los espacios y recurriendo a aquellos muebles que son los más adecuados para la sala, lo cierto es que cada vez más, hoy en día, se pueden conseguir muy buenos resultados en un espacio relativamente pequeño.

Con el fin de optimizar al máximo el espacio de cada habitación, los dueños de la casa planifican, estudian y analizan cada rincón y su superficie, tanto en anchura como en altura, para poner en valor la zona al gusto particular de sus habitantes.

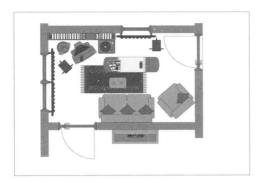

Plano de una sala.

Además de conocer estos requisitos ergonómicos y de tamaño mínimos para vivir en un espacio cómodo, hay una serie de trucos decorativos que ayudan a proporcionar sentido al espacio, comodidad y confort, como son el tratamiento de la luz, del color, de los materiales elegidos, la utilización de transparentes, etc.

Antes de proceder a cambiar, modificar o realizar un simple trabajo de reforma, es conveniente que se realice un plano de la habitación para estudiar todas las posibilidades de la misma: rincones, posibles columnas, altura de la sala, situación de las puertas y ventanas, iluminación natural existente o elementos de calefacción.

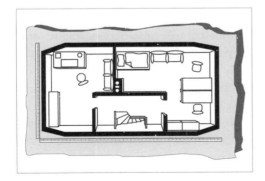

Plano de una casa.

Uno de los trucos que puede realizar, una vez que disponga del plano de situación de la habitación, es dibujar a escala o mediante recortables los distintos muebles existentes en la habitación y manipularlos en su interior, para obtener una distribución óptima de los mismos en el interior del espacio. Antes de comenzar a realizar planes o diseños decorativos sobre la habitación en cuestión, deberá tener presente una serie de reglas estándares y generales sobre la ubicación o colocación de ciertos elementos en las distintas dependencias de la vivienda:

- La encimera de la cocina debe estar colocada a la altura que permita comodidad postural de la espalda.

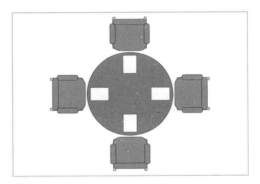

Plano de la colocación de los muebles.

- Una entrada debe tener una anchura mínima de 1,5 m para que permita estirarse a una persona que se pone o se quita el abrigo. Además, se debe permitir pasar a través de ella muebles u objetos que haya que instalar en la casa.

- En el salón o cuarto de estar, si se colocan dos sillones enfrentados, éstos

deben dejar un espacio libre de 1,5 m como mínimo. Si se pone una mesa de centro, el espacio entre ésta y el sofá debe ser de 40 cm. Asimismo, la altura de la mesa de centro no será inferior a los 30 cm ni superior a los 40.

• En una mesa de comedor, cada comensal necesita un espacio para los brazos de al menos 60 cm.

• En un dormitorio de dos camas que no vayan juntas se establecerá una distancia mínima entre ellas de 50 cm, y de 70 cm entre la cama y la pared.

• Los baños, por su parte, requieren una atención especial respecto a dimensiones mínimas de seguridad, porque los aseos son las estancias de la casa donde más accidentes domésticos se producen.

Así, la taza del inodoro va a requerir 60 cm de espacio libre por delante y otros 60 cm en anchura; el bidé precisa también 70 cm de ancho total para que sea utilizado con cierta comodidad; por su parte, el lavabo requiere 70 cm desde la pared hasta el objeto más próximo.

• El uso del color es uno de los trucos decorativos que más se pueden utilizar en la casa, tanto para crear ilusiones ópticas de decoración como para conseguir efectos que modifiquen las dimensiones de la sala. Si se eligen colores claros, se creará una sensación de mayor amplitud que si se utilizan colores oscuros. Las rayas horizontales, los estampados menudos y los tonos claros aumentan las dimensiones; por el contrario, los estampados grandes, los colores oscuros y los cálidos hacen parecer más pequeñas las habitaciones.

• Igualmente, los espejos murales de grandes dimensiones aumentan el doble los espacios, y los muebles de cristal no ocupan desde el punto de vista óptico ningún espacio. No obstante, no se debe abusar de estos recursos basados en los cristales.

Selección del color

No es lo mismo tener sentido y conocimiento para combinar los colores que pintar o empapelar una habitación. Es cierto que no existen unas reglas fijas para determinar la armonía o combinación de colores en la decoración, sin embargo sí que existen una serie de principios básicos que sirven de guía y de camino para que el resultado sea bueno.

Normalmente, los decoradores y expertos utilizan la palabra armonía y contraste para referirse al diseño de interiores y a la selección de colores. De hecho, tienden a describir los colores como cáli-

dos y fríos; este tipo de términos constituyen la base para desarrollar, a posteriori, un esquema de colores.

Clases y tipos de colores

Colores primarios
Todos los colores se derivan de tres colores básicos, que son el rojo, el azul y el amarillo, y que reciben el nombre de colores primarios.

Colores secundarios
Surgen de la mezcla de los colores primarios en proporciones iguales. Así, el rojo y el azul derivan en violeta, el azul y el amarillo en verde, y el rojo con amarillo en naranja.

Colores terciarios
Son aquellos que surgen de mezclar en proporciones iguales un color primario con un color secundario.

Colores cálidos y fríos
En uno de los lados del círculo de colores, se sitúan las combinaciones de rojos y amarillos cálidos, que son colores asociados con el fuego y la luz solar. Si una habitación se decora con este tipo de colores cálidos, la sala puede convertirse en acogedora o excitante, dependiendo de la intensidad de los colores. Los colores fríos,

por su parte, se agrupan en el otro lado del círculo y se refieren a colores relacionados con el azul y el verde, y son tonos asociados a la vegetación, el agua y el cielo. Normalmente, suelen crear atmósferas relajadas y despejadas.

Utilización de los tonos

Los colores puros suelen resultar muy efectivos en los esquemas de color, tanto en zonas de interior como de exterior. Los colores pálidos se consiguen mezclando colores puros o cambiando el tono de un color al añadirle otro neutro.

Así, en los tonos, se distingue entre colores neutros, matices y sombras.

Colores neutros
La forma más pura de un color neutro es la total ausencia de color; es decir, los colores blanco y negro. Combinando ambos colores se consigue una gama casi infinita de distintos tonos de grises neutros. Normalmente, este tipo de gamas son tonos muy utilizados por los decoradores, ya que son colores que no suelen desentonar con ningún otro color.

Matices o colores pastel
Cuando se añade blanco a los colores puros, se forma una gama de colores pastel o matices que combinan con mucha facilidad entre sí. No obstante, el matiz puede cambiar bastante si se utiliza un tono pastel

con los colores oscuros, ya que puede llegar a producir un efecto dramático.

Sombras

Las sombras de un color se consiguen al añadirle el negro. Son colores, por lo general, espectaculares y que se suelen utilizar para crear un conjunto sofisticado y atrevido. En esta gama de colores suelen hacer su aparición los marrones, colores a los que se recurre con cierta frecuencia.

Textura de los elementos

Es cierto que el color es tan sólo una percepción que se asimila gracias a la luz, sin embargo, la mayoría de la gente es más consciente del color de una sala que de su textura tangible y palpable. La textura, por tanto, es un elemento vital de todo proyecto decorativo y a la que se debe prestar mucha atención, a pesar de que en un primer momento sea más perceptible el color que la propia textura.

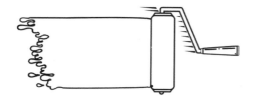

El efecto visual de la textura se consigue gracias a la luz. Por eso, una superficie lisa refleja más luz que una áspera. Las texturas ásperas absorben luz y llegan a crear sombras si la luz cae sobre ellas formando un ángulo plano. Por esta razón, el mismo color tendrá un aspecto totalmente distinto si la textura es áspera o lisa.

A pesar de que la textura en sí no tiene color, lo cierto es que la textura añade interés y realza un proyecto decorativo. Así, se puede crear un contraste entre el ladrillo desnudo y la pintura, por ejemplo, o utilizarse las propiedades del cristal, metal o cerámica para que el objeto tenga un mayor alcance decorativo.

Al igual que sucede con el color, que se utiliza para crear una atmósfera, la textura produce un efecto casi instintivo, es como si se pudiese palpar con la vista.

El corcho, la madera, las telas gruesas o las alfombras producen un toque cálido al interior de una casa, mientras que los materiales duros y lisos como la piedra pulimentada, el acero inoxidable, o las superficies negras producen un efecto de limpieza extrema.

Cómo conseguir un efecto en los diseños

Las últimas tendencias en diseño son relativamente tímidas si se compara la utilización de estampados y dibujos actuales con su uso pasado. Antes, las casas se llenaban de motivos decorativos, creando ambientes alegres y excitantes.

En este sentido, un papel estampado bien diseñado, una tela o una alfombra pueden usarse como base de un esquema de color, sobre los que se sustentará y se creará una combinación de colores.

Combinar distintos diseños, en ocasiones, es complicado, sin embargo un dibujo pequeño y regular suele quedar bien en una decoración extensa y atrevida. Asimismo, también pueden combinarse distintos dibujos sobre un color dominante; y otra posibilidad es utilizar el mismo diseño con distintos colores.

En cualquier caso, siempre se deben seleccionar los diseños pensando en el tipo de atmósfera que desea crearse. Las formas geométricas simples suelen tender a cansar, a menos que los motivos sean complicados.

La manipulación del espacio

En casi todas las viviendas existen áreas tan pequeñas que resultan, en cierta forma, incómodas o, por el contrario, hay espacios tan grandes que la persona se siente perdida en ellos. La solución que se piensa como más común para evitar estos efectos es la de derribar una pared o levantar un falso techo. En ocasiones, estas soluciones pueden ser las más efectivas, pero no cabe duda que son resoluciones complicadas y caras a otras posibilidades, como utilizar el color, los tonos o el diseño.

La vista percibe los colores y tonos de una manera que posibilita la creación de ilusiones ópticas que aumentan o disminuyen la habitación. Así, los colores cálidos parece que se comen el espacio, por lo que un área pintada por completo de rojo o de marrón parecerá más pequeña. En el lado contrario, una habitación pintada de colores fríos, como el azul o el verde, dará la sensación de ganar espacio.

Es evidente que los tonos pueden utilizarse para modificar o reforzar la ilusión óptica deseada. Estas cualidades de color y tono cambian las proporciones del espacio.

Otro ejemplo es cuando se pinta el techo. Si el techo se pinta de color oscuro, las paredes parecerán más bajas, y si el suelo se trata con la misma tonalidad de color que el techo —colores oscuros—, la sensación de la habitación es que el espacio queda comprimido entre el techo y el suelo. Igualmente, un pasillo largo y estrecho producirá menos claustrofobia si se ensanchan visualmente las paredes pintándolas con colores fríos y claros que si se pintan con colores cálidos y oscuros.

Utilizar un diseño lineal es otro de los métodos para alterar la percepción del espacio. Así, una pared con rayas verticales contrarrestará el efecto producido por un techo bajo; las persianas venecianas harán que las ventanas parezcan más anchas, y los suelos de parqué tenderán a alargarse en la dirección de las tablas.

Los dibujos a gran escala llaman la atención y reducen el espacio, al igual que sucede con los colores cálidos y oscuros; sin embargo, los dibujos pequeños parece que forman una textura uniforme vistos desde cierta distancia, con lo que su efecto es mucho menor.

Simplifiquemos con algunos ejemplos:

- Todos los colores cálidos reducen el espacio.

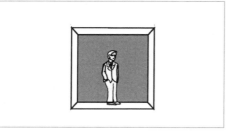

- Los colores fríos y los tonos claros amplían el espacio.

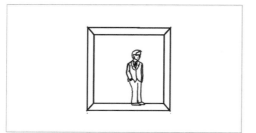

- Un techo oscuro parece más bajo.

- Un techo y un suelo oscuro reducen considerablemente la habitación.

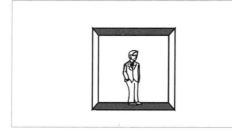

- Las rayas horizontales amplían la habitación.

- Las rayas verticales aumentan la sensación de altura.

- Los dibujos grandes reducen el tamaño.

- Los dibujos pequeños y regulares lo amplían.

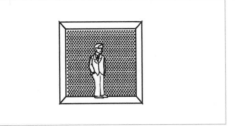

Proyectos para salas de estar

La sala de estar suele ser el mayor espacio de la casa. Es donde más tiempo se pasa y donde se recibe a los amigos y visitas. De hecho, es en la sala de estar donde, normalmente, más dinero se gasta la persona para la decoración, tanto de mobiliario como de equipos electrónicos e informáticos.

La máxima de la sala de estar es que ésta debe ser cómoda de día, relajante de noche y una zona alegre y apetecible para recibir. En el caso de que la sala no reciba mucha luz solar, lo mejor será pintar la habitación con colores cálidos para crear un ambiente acogedor. Los tonos fríos y oscuros pueden llegar a producir también ese efecto acogedor con luz artificial, pero si son muy oscuros, estos colores crearán zonas de sombra.

Los tonos neutros y la gama de marrones permiten conservar los elementos básicos y cambiar los accesorios. Las texturas naturales también suelen ser muy versátiles para estos fines.

Las alfombras y moquetas estampadas son más sufridas que las lisas. Los colores oscuros se manchan con tanta facilidad como los claros. Las cortinas suelen ser una solución perfecta para modificar el ambiente fácilmente.

Proyectos para dormitorios

El dormitorio es, sobre todo, una habitación personal. Por tanto, esta sala debe reflejar el carácter de su ocupante, además de realizar su función. Por la noche, el dormitorio debe ser relajante, tranquilo y producir cierta sensación de quietud; en consecuencia, esta habitación debe tener una iluminación acorde con el momento del día y unos colores y un diseño que contribuyan a crear esta atmósfera.

Aunque no sea una práctica habitual decorar los techos del dormitorio, la habitación puede ofrecer una oportunidad única para realizarlo. En el caso de que se instale moqueta, ésta puede ser elegida de una calidad inferior, ya que el desgaste de la misma será mínimo, o al menos inferior al del resto de la casa.

Si el dormitorio está orientado hacia el sur, el sol de la mañana inundará todo al despertarse, pero si la sala está dirigida al

norte, no estaría de más decorar la habitación a base de colores chillones y vivos.

En muchos casos, el dormitorio cumple una función doble; es decir, la habitación de matrimonio puede disponer de un lugar de trabajo, o el cuarto de un adolescente puede ser también una perfecta sala de estudio o lugar de reunión de los amigos.

Los dormitorios más pequeños, aquellos destinados a los huéspedes, pueden verse ampliados visualmente si se juega con ciertos tonos y colores que producen un efecto óptico de amplitud.

Decoración en cocinas y comedores

Las cocinas son estancias destinadas a trabajar en ellas, por esta razón, se entiende que los materiales de las mismas tienen que ser resistentes y fuertes. Esta circunstancia no significa que los colores no puedan ser llamativos.

Las pilas y complementos de las cocinas se fabrican y se pueden instalar en colores brillantes, en acero inoxidable o en esmalte. Las encimeras, escurridores y los suelos son superficies en donde también se puede recurrir a los colores. La idea de una cocina uniforme o poco colorista ha pasado a la historia.

En el caso de que la cocina incorpore una zona comedor, será conveniente convertir la nueva estancia en un apartado diferenciado de la cocina propiamente dicha.

En este sentido, la zona comedor debe ser considerada como un espacio más relajante, en donde las texturas suaves, como la moqueta o el corcho, absorban parte de los ruidos procedentes de la cocina. Igualmente, también se puede jugar con los diseños, y modificar la decoración de las paredes.

La decoración en los cuartos de baño

Al igual que sucede con las cocinas, los cuartos de baño tienen que ser funcionales, sin que lleguen a parecer fríos. No deben escogerse colores fríos, al tiempo que, normalmente, los acabados de los baños suelen tener superficies alicatadas o esmaltadas.

También es importante escoger con sumo cuidado los colores de los aparatos existentes en el cuarto de baño, ya que serán la base de posibles cambios futuros en la decoración de la habitación.

De hecho, en el cuarto de baño se puede permitir dar rienda suelta a la imaginación, al tratarse de un espacio que se utiliza a intervalos y no habitualmente.

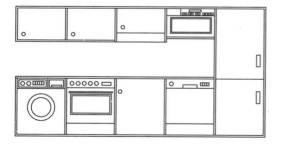

Debe asegurarse que la ventilación es óptima en el cuarto de baño antes de comenzar a instalar determinados materiales delicados que pueden verse afectados por el vapor o el agua. No es aconsejable, por ejemplo, pintar el techo de color oscuro, ya que la habitación en cuestión suele ser ya pequeña de por sí.

Para producir un efecto de bajar los techos, las paredes pueden dividirse en dos sectores, ya sea a través de distintos colores o por diferentes alicatados.

Cómo tratar apartamentos y estudios pequeños

Si se vive en una sola habitación, en donde se realizan todas las actividades posibles y diarias en una casa, es conveniente dotar a la sala de una decoración versátil.

En este sentido, debe diseñarse un interior modificable según sea la hora del día y el contexto a realizar. En esta línea, será muy conveniente tapar de alguna forma la zona destinada a dormir. Para ello, se pueden utilizar cortinas colgadas, biombos o una pared plegable. Igualmente, una división del suelo puede servir para distinguir y marcar las diferentes zonas de actividad: alfombras para la zona de estar y maderas barnizadas o baldosas para el área de la cocina o del comedor.

Un apartamento diáfano puede ofrecer otro tipo de posibilidades. Así, las variaciones de la luz natural y artificial pueden servir para iluminar más las esquinas oscuras y menos las que siempre reciben luz.

Para ofrecer una mayor amplitud al espacio del apartamento se puede utilizar el mismo tipo de suelo en toda la casa y pintar las paredes de blanco o de color pastel. También se puede jugar con las alturas del techo para proporcionar una mayor sensación de amplitud y crear un espacio más pequeño.

Crear paredes de cartón-yeso

Los tabiques interiores de cartón-yeso sustituyen de manera eficaz a los de albañilería tradicional, sobre todo cuando se trata de reformas en la vivienda que afectan a la distribución de espacios. En este sentido, las paredes de cartón-yeso son rápidas de colocar, económicas, limpias y de secado rápido. De hecho, en muchos países, las paredes de cartón-yeso son el principal material de construcción de interiores debido a su resistencia, robustez, capacidad de aislamiento, confortabilidad y perfecto acabado.

Los paneles habituales, formados por un cuerpo de yeso encerrado entre dos capas de cartón de celulosa de alta densidad, son materiales ligeros y fáciles de instalar, además de ser manejables con herramientas asequibles.

Los paneles se instalan sobre una superficie de perfiles metálicos galvanizados, mediante un procedimiento de atornillamiento al suelo, al techo y entre ellos.

Se trata de una obra que perdura en el tiempo, por eso es conveniente que se realice un estudio y unos planos previos antes de comenzar a realizar el trabajo. Analice los pros y los contras, compare posibilidades, estudie la situación más idónea, evalúe las canalizaciones existentes de luz, agua y calefacción, y compruebe todos los materiales que se van a utilizar. Una vez analizados y estudiados estos apartados podrá comenzar el trabajo.

Lo primero es realizar un replanteo sobre el suelo de la habitación que se va a dividir. Es decir, mida con toda precisión el emplazamiento del tabique, los huecos que se quieren dejar y las zonas más propicias para meter o instalar las canalizaciones correspondientes.

Calcule todas las medidas para adquirir el material necesario y dibuje una línea en el suelo por la que discurrirá el tabique. También será conveniente que se dibuje en la paredes perpendiculares la vertical donde se instalarán los perfiles de arranque y término de la pared. Igualmente, deberá trazar una línea de carril en el techo, de forma que se unan los extremos de la líneas verticales.

Comience clavando la estructura, marque los puntos necesarios para taladrar el alojamiento de los tacos y realice, con el taladro y la broca adecuada, los agujeros en el suelo y en el techo, al tiempo que coloca los tacos.

Después, coloque y atornille los canales metálicos del suelo y del techo y asegúrese de apretar los tornillos con el destornillador eléctrico. A continuación, comience a colocar la estructura metálica montante —es decir, la vertical— fijando primeramente el perfil de arranque del tabique e insertando el resto de los perfiles en los canales del suelo y del techo. La distancia entre los montantes será dada por el ancho de los paneles elegidos, que normalmente son de 40 o de 60 cm.

El caso del hueco de la puerta en las paredes de cartón yeso, en el caso de la haya, suele recibir un tratamiento especial. En este supuesto, se proporcionan piezas en escuadra que se instalarán sobre el carril del suelo a ambos lados del dintel. Estas escuadras recibirán los montantes del dintel de la puerta, que se cerrará en su parte superior con un perfil especial denominado canal de dintel. El canal de dintel está concebido para que se pueda enmarcar en él, en su parte inferior, el premarco de madera de la puerta, y por su parte superior, los trozos de montantes ver-

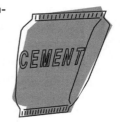

ticales que completan el tabique desde la altura de la puerta hasta el techo. A continuación de esta operación, se deben colocar las placas de yeso de una de las caras.

Una vez que esté realizado el medio tabique, deberá acometer todas las canalizaciones necesarias: los puntos de luz, los enchufes o las tomas de televisión. Los tubos y cableados deben pasar por unos orificios que ya están realizados en los perfiles de los montantes. En esta fase del trabajo también debe colocarse el material aislante.

Más tarde, deberá comenzar a colocar la otra cara de las placas, para lo cual deberá cortar la primera de ellas de manera que no coincidan nunca una enfrente de la otra.

Antes de pasar a la zona del remate, deberá comprobar la instalación realizada hasta ese momento, fijándose especialmente en que las cabezas de los tornillos hayan quedado perfectamente hundidas en las placas.

Por último, habrá que rellenar las juntas con una pasta especial, que se aplicará con una espátula. Una vez que esté seca, deberá aplicar una segunda capa de pasta de juntas que será mucho más ancha que la anterior. Cuando todo el conjunto esté seco, es conveniente pasar una lija fina para eliminar todas las rebabas e imperfecciones.

Completado todo el trabajo, la pared estará lista para que se aplique el tratamiento decorativo deseado.

La decoración con biombos

El biombo es un elemento que proviene de las culturas orientales, dotando al lugar donde se coloca de un espacio más intimista y más rico. Además, la filosofía de la cultura oriental dentro de la casa se basa en una ausencia de divisiones permanentes, del uso de la alfombra y de tabiques traslúcidos y móviles. Se trata, en definitiva, de una cultura de la confortabilidad y de la intimidad, sin puertas y paredes cerradas que condicionen la estancia interior de la vivienda.

El biombo llega a Europa en 1750, y desde entonces este elemento ha evolucionado en tamaño, tipo y decoración.

En principio, la función principal del biombo es la de dividir ambientes, además de servir de separación o de disponer de ciertos cometidos decorativos. También, el biombo puede ser utilizado como elemento útil de simple separación, como cuando se cierra una esquina de una pared o se tapa un armario.

Independientemente de que el biombo se utilice como elemento útil de separación o meramente decorativo, los tipos, formas y maneras del mismo pueden ser muy variados, desde la extrema delicadeza de un biombo lacado hasta el mimbre o la madera. Un biombo consta de dos o más hojas que están articuladas entre sí y que permiten plegar y desplegar el biombo en distintas posiciones.

El biombo puede tener patas o estar los paneles directamente apoyados en el suelo, o, incluso, puede llevar ruedas. Además, el mueble puede revestirse de tela o de papel, puede decorarse de recortes, o puede ser traslúcido, transparente u opaco.

Lo recomendable es utilizar el biombo como sustituto móvil de una pared, al tiempo que se le saca el mayor partido decorativo posible.

En una vivienda pequeña, el biombo puede ser sustitutivo de ciertos tabiques, o puede ocultar una puerta o una entrada a otra zona. En un apartamento, el biombo también puede ser utilizado para tapar la cocina del resto de la casa o como elemento multiusos para colgar diferentes cosas en el salón.

En el dormitorio, el biombo se puede colocar como cabecero de la cama o puede servir como puerta móvil de la zona de los armarios, constituyendo un íntimo vestidor. En el salón, el biombo se puede aprovechar como separador para un pequeño rincón de lectura, por medio de una lámpara de pie y una mesita.

Cómo ganar espacio en el baño

Una buena forma de aprovechar el espacio del cuarto de aseo, sobre todo en aquellas viviendas en las que sólo existe único baño, consiste en compartimentar el espacio para que pueda ser utilizado por dos personas sin perder la intimidad. Para ello, tan sólo habrá que separar el espacio destinado al inodoro (bastan unos

70 x 70 cm) con un tabique de cartón-yeso o un panel de cristal traslúcido.

Con esta reforma simple no se alteran las prestaciones del baño y se gana mucho espacio. Además, se puede obtener mucho más espacio si se cambia la bañera por una cabina de ducha; teniendo en cuenta que las personas utilizan mucho más la ducha que la bañera.

Otro recurso fácil y olvidado es instalar un armario debajo del lavabo y así ganar un espacio destacado en aquellos cuartos de baño.

Planificar una buena iluminación en la casa

Una iluminación adecuada debe ser funcional y permitir trabajar cómodamente, así como leer o estudiar sin forzar la vista. Tampoco, evidentemente, debe olvidarse la función decorativa que tiene la iluminación dentro de la casa.

En este sentido, la iluminación puede crear un ambiente acogedor y de bienestar, al tiempo que se resaltan los objetos de interés y se transforma un interior mediante zonas de luces y de sombra.

Distribución y tipos de iluminación

Según las diferentes estancias de la casa, son las siguientes:

Zonas más habitadas y transitadas
En las zonas habitables de la casa debe enfatizarse la versatilidad de la iluminación creando áreas de luz allí donde sean más necesarias.

Luces directas.

En las zonas de estar, la iluminación baja suele ser la más conveniente, así la luz no da directamente a los ojos, y la de lectura tiene que estar colocada de tal forma que ilumine por detrás para leer (si la luz es muy intensa, se reflejará en el papel blanco). Además de estos dos tipos de iluminación, se puede instalar un tercer tipo de menos intensidad para que cree contrastes entre las páginas y el espacio circundante.

La luz necesaria para trabajar en un escritorio debe ser de similares características a la descrita anteriormente para leer, pero situada frente a la silla, para que la persona no proyecte su propia sombra sobre el trabajo a realizar. Para que no se vean los focos de luz en este sistema, se puede ocultar la iluminación bajo las estanterías situadas sobre el escritorio en el que se trabaja. Además, esta luz simulada también es ideal para iluminar los sistemas de alta fidelidad colocados en las estanterías.

Luces indirectas.

El hecho de esconder fuentes de luz en la zona de estar de la casa suele producir efectos agradables, como bombillas situadas detrás de los armarios altos o luces colocadas detrás de las galerías.

Para iluminar los cuadros se puede recurrir a una hilera de focos en la pared, a focos montados sobre los cuadros o a focos empotrados en el techo. En el caso de que los cuadros tengan un cristal exterior, la iluminación directa no permitirá observarlos en todo su esplendor, para evitar este reflejo, lo aconsejable es iluminar los recesos en los que se han colocado los objetos decorativos.

Habitaciones y áreas para dormir
Las tradicionales lámparas de la mesilla de noche son elementos indispensables y sustituibles por otro tipo de iluminación,

como, por ejemplo, una luz disimulada sobre el cabecero. En este caso, este tipo de luz habrá que situarla lo suficientemente baja como para evitar que la luz caiga sobre la cara. En las camas de matrimonio se deben instalar dos fuentes distintas de luz para evitar molestar al compañero.

El tocador, igualmente, requiere de su luz propia, además de intentar que no se refleje en el espejo. Para la iluminación ambiental es recomendable colocar focos en el techo o en la pared, así como instalar un conmutador para poder controlarlos desde la cama y desde la puerta.

Es conveniente también que los interruptores situados junto a la cama en la habitación de los niños tengan doble aislamiento; igualmente, en la habitación de los niños se puede colocar un regulador de alumbrado para que esté al mínimo mientras el niño duerme y al máximo cuando está jugando.

Iluminación en las cocinas

Si se come en la cocina, habrá que crear dos ambientes, uno en la zona de comer y

Iluminación de la cocina.

otro en la de trabajo. Además de realizar una buena iluminación ambiental y general en la cocina, el propietario de la casa puede iluminar aquellos detalles o superficies de trabajo por medio de luces disimuladas bajo los armarios de pared.

Iluminación en el cuarto de baño

La seguridad y una buena iluminación es la prioridad máxima en este tipo de habitaciones de la vivienda. En este sentido, los apliques deben estar diseñados para proteger las conexiones eléctricas de la humedad y el vapor y así poder controlarlas desde fuera de la habitación o por medio de un interruptor instalado en el techo.

Una solución práctica para iluminar el baño es dirigir una luz escondida hacia el techo y colocar otra sobre el lavabo.

Luz en las escaleras

Las escaleras deben iluminarse desde arriba, para que incluso la gente con cierta visión defectuosa pueda ver perfectamente los escalones. Es conveniente colocar una luz sobre el rellano o giro de la escalera, así como dos o tres interruptores a pie de escalera, en lo alto de la misma y a la mitad. En ningún caso se debe subir o bajar las escaleras a oscuras.

Iluminación en los talleres o sótanos

La luz en estas zonas debe ser eficiente y segura. En este sentido, se debe iluminar el banco de trabajo como si se tratase de un pupitre o de una mesa, así como dotarlo de puntos de acoplamiento de herramientas y de maquinaria.

TRATAMIENTOS
ORNAMENTALES

CÓMO TRATAR CERÁMICA Y PORCELANA

Las piezas de cerámica están realizadas en distintos tipos de arcillas cocidas a altas temperaturas.

Además, las arcillas una vez moldeadas y tratadas, reciben diferentes esmaltes y recubrimientos que afectan a su conservación o restauración y que determinan el valor de cada pieza. La porcelana, en cambio, está compuesta básicamente por caolín, que es un material delicado tanto en su elaboración como en su posterior tratamiento.

El mantenimiento y restauración de las piezas y elementos dependen, en gran medida, del tipo de material y de cocción utilizada. En consecuencia, el primer paso antes de limpiar o reparar cualquier pieza es identificar y conocer su composición. Básicamente, se distingue entre cerámica, loza y porcelana.

La cerámica

Aunque existen distintos tipos de cerámica, como el gres, el barro o las distintas arcillas, la tonalidad base de las tres suele ser el color rojizo. Además, hay que tener en cuenta que la pasta es granulada y basta, que las paredes de la pieza son gruesas y el vidriado o esmalte suele estar superpuesto formando una película brillante externa.

La porcelana

Tiene su origen en China y su base suele ser el caolín, por lo que las pastas poseen un color casi blanco. Además, su doble cocción proporciona a la pieza un vitrificado natural, diferente al de la cerámica. Aunque existen distintos tipos de porcelana de mayor y de menor calidad, las piezas de caolín se caracterizan por un aspecto delicado y frágil.

La loza

En algunos casos se suele confundir con la porcelana, ya que se trata de un barro fino, duro y denso, además de poseer cier-

to tono blancuzco. Sin embargo, el grosor de las piezas es mucho mayor y el vidriado es externo.

Grietas y fisuras en las piezas de cerámica y porcelana

Para tratarlas hay que realizar las siguientes operaciones de tratamiento, para evitar que la suciedad se acumule en la grieta o la pieza acabe por romperse:

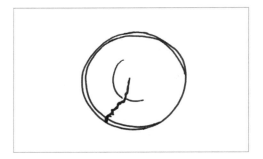

Fisura en una pieza cerámica.

- Primero habrá que eliminar la suciedad acumulada en las grietas lavando la pieza con agua con detergente y amoniaco y dejándola en remojo. De esta forma, la grieta se empapa y se ablanda la suciedad.

- A continuación, y sin llegar a secar la pieza, habrá que volver a remojar el objeto, pero esta vez en una mezcla compuesta por tres partes de agua tibia y una de lejía.

- Una vez que la pieza esté blanqueada, se procede a pegar la grieta. Para ello, hay que introducir la punta de una cuchilla en uno de los extremos, para abrir la raja, e introducir una gotas de pegamento rápido para sellar la grieta.

- Por último, se pasa el adhesivo por la superficie de la fisura, dejando una fina lámina transparente, que evitará que la zona agrietada y recompuesta vuelva a mancharse o ensuciarse.

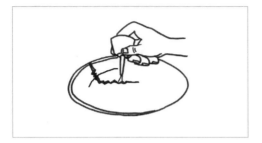

Pegado de una pieza cerámica.

La limpieza de los objetos de loza y cerámica debe realizarse de forma rutinaria con agua caliente y detergente, y añadir amoniaco únicamente si hay restos de grasa o polución en la cerámica. Los objetos esmaltados en blanco recuperan su color dejándolos a remojo en agua con bicarbonato. Las piezas de barro cocido o cerámica sin esmaltar se pueden frotar con un paño humedecido en aceite de linaza.

En el caso de las piezas de porcelana, es conveniente limpiar el polvo antes de proceder a su limpieza. Para limpiar el polvo

Limpieza de un objeto de cerámica.

de la porcelana se debe utilizar un pincel o una brocha. Una vez retirado el polvo de la pieza, hay que lavar a mano el objeto en un barreño de plástico cubierto con una bayeta de cocina o una esponja, ya que así se evitará que la pieza se golpee y se rompa. Se debe usar agua tibia para su limpieza y evitar los cambios bruscos de temperatura.

CONSERVACIÓN DE LIBROS ANTIGUOS

En el caso de los libros, sobre todo si se trata de obras antiguas o de encuadernaciones especiales, éstos requerirán de una limpieza continuada y de una restauración profunda, en su caso. En este sentido, la restauración de un ejemplar de estas características, que afecta tanto a la cubierta del libro como a sus páginas, exige de un conocimiento previo de las principales técnicas de restauración, por lo que deberá encomendarse este trabajo a un profesional.

Sin embargo, hay pequeños desperfectos que, si se actúa a tiempo, pueden ser reparados sin emplear grandes medios ni complejas técnicas, evitando de esta forma un deterioro mayor.

Mantenimiento de libros

Lo primero que se debe hacer es retirar el polvo que se suele posar en el canto superior de los libros con un plumero, el cepillo de una aspiradora o una brocha suave. Igualmente, los libros deben abrirse periódicamente para eliminar el polvo que se filtra en su interior y airear el papel, evitando la aparición de hongos y moho.

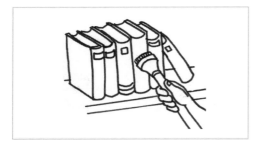

Limpieza del polvo en libros.

Para eliminar la suciedad o las marcas de los dedos sobre el papel o las encuadernaciones se utilizará polvos de borrar o una goma blanda. Para limpiar las tapas de tela se usa espuma seca o aerosoles para la limpieza en seco de los tejidos.

Eliminación de manchas con goma de borrar.

Las encuadernaciones de piel deben ser limpiadas con una esponja impregnada en un jaboncillo especial para cuero. Las manchas se eliminan con un algodón humedecido en aguarrás; y para evitar hu-

medecer el papel, éste debe ser protegido por unas láminas de plástico.

Limpieza de la piel con esponja.

Conservación de los libros

Para evitar que la humedad ablande el papel y facilite la formación de moho y hongos deberá guardar los libros en habitaciones ventiladas y luminosas, aunque resguardados de los rayos solares. En el caso de libros antiguos o valiosos, conviene guardarlos en vitrinas o cristaleras cerradas.

Para evitar que determinados insectos, como la carcoma o la polilla, se alimenten del papel, lo mejor es limpiar una vez al año la librería y aplicar un producto insecticida de larga duración.

Los libros que tengan las cubiertas de tela se tienen que limpiar con espuma seca; y para reavivar el color del lomo y proteger la encuadernación habrá que aplicar una capa de cera cristalizada. Igualmente, para evitar que los libros se resequen y agrieten, habrá que untar las encuadernaciones hechas en piel con cera especial para cuero.

Pequeñas reparaciones en los libros

Los pequeños desgarrones en los libros, así como las esquinas rotas, se pueden volver a encolar despegando primero las piezas con una cuchilla fina y encolarlas después con engrudo de encuadernar.

Despegado con cuchilla.

En el caso de las páginas arrugadas, éstas deben alisarse colocándolas entre dos hojas de papel secante ligeramente humedecidas y pasando después la plancha de vapor. A continuación se deja el libro colocado en una prensa o bajo unos libros pesados.

Alisado del papel con una plancha.

Las hojas de un libro que estén desgarradas o simplemente rotas deben pegarse con una cinta adhesiva especial para encuadernar.

Pegado con cinta de encuadernar.

No debe usarse nunca ni celo ni cintas adhesivas plásticas, ya que acabarían deteriorando el papel.

Para enderezar los ejemplares deformados o abombados, el mejor sistema es el de construir una prensa con dos tablas de madera unidas por medio de tuercas y palomitas, lo que permitirá mantener una presión constante y uniforme mientras se reparan.

Prensa de madera.

MANTENIMIENTO DE LA PIEL Y EL CUERO

El cuero y los diferentes tipos de curtidos de la piel, como son el ante, el charol, la vitela o el pergamino, suelen estar presentes en el hogar en forma de muebles y de objetos.

El cuero suele precisar un mantenimiento cuidadoso, ya que si no se engrasa periódicamente, tiende a volverse quebradizo y a agrietarse. Además, es importante controlar las condiciones de conservación, ya que el exceso de luz, calor o humedad pueden ser causas de deterioro.

Mantenimiento del cuero

Para la limpieza rutinaria del cuero bastará con utilizar un producto limpiador para la piel que contenga ceras y silicona y que además de eliminar el polvo del objeto, reponga la humedad perdida y evite que la piel se reseque.

Los objetos con aspecto reseco o los que tengan pequeñas grietas en la superficie exigirán también la aplicación de aceites enriquecedores y reponedores de cuero. Para untar este material —el aceite— sobre el objeto se requiere una esponjilla para una fácil aplicación. Por último, se deberá pasar un paño limpio para retirar la suciedad.

En el caso de las manchas sobre el cuero, éstas desaparecen con esencia de trementina, alcohol de quemar o gasolina de mechero. Los restos de grasa se eliminan con productos comerciales.

Una vez que el cuero está limpio y enriquecido, se recomienda pulirlo con un paño de lana o un cepillo suave. Con esta maniobra se obtiene brillo al tiempo que se facilita la absorción de las ceras y se impermeabiliza la piel.

Conservación de los objetos de cuero

Es conveniente guardar el cuero alejado de la luz solar o de las fuentes de calor, ya que el sol tiende a decolorar y a resecar la piel, favoreciendo la aparición de grietas. La humedad también es un mal amigo del cuero, así como la completa oscuridad. En estos casos, sobre el cuero pueden aparecer hongos o moho que dañen la piel.

Para evitar que el cuero se reseque o se arañe, se puede envolver el objeto en una bolsa de tela fina y transparente, pero nunca en plásticos.

En conclusión, los objetos de cuero deben ser guardados en un lugar seco y ventilado, tendrán que encerarse periódicamente y deberán ser secados y limpiados antes de guardarse.

Cómo reparar el cuero

Cuando haya que volver a coser objetos de cuero, deberá empezar a pespuntear unos centímetros antes de la zona descosida, para rematar la antigua costura y evitar que se siga deshaciendo. Las nuevas costuras suelen pasar desapercibas si se introduce la aguja por los orificios de las antiguas puntadas; para facilitar el paso del hilo, lo mejor es impregnar el hilo en cera para cuero.

Pespunteado del cuero.

Parcheado del cuero.

En el caso de que la costura tenga que soportar tensión y peso, se deberá coser con doble pespunte, es decir, enhebrar dos agujas con hilo para cuero encerado y pasarlas alternativamente por el mismo orificio, para realizar una doble costura de refuerzo.

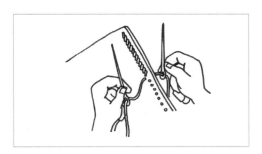

Doble costura.

Los desgarros del cuero se arreglan pegando con adhesivo de contacto un trozo de cuero o tela por el revés de la piel; es decir, se corta un parche de cuero del mismo color y de un tamaño ligeramente superior que la zona desgarrada y se aplica una fina capa de pegamento de contacto en el parche y en el interior de la pieza. Cuando el adhesivo deje de pegarse a los dedos es cuando se debe colocar el parche, comprobando que la costura queda lo más invisible posible.

TRATAMIENTO DEL BAMBÚ, MIMBRE, CAÑA Y FIBRAS VEGETALES

Las diferentes fibras y materiales de origen vegetal que se emplean en la fabricación de muebles o accesorios para el hogar comparten con la madera muchas de las características y métodos de conservación. Sin embargo, su menor resistencia o su utilización como muebles de exterior suele plantear problemas de mantenimiento específicos.

Tipos de fibras

Hay muchas y variadas fibras decorativas que están presentes en el hogar, ya sea en muebles auxiliares, biombos, objetos decorativos y revestimientos como alfombras o colchas. Todas ellas necesitan cuidados específicos. Entre las fibras que existen, destacan las siguientes:

Enea
Esta fibra se utiliza sobre todo para la realización de asientos de mobiliario rústico.

Bambú

Los troncos de bambú secos se usan para la fabricación de objetos decorativos o como estructura de otros muebles, sobre todo los auxiliares.

Fibras vegetales trenzadas

Se trata del yute, el coco, las algas u otras fibras vegetales. Sirven para fabricar moquetas, alfombras o esteras, generalmente de estilo étnico.

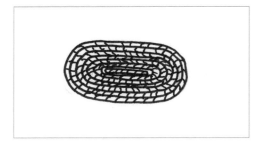

Mimbre

Debido a su gran elasticidad y capacidad para ser tejida, esta fibra vegetal se puede utilizar para fabricar todo tipo de cestas y muebles. Es frecuente incluso

ver salitas o dormitorios completamente amueblados con piezas de mimbre.

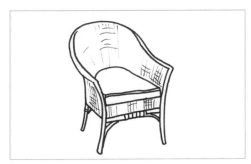

Limpieza y mantenimiento

Los muebles y accesorios de fibras vegetales que se utilizan en el exterior deben protegerse del sol directo y de la lluvia, ya que la fibra mojada tiende a pudrirse rápidamente. Conviene, por tanto, colocarlos bajo techo y, en invierno, guardarlos en lugar seco y cerrado, como por ejemplo, un garaje.

Para la limpieza rutinaria de este tipo de objetos es suficiente con pasar una esponja humedecida en agua con sal o bicarbonato. También se pueden utilizar productos limpiamuebles habituales. Para una limpieza periódica más profunda se debe utilizar un cepillo humedecido en agua jabonosa con amoniaco y después aclarar.

Para eliminar los hongos y manchas producidas por la humedad se deberá frotar la zona afectada con un cepillo de fibra vegetal empapado en lejía disuelta en agua al 50%. Para recuperar el tono natural de las fibras comidas por el sol se aplicará tintes naturales o barnices con color.

Respecto a las alfombras y esteras, su limpieza y conservación dependerá del tipo de trenzado existente y de la composición de la fibra. En principio, existen varios métodos para realizar alfombras y moquetas vegetales; los más comunes son las alfombras de fibra trenzada y las moquetas de soporte de goma.

Las esteras y alfombras de fibras vegetales tienden a acumular polvo y suciedad en su trama, por eso es recomendable colgarlas y sacudirlas periódicamente.

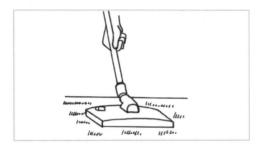

Aspirado de la moqueta.

En el caso de las moquetas de fibras, éstas deben aspirarse frecuentemente para evitar que se acumule polvo en ellas. Además, es aconsejable rociarlas periódicamente con insecticida para evitar la anidación de incómodos insectos dentro la trama vegetal.

Aunque, en principio, no es conveniente empaparlas con agua, en el caso de que la moqueta o la alfombra esté muy sucia deberá pasar una fregona o un paño ligeramente humedecido con detergente y amoniaco sobre ella.

Para la limpieza de las manchas, habrá que frotar con un cepillo empapado en líquido limpiador específico para tapicerías o alfombras.

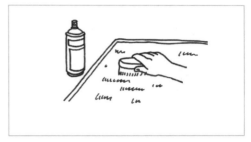

Cepillado de las manchas.

Si lo que se quiere es volver a coser las fibras descosidas, tendrá que utilizar hilos de cáñamo para evitar que las fibras se rompan.

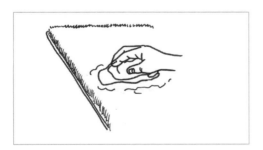

Limpieza de la alfombra con un paño.

Cosido de las fibras.

TRUCOS DE
BRICOLAJE

HERRAMIENTAS IMPRESCINDIBLES

Lo principal es confeccionar una lista con todas aquellas herramientas impres-cindibles para poder realizar cualquier trabajo doméstico sencillo, o algo más complicado.

El número de herramientas y el grado de nivel imprescindible depende de lo que se quiera hacer y de la capacidad y conocimiento del usuario. A pesar de es-tas dos sustanciales variables, una caja de herramientas puede llegar a ser bas-tante voluminosa.

Herramientas universales

El martillo de orejas
El martillo más polivalente es el denomi-nado de orejas, que además de golpear también sirve como tenaza para arrancar clavos.

Martillo de orejas.

Alicates universales

los extremos de estos alicates sirven como mordaza, el ojo o zona media es útil para apretar tubos, y la parte de la cabeza más próxima al mango es idónea para cortar cables, alambres o similares. Es recomendable adquirir unos alicates universales con mangos protegidos por material aislante.

Llave inglesa

En la mayoría de los casos bastará con una llave que disponga de una abertura entre 0 y 24 mm. Esta medida sirve para tornillería corriente y para grifería.

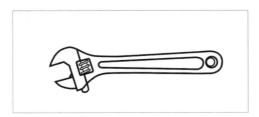

Llave inglesa.

Destornillador

Es conveniente disponer de varios destornilladores, ya que la ranura de los diferentes tornillos así lo exigen (rectas, cruciformes y estrelladas). Los mangos más seguros son aquellos que están revestidos con material aislante, de esta forma el trabajo se hace de forma segura en todas las labores. No cabe duda de que el destorni-llador es siempre la herramienta más utilizada en todos los hogares. En el mercado existen numerosos modelos y tamaños de destornilladores, las aberturas de boca más habituales son los de 3-4 mm y 10-12 mm, y los calibres más usuales son aquellos que corresponden a un diámetro de 5-6 y 8-10 mm.

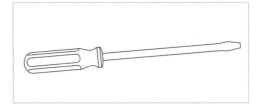

Destornillador.

Lima

En el mercado se pueden encontrar limas planas, de media caña, redondas, cuadradas y hasta triangulares. Muchos profesionales recomiendan el uso de la lima triangular por su polivalencia. Es conveniente disponer de un par de limas de grano diferente, por ejemplo una basta y otra fina, para satisfacer todas la necesidades domésticas de la casa.

Cinta métrica

La cinta métrica es también imprescindible en todas las casas. Las hay de 1 a 8 m y presentan anchuras que oscilan entre los 4 y los 13 cm.

Cinta métrica.

Espátula

Las mejores espátulas son las de acero de alta calidad y con el mango remachado en madera.

Las espátulas son muy apropiadas para despegar papel pintado de las paredes, para rellenar con yeso una grieta de una pared o para cubrir con masilla la hendidura de un tablón de madera.

Pinceles de cerdas vegetales

Sirven para limpiar agujeros, lubricar bicicletas, aplicar colas y disolventes y para retocar con barniz o pintura alguna superficie.

Cortafríos y cinceles

Los cortafríos son barras de acero macizo, con boca plana y que sirven para quitar remaches, practicar incisiones en materiales metálicos y hacer rozas o surcos en las paredes para empotrar hilos telefónicos o cables eléctricos.

Paleta

Con la paleta se rematan las paredes de ladrillo o se cubre con yeso o cemento una grieta.

Nivel

Se trata de una herramienta que presenta una serie de tubos especiales de cristal llenos de líquido. Cada uno de los tubos contiene, además del líquido, una burbuja de aire. Cuando la burbuja en cuestión se encuentra entre las dos líneas marcadas por el tubo, indicará que la estructura se encuentra perfectamente en horizontal o en vertical, dependiendo de la posición en la que esté colocado el nivel.

Taladradora

Esta herramienta se utiliza menos que otras, sin embargo en ocasiones llega a ser absolutamente imprescindible, sobre todo, para colocar una estantería, un cuadro, una percha o una simple cortina.

Otros utensilios

Otros utensilios necesarios, pero no tan imprescindibles como los citados, son: alicate de corte, berbiquí, cepillo, cortadora de azulejos, escoplo, formón, llave de tubo, pegamentos, serruchos y tenazas.

LA MADERA, REINA DEL BRICOLAJE

La madera es, sin duda, la estrella del bricolaje y hay que tener claros algunos conceptos para trabajarla.

Clases de madera

Madera maciza

Se clasifican en muy duras, como la encina o el boj; medias, como el abedul, el álamo negro, la haya, el nogal o el castaño; blandas como el abeto y la mayoría de los ár-

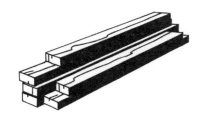

boles que forman parte de la familia de las coníferas; y muy blandas, como el chopo, el tilo o el sauce.

Respecto a los tableros prefabricados, los hay de varias categorías:

El tablero alistonado
Está hecho con tiras estrechas de madera blanda, dispuestas diagonalmente, encoladas y emparedadas entre chapas.

El tablero aglomerado
Está fabricado con virutas que han sido pegadas entre sí con una resina sintética, por lo que suele ser un tipo de tablero más barato que el alistonado.

El tablero de fibra
Está hecho de pulpa de madera y un agente aglomerante. Se suele usar como aislante de paredes.

El tablero laminado
Es muy utilizado en la fabricación de mobiliario chapeado moderno. Es un tipo de tablón similar al alistonado, pero con la presencia de un mayor número de tiras encoladas en el núcleo.

El tablero contrachapado
Tiene tres o más capas delgadas de madera.

Consejos para trabajar la madera

Una vez comprada la madera, sobre todo si es maciza, es conveniente dejarla reposar durante algún tiempo en el ambiente donde se va a trabajar con ella. Es reco-

mendable dejar los listones extendidos longitudinalmente sobre el suelo o sobre una superficie perfectamente plana.

Para las fijaciones se puede utilizar cola, pero es mejor usar clavos y martillo. Normalmente, es más seguro el mueble unido por tornillos o clavos que el que ha sido encolado. Puede ser realizado de distintas formas:

– Un perfecto tapaporos natural y casero es el polvo de piedra pómez untado en un trapo de algodón y humedecido en alcohol desnaturalizado.

– Los aceites empapan la madera y abrillantan suavemente la superficie.

– El tinte penetra en la madera. La principal ventaja del tinte radica en que resalta el color natural de la madera e, incluso, unifica las ligeras variaciones de color que éstas presentan.

– En el caso del barniz, que es una disolución de resinas naturales en algún aceite o líquido volátil, es conveniente aplicar previamente unas manos de aceite de linaza con el fin de que la madera embeba el aceite y no absorba demasiado barniz.

— La pintura es, sin lugar a dudas, el acabado más habitual; es un material que protege y reviste la madera. Además, la madera pintada que se encuentra en el exterior de la casa produce un efecto balsámico ante la acción del sol o de la lluvia.

— Los conservantes son idóneos para vallas y revestimientos exteriores de madera, ya que penetran profundamente y previenen la pudrición y los ataques de los insectos.

— La cera sirve para mantener cualquier acabado. Algunos profesionales tan sólo recomiendan utilizar ceras naturales en las maderas de interior.

Cómo unir dos piezas de madera

Hay muchas clases de ensambladura. Las más frecuentes son las siguientes:

Unión a tope
Es una de las uniones más sencillas, ya que se trata de una simple superposición o yuxtaposición de los extremos de las piezas de madera que se pretenden unir. Se trata, por tanto, de uniones en las que no

se trabaja la madera; es decir, no se rebaja, no se lija, no se transforman los tablones. Las uniones se realizan en ángulo recto. Para realizar dichas uniones se pueden utilizar diversos elementos, pero el más común son los clavos, además si los clavos se introducen sesgadamente, la resistencia de la ensambladura es mayor.

Las escuadras metálicas constituyen otro excelente refuerzo de unión, al igual que sucede con los tacos rinconeros de madera.

Las uniones menos frecuentes, pero no por ello menos eficaces, son las grapas onduladas o las lañas metálicas.

Unión a media madera
Se trata de una unión en la que han de practicarse rebajes en las dos piezas de madera para que se unan perfectamente, de manera que las dos superficies de contacto resulten encajadas la una en la otra. Los trabajos más sencillos en este caso son el rebaje y la ranura o canal. Tanto el uno como el otro pueden ser usados en uniones de todo tipo.

El primero se trata de ejecutar en un extremo del tablero un rebaje para que se reduzca el grosor de la pieza; en el caso de la ranura, ésta se realiza en el interior del tablón.

Se pueden realizar tanto rebajes como ranuras con un serrucho o con un formón.

Este tipo de uniones sólo es recomendable cuando se trabaja con piezas de un grosor considerable.

Otro tipo de uniones

Existen otro tipo de ensamblados más complejos, como la unión de cola de milano, la unión de caja o las uniones con clavijas. Las uniones con clavijas son muy comunes en carpintería.

¿Cómo pintar la madera?

Antes de pintar la madera es preciso lijar la superficie que se va a tratar. Una vez realizada esta primera tarea, que debe ser hecha con cuidado, se procederá a limpiar el polvo y la paja de toda la madera. Más tarde, se fregará la superficie lijada con una solución a base de agua monacal, que consta de mezclar cinco partes de agua con una de amoníaco.

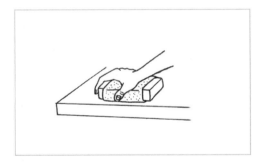

Lijado de la madera.

Después de acometer estas primeras tareas de acondicionamiento de la madera, deberá abordar una segunda ronda de lijado, pero en esta ocasión con un papel abrasivo de grano fino. Vuelva a lijar, a desempolvar la madera y a aplicar un producto protector como aceite de linaza.

Una vez realizado todo esto, aplicará un tapaporos para conseguir una superficie lo suficientemente homogénea como para que la aplicación de la pintura o del barniz se realice sin irregularidades.

A la hora de barnizar, lo primero que se debe hacer es conocer la temperatura media de la habitación donde se va a trabajar y la existencia de ventilación. Para que la labor se realice en unas condiciones óptimas atmosféricas y de temperatura, la sala tiene que estar a unos 20 °C y muy bien ventilada.

Para aplicar el barniz es conveniente no remover el líquido, ya que de lo contrario se formarán burbujas. Igualmente, deberá limpiar la brocha concienzudamente y elegir una que sea gruesa y con el borde biselado. Una vez que esté lista la brocha, se deberá colocar un alambre cruzado sobre la boca del bote de pintura para escurrir el sobrante de la brocha en esa zona y no contra el borde del bote, que produce burbujas. El modo de aplicación del barniz es el siguiente: brochazo de izquierda a derecha y brochazo de derecha a izquierda, y así sucesivamente hasta cubrir una extensión de unos 30 x 30 cm. Allí donde acabe el último brochazo deberá empezar el primero de la segunda vuelta, pero esta

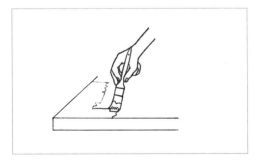

Pintado con barniz de la madera.

vez con brochazos de abajo a arriba y de arriba abajo, completando igualmente el cuadro de 30 x 30 cm.

Una vez que se haya extendido la primera capa de barniz, se lijará la superficie con papel abrasivo muy fino y se pasará un trapo humedecido en disolvente sustitutivo del aguarrás sobre la superficie barnizada.

Para pintar de colores una madera o un mueble de madera, el procedimiento es semejante a la aplicación de barniz; es decir, primero habrá que lijar en dos veces consecutivas la superficie de la madera, para después aplicar la pintura sobre la misma, hasta que el color adquiera completamente la superficie a pintar.

¿Cómo desprender la capa de pintura?

Antes de comenzar, es conveniente realizar una buena limpieza de la pieza por medio de un cepillo de dientes para extraer polvo y mugre. En el caso de que el mueble en cuestión sólo esté un poco sucio, habrá que lavar la madera con una solución de agua y vinagre, en tres y una parte; si, por el contrario, el objeto se encuentra muy sucio, se deberá utilizar un detergente disuelto en agua caliente, a una media de 50 g de detergente por litro de agua. Una vez que la superficie se encuentre limpia,

habrá que comenzar la tarea de desprender la pintura con una rasqueta de filo biselado. En el caso de que se quiera acabar antes la labor, se puede desprender la pintura rascando en caliente, pero para ello se necesitará un soplete.

En cualquier caso, la manera de proceder es la siguiente: se aplicará calor sobre la superficie, mediante un soplete, y se rascará al mismo tiempo. Con una mano se utilizará el soplete y con la otra se procederá con la rasqueta. Como medida de seguridad es conveniente saber que el calentamiento de determinadas pinturas y barnices produce, en ocasiones, gases tóxicos.

En el caso de utilizar disolventes químicos y lejías para eliminar la pintura, el uso de los mismos puede entrañar inconvenientes sanitarios y medioambientales.

Otra de las propuestas para decapar un mueble barnizado es utilizar un trapo empapado en gasolina, usando para ello un guante de piel.

En el caso de que se quiera acelerar cualquiera de los procesos descritos anteriormente para la eliminación de la pintura, se deberá rascar antes con un cepillo la superficie a eliminar para aflojar la capa.

¿Cómo se puede blanquear la madera?

Para blanquear la madera se debe seguir el siguiente procedimiento: primero habrá que lijar la superficie que se quiere blanquear, envolviendo en papel abrasivo un

Pintar una puerta vidriada.

taco de madera, de corcho o de goma, y proceder a lijar; una vez realizada dicha operación, se mezcla una parte de amoníaco con cinco partes de agua, y se aplicará la mezcla con una brocha sobre la madera; por último, se lavará la madera con una parte de agua oxigenada por cada dos partes de agua.

Además de este blanqueador casero, el mercado ofrece algunos productos químicos para blanquear madera.

¿Cómo se pinta una puerta?
Si la puerta es panelada, se propone empezar por las molduras y seguir por los paneles de la puerta.

En el caso de que sea vidriada, se empezará por los junquillos y se seguirá por la misma secuencia que para las puertas paneladas.

Si la puerta es lisa, se debe empezar por arriba y trabajar por secciones, rematando cada una de las secciones con un ligero brochazo vertical. Finalmente, se pintarán los bordes de la puerta partiendo desde ellos, y nunca hacia ellos.

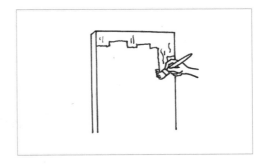

Pintar una puerta lisa.

Para pintar todas las puertas, sean del modelo que sean, se debe quitar las manillas y dejar la puerta abierta y sujeta con una cuña, a fin de evitar que se cierre.

¿Cómo lograr un buen encolado?

Un adhesivo es una sustancia no metálica capaz de unir dos cuerpos a los que se proporcionará una solidez íntima, de ad-

Pintar una puerta.

hesión y cohesión, sin que las partes unidas se lleguen a alterar constitutivamente. Adhesivo es entendido como cola, pegamento o similar.

Fue a mediados del siglo XIX cuando los científicos empezaron a centrar sus investigaciones en productos adhesivos de origen natural, de donde salieron la goma arábica, el caucho o la gutapercha. Sin embargo, a partir de los años 30 del pasado siglo, las conocidas como colas naturales dieron paso a sustancias adhesivas sintéticas realizadas con productos químicos, en donde es recomendable un uso limitado de las mismas. Así, para la fabricación de muebles o de otros elementos en madera, en lugar de utilizar colas sintéticas, se emplean clavos, tornillos o modernos sistemas de ensamble.

En el caso de que haya que adquirir una cola para unir dos piezas, se deberán extremar las precauciones a la hora de su manejo, sobre todo en contacto con la piel y los ojos y con el alcance de los niños.

Reparaciones domésticas habituales con madera

Las principales labores o trabajos del principiante, manitas o aficionado en la casa se refieren al mantenimiento general del hogar y a las pequeñas reparaciones que hay que realizar de manera inmediata en la vivienda.

Además, este tipo de actuaciones caseras y menores suponen una intervención rápida, lo que en última instancia evitan un mal mayor y conservan las cosas en buen o perfecto estado.

Destacamos las reparaciones o actuaciones más comunes que se realizan en la casa, y que en la mayoría de los casos se trata de trabajos pequeños o intervenciones sin mucha complicación:

Acuchillar y barnizar suelos de madera

El mantenimiento de los suelos de madera depende directamente del uso y tratamiento que tengan. En consecuencia, no sufre lo mismo el suelo del dormitorio que el del pasillo o el del recibidor. De la misma manera, la conservación del suelo también dependerá de factores ambientales o del trato que proporcionen los habitantes de la casa. Por eso, no existe una serie de reglas fijas para saber cuándo hay que reponer los barnices o cuándo se debe acuchillar y limpiar el suelo. En cualquier caso, y siempre dependiendo del uso que se dé al suelo, la reposición de barnices en un suelo puede calcularse entre los seis y los diez años.

La renovación del barniz en el parqué comienza por la eliminación total del anterior; es decir, nunca se debe aplicar un nuevo barniz sobre uno viejo y gastado, porque de hacerse así sólo se empeorarán las cosas.

En el caso de que se trate de madera maciza de 6 mm de grosor, el suelo se puede acuchillar. En cambio, si la madera es chapeada, ésta deberá decaparse, ya que el lijado mecánico podría consumir enteramente la fina capa de madera y arruinar el suelo.

Antes de comenzar a lijar el suelo, se debe asegurar de que todas las tablillas están fijas. En el supuesto de que haya alguna suelta o deteriorada, deberá ser repuesta antes de comenzar a acuchillar.

Para acuchillar un suelo, se recomienda alquilar una lijadora profesional de tambor, así como practicar antes en una madera desechable que se tenga. Incluso, para una mayor seguridad, es recomendable colocar siempre la lija más fina posible. Para ello, empiece, por ejemplo, con papel de lija del 80 y colocándose a una distancia de 15 cm; después, levante el tambor del suelo para poner en marcha la máquina; arranque y vaya suavemente hasta posar el tambor en el suelo. Inmediatamente después, empiece a mover el tambor desplazándose en un ángulo de unos 45° con respecto a la dirección de las tablas. Cuando haya realizado una pasada completa, deberá levantar el tambor para girar, sin llegar a bajarlo hasta que no se encuentre de nuevo en la posición correcta.

Tendrá que acuchillar de forma homogénea toda la superficie de madera, sin insistir en una zona más que en otra, porque de hacer ésto dejará marcas en el área en la que más se ha concentrado.

Es imprescindible que deje sin lijar un margen de seguridad alrededor de la habitación de unos 15 cm.

Una vez que haya acabado la primera pasada, cambie el papel de lija a un grano de 120 y realice una segunda pasada, esta vez en dirección de las tablas.

Por último, termine con una tercera pasada con un papel de lija de 180, para de esta forma pulir los arañazos que se hayan dejado las lijas más gruesas. Esta tercera pasada se realizará también en el sentido de la veta.

Una vez hechas las tres pasadas, deberá lijar los bordes con una lijadora manual, usando un raspador o un taco envuelto en una lija para los pequeños rincones. Luego, limpie y aspire todo el polvillo antes de proceder al barnizado de la habitación.

Para barnizar, deberá aplicar dos manos de barniz y seguir escrupulosamente las instrucciones que recomiende el fabricante.

Arreglar desperfectos en suelos de madera

En el caso de que el suelo esté encerado y la cera se encuentre en mal estado, deberá levantar toda la cera de la habitación, a base de trementina o aguarrás y un estropajo, antes de proceder a reparar los desperfectos de la madera.

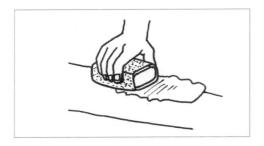

Limpieza con estropajo.

Si quedan restos que no se retiran bien, deberá lijar las zonas afectadas con una lija muy fina envuelta en un taco de madera. En el supuesto de que existan manchas que han penetrado en la madera, por defecto de la humedad o por la acción de los hongos, deberá derramar un líquido especial (una disolución de ácido oxálico en agua) para intentar aclararlas. Cuando haya arañazos, grietas o agujeros en la madera, que no requieran la sustitución completa de la tablilla, deberá retirar primero el producto del acabado (cera o barniz), lijar suavemente la superficie, rellenar la zona con pasta de madera y dejar secar.

Para encerar de nuevo, tendrá que comprar en un establecimiento especializado una buena pasta a base de ceras naturales y aplicarla sobre la zona dañada y reparada para que proteja las características de la madera, al tiempo que hace de impermeabilizante y de repelente antimanchas.

Si la madera está oscurecida por el paso del tiempo y desea realzar ese aspecto antiguo, tendrá que aplicar una cera tintada que puede preparar usted mismo: ponga al baño María una lata de cera natural en pasta, añada un cuarto del volumen de betún de Judea y una pizca de óleo color sombra natural; después, deje que se funda la cera y revuelva para que se mezclen bien todos los ingredientes; a continuación, deje enfriar completamente y aplique la mezcla como si se tratase de una cera normal en la dirección de la vetas; para finalizar, saque brillo al conjunto con una enceradora eléctrica.

En conclusión, para reparar desperfectos en los suelos, primero tiene que rellenar las grietas o ranuras con pasta de madera de un color parecido.

Una vez que la pasta se seque, deberá pasar una lija para que la superficie quede perfectamente lisa y enrasada. Por último, deberá aplicar cera en pasta con un trozo de algodón que no suelte pelusa y que dejará la madera como nueva.

Aplicado de cera con algodón.

BRICOLAJE HABITUAL

¿Cómo evitar que entre agua por una puerta o ventana?

La solución en puertas o ventanas que no se ajustan como debieran al conjunto del muro o del marco en bodegas, corralas o patios es el vierteaguas.

Un vierteaguas es una moldura especial que se coloca en la parte inferior de una puerta de exterior para impedir que el agua de lluvia penetre dentro de la vivienda o de una dependencia aneja a la casa.

Para colocar un vierteaguas se debe medir cuidadosamente, en primer lugar, la anchura del hueco de la puerta. A continuación, se cortará un extremo de la moldura o vierteaguas con una ligera inclinación en la parte en la que se encuentra con el marco de la puerta, justo por el lado del cerrojo. Esta circunstancia impedirá los inoportunos roces que podrían llegar a producirse si se ajusta demasiado la medida del vierteaguas al umbral de la puerta.

Después, se coloca un sellante impermeable entre la moldura y la puerta; es decir, se pone una tira de caucho, por ejemplo, y se practicará un máximo de cuatro taladros en la moldura, sin olvidar que los orificios deben apuntar a la vía de penetración del tornillo, por lo que no se transpasará el vierteaguas. La mitad de cada tornillo acabará introducida en la puerta y la otra mitad quedará agarrada a la moldura. El agujero por el que penetraron los tornillos se rematará con madera que debe entrar a presión en el hueco.

Sustitución de tablas estropeadas

Cuando el suelo de madera no pueda ser reparado y requiera la sustitución de algunos de sus elementos, deberá proceder a la sustitución de la tabla o de las tablas dañadas en su totalidad.

Para levantar una tabla clavada, deberá introducir un formón por uno de los laterales, junto a la cabeza de ésta, y realizar palanca para desclavar un poco la tabla. Realice la misma operación desde el otro extremo de la tabla y trate de desprender por completo los clavos. Luego, coloque una calza debajo de la cabeza de la tabla y avance, poco a poco, hasta conseguir soltar todos los clavos por completo. Extraiga la tabla y encargue otra de idénticas características. Por último, proceda a colocarla en el lugar de la sustituida.

Reparar suelos de cerámica

A pesar de que los suelos de cerámica están considerados como los más robustos y resistentes para el uso doméstico, lo cierto es que la cerámica también sufre desperfectos, ya sea por accidente, mal uso o simplemente por movimientos estructurales del edificio. En consecuencia, las baldosas se rompen o se desprende el

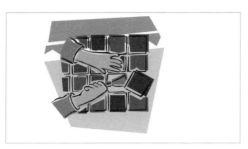

adhesivo de la baldosa con cierta frecuencia y hay que repararlo.

En el caso de que las baldosas vayan perdiendo el relleno de lechada, tengan mal aspecto o se agrieten, se puede realizar una reposición de la lechada. De esta forma se devuelve al suelo su saludable aspecto. Para ello, deberá eliminar completamente la lechada antigua con un cortafríos pequeños y un martillo, o por medio de un punzón o espátula. A medida que va arrancando el material viejo, tendrá que cepillar enérgicamente la ranura con un cepillo de alambre o de cerdas fuertes para eliminar y sacar todos los restos sueltos. Una vez que haya terminado, deberá barrer los restos más gruesos y aspirar todo el polvo.

A continuación, deberá preparar una nueva lechada que será extendida por las zonas expuestas, con ayuda de una llana. La forma de aplicar la nueva lechada es

por medio de movimientos entrecruzados en zig-zag para que la pasta penetre en todas las juntas. Después, deberá retirar el exceso de lechada con la misma llana y pasar una esponja o trapo húmedo para limpiar la superficie. En este proceso no deberá insistir demasiado, para evitar sacar la pasta de las juntas recién colocada. Una vez que todo el conjunto esté seco, deberá pulir con un paño o estropajo seco toda la zona.

En el supuesto de que existan baldosas rotas, deberá levantarlas con un cortafríos y un martillo. Para realizar este trabajo, tendrá que golpear la baldosa en el centro, hasta que pueda introducir el cortafríos y hacer palanca para desprender los trozos rotos. Elimine cuidadosamente el mortero del suelo bajo la baldosa, hasta que la capa inferior quede a la vista. Después, limpie con cuidado toda la lechada que hay adherida a los bordes de las baldosas para que la nueva baldosa encaje perfectamente.

Para reponer las baldosas, deberá poner pasta en las piezas nuevas con una espátula dentada. A continuación coloque la baldosa en su sitio y vaya encajonándola poco a poco, golpeando la misma con un taco de madera y una maza de goma.

Reparaciones en paredes

Dentro de una vivienda pueden existir distintos tipos de tabiques y paredes en su interior: tabiques de ladrillo, que están recubiertos con yeso o mortero fino; paredes de cartón-yeso; de madera natural

o de aglomerado. En cada tipo de pared interior, la clase de desperfecto suele ser parecido, lo que varía es el tratamiento a recibir.

En el caso de los tabiques de cartón-yeso, es frecuente que las placas que lo forman se aflojen con el tiempo y dejen asomar las cabezas de los tornillos de fijación. Cuando esta circunstancia ocurre, deberá forzar el panel hasta que haga tope con el bastidor que lo sujeta y colocar un nuevo tornillo que lo afiance, eliminado la fijación anterior. Una vez que haya fijado el nuevo tornillo, deberá extraer el antiguo, rellenar el agujero que ha dejado con un poco de pasta y dejar secar. Una vez seco, habrá que lijar y retocar con una pequeña mano de pintura.

Este tipo de paredes de cartón-yeso también suelen sufrir pequeños agujeros, ya sea porque se las golpea con muebles

o por cualquier otra circunstancia. Si el agujero es pequeño, deberá cortar un parche de venda de escayola, mojarlo en agua y pegarlo sobre el panel; después, deberá dejar fraguar durante unos minutos para cubrir el parche posteriormente con una pasta de relleno a base de yeso fino.

Por último se debe aplicar pintura sobre el mismo, una vez que haya quedado seco. En el supuesto de que se trate de un agujero demasiado grande para ser cubierto por el procedimiento anterior, deberá colocarse un parche del mismo material recortando previamente el agujero con una sierra o un serrucho pequeño; una vez que se tenga el hueco a la vista, se debe trabajar de la misma manera que si se tratase de un agujero pequeño.

En el caso de que la pared sea de madera, deberá sustituir el panel que está deteriorado o en malas condiciones. Si la pared o tabique es de ladrillo, deberá ser reparado dependiendo del grado de lesión del mismo; es decir, si el desperfecto sólo afecta a la pintura, a la pintura y al aglomerado o a todo el conjunto, incluido el ladrillo.

Normalmente, los desperfectos suelen ser superficiales, y con una nueva mano de pintura será suficiente para reparar el daño en el tabique.

Empapelado

En cualquier caso, sea cual fuere el tipo de pared existente en el interior de la casa, tienen el siguiente proceso en el caso del empapelado:

1. Primero deben limpiarse y vaciarse todas las grietas antes de proceder a rellenar el hueco con yeso o pasta nueva.

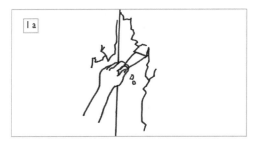

Debe retirarse el papel viejo que no esté en buenas condiciones, siempre y cuando la pared disponga de empapelado, ya sea con ayuda de vapor o de agua caliente.

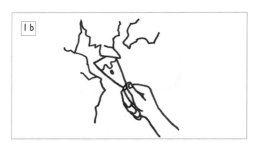

2. En ocasiones es necesaria la utilización de algún producto de imprimación para favorecer la adherencia de los acabados posteriores.

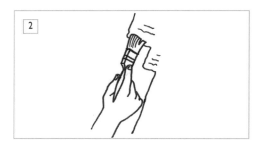

3. Coloque el nuevo papel o aplique cola nueva sobre el antiguo para que el viejo trozo quede fijado a la pared.

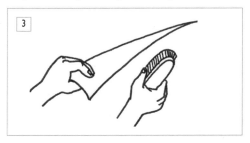

Reparación de una moqueta

Siempre que se utilice un revestimiento, ya sea en paredes suelos o techos, es conveniente guardar algún retal o trozo para posibles reparaciones en el futuro.

En el caso de la moqueta, dado que siempre se realizan cortes al colocarla, es fácil conservar un trozo más o menos grande. No obstante, en el caso de que no haya guardado un trozo de moqueta para una posible futura reparación, siempre puede recurrir a extraer un parche de la moqueta de un lugar no visible, como por ejemplo debajo de un mueble o similar.

Los desperfectos más comunes en una moqueta son las quemaduras y las manchas. Si la quemadura es superficial, tan sólo tendrá que cortar un poco de pelo con una tijera y cardar el fondo para disimilar el corte. Si, por el contrario, la quemadura o la mancha es profunda o muy grande, deberá quitar el trozo dañado y colocar un parche. En ambos casos, el procedimiento es diferente si se trata de moqueta pegada o flotante.

En el caso de moqueta pegada, deberá cortar un trozo bastante ajustado alrededor de la mancha ya sea en forma de círculo o de rectángulo. Para realizar esta operación deberá introducir una cuchilla de cúter por una esquina del corte y levantar la pieza con cuidado para que salga entera. De esta forma podrá usar el trozo de la moqueta extraída como patrón para cortar el parche. Después, deberá cortar el recorte sobre el retal de moqueta nueva haciendo coincidir el dibujo y la dirección del pelo. En este caso, deberá cortar exactamente igual el nuevo trozo, así como aplicarle un poco de cola alrededor del borde, por el revés, para fijar el pelo a las orillas y evitar que se caiga con el uso.

Es recomendable que ponga cola de contacto en el suelo y en el parche, y deje secar ambas durante 15 minutos. Luego coloque el nuevo trozo de tela en su sitio y presione fuertemente para fijar el injerto. Peine la zona restaurada e iguale el pelo del trozo pegado con el del resto de la moqueta.

Si se trata de moqueta flotante, también deberá poner un remedio por medio de injerto, pero realizando otra serie de operaciones previas para su fijación, ya que este tipo de moquetas están sujetas a la habitación únicamente en los extremos. Primeramente, deberá cortar la zona estropeada con un cúter y retirarla; después, con ese patrón, deberá preparar un parche y colocarlo sobre una arpillera, así como marcar el perímetro con un margen de 3 cm. Después, recorte la arpillera y con un canto no cortante de un cuchillo colóquelo en el hueco estropeado. A continuación, vaya levantando el borde de la moqueta y aplique por debajo un pegamento textil fuerte sobre el margen de la arpillera. Luego, ponga peso sobre la zona para que la moqueta se pegue a la arpillera y deje secar el pegamento.

Por último, extienda el mismo pegamento por el revés del parche y colóquelo sobre la arpillera, y vuelva a poner el peso para que el parche y la arpillera se adhieran totalmente.

Cómo reponer un azulejo roto

Si un azulejo está roto, agrietado, desconchado o tiene cualquier otro desperfecto, habrá que cambiarlo inmediatamente por otro, de lo contrario la imagen y sensación de la casa o del suelo será de abandono. Además, el recambio de un azulejo por otro es sumamente sencillo.

Para cambiarlo, deberá rascar con una espátula fina todas las juntas existentes alrededor del azulejo, para eliminar así la mayor cantidad de lechada posible. Después, proceda con un cortafríos y un martillo y golpee en el medio del azulejo; una vez que haya hecho un agujero, realice palanca con el cincel para ir arrancando los trozos del azulejo, y arranque con el cincel todo el cemento y la cola existente debajo del azulejo.

Más tarde, deberá comprobar que la nueva baldosa encaja perfectamente. Una vez realizada esta operación, tendrá que colocar adhesivo en la parte posterior de la misma utilizando una espátula dentada. Coloque la baldosa y nivélela; para ello, tendrá que poner un listón de madera sobre ella y golpear el listón suavemente para que quede al mismo nivel que el resto y perfectamente enrasado con el suelo. Cuando haya secado, deberá poner una nueva lechada en las juntas y limpiar el conjunto de polvo y restos.

Cambiar cerraduras y pestillos

Cerraduras

1. Para cambiar una cerradura, primero deberá desmontar la manilla retirando el prisionero que la sujeta, que normalmente es un pequeño tornillo.

2. Después, deberá retirar las placas embellecedoras de ambos lados de la puerta.

Con ayuda de un destornillador, deberá sacar la cerradura de la puerta.

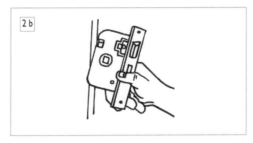

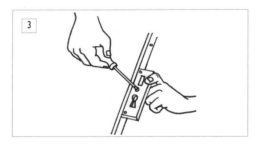

3. A continuación, tendrá que quitar los tornillos que sujetan la carcasa de la cerradura y abrirla.

4. El siguiente paso es comprobar el estado de los mecanismos de la cerra-

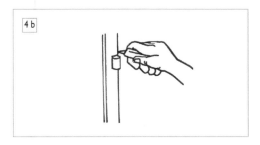

4 b

dura y aplicar grasa o aceite lubricante, en el caso de que haga falta.

En el supuesto de que la cerradura no pueda ser reparada, deberá proceder a su cambio por una de características similares.

Pestillos

En ocasiones, los pestillos de las puertas del interior de la casa se atascan y tropiezan, llegando incluso a impedir su juego normal y a que la puerta se atranque. Es aconsejable que antes de proceder a desmontar el pestillo, se observe el funcionamiento del mismo, así como el mecanismo de los demás accesorios y complementos de la puerta, para determinar con exactitud la causa del problema.

Si el mal funcionamiento es a causa del pestillo, puede deberse a la acumulación de suciedad o a la falta de lubricación en su interior, o incluso a que el muelle que acciona todo el mecanismo se haya roto. Lo primero es probar con un producto lubricante y accionar el pestillo para comprobar si funciona o no.

En el caso de que el problema sea una avería mecánica, será cuando deberá retirar el pomo, el cuadrado, y quitar los tornillos que sujetan el pestillo. Una vez he-

cho ésto, deberá sustituir el pestillo por otro de la misma medida. En estos casos, no será necesario que recambie el pomo o el resto de los elementos.

Otra de las razones de que un pestillo no funcione son las deficiencias en la alineación entre éste y la chapa de encaje del marco, la deformidad de la puerta, el descenso de las bisagras o que las bisagras se han aflojado. Para ajustar la alineación del pestillo y de la chapa, deberá comprobar primero el aplomo y el escuadrado de la puerta; en el caso de que la puerta se haya descolgado, deberá sacar la puerta de los goznes, colocar unas nuevas arandelas y volver a colocar la puerta en su sitio, comprobando, evidentemente, que el pestillo se ajusta perfectamente.

En el caso de que el mal encaje se deba a que las bisagras se han aflojado porque los tornillos no se fijan bien, deberá sacar la puerta, quitar las bisagras con un destornillador, y rellenar los agujeros de los tornillos con un pequeño taco de madera afilado en la punta y bañado en cola blanca. A continuación, deje secar el taco y proceda a cortar el taco sobrante. Vuelva a encolar la bisagra enroscando los tornillos, pero esta vez sobre los tacos de relleno.

Cuando la causa de mal funcionamiento del pestillo es el pandeo de la puerta, deberá igualmente desmontarla y colocarla horizontalmente, con la parte combada hacia arriba, en unos caballetes. Después, ponga encima de la parte central un peso considerable y déjelo actuar durante varios días, comprobando cada día que el defecto se va corrigiendo.

Corregir una puerta que arrastra

Con el tiempo, las bisagras de las puertas llegan a ceder con el peso produciendo arrastres y entorpeciendo el funcionamiento normal de la puerta, además de dañar considerablemente el suelo por el efecto del roce continuo.

Roce de una puerta con el suelo

Algunas veces, las menos, las rozaduras se producen en los cantos laterales, pero lo habitual es que el roce se produzca entre la puerta y el suelo. En estos casos, el método a realizar para eliminar este rozamiento es el siguiente:

I. Pinte con tiza los cantos de la puerta para comprobar dónde tropieza exactamente la puerta cuando se cierra.

2. Lije las zonas donde se produce la rozadura.

3. En el caso de que el exceso de madera a eliminar sea demasiado grande, deberá pasar un cepillo de carpintero.

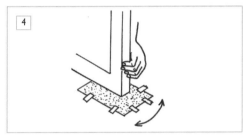

4. En ocasiones, basta con colocar un papel de lija bajo la puerta y hacerla arrastrar de un lado a otro para eliminar el exceso de madera que provoca el rozamiento.

5. También es conveniente colocar un ovalillo en la bisagra para levantar la puerta y evitar el arrastre de ésta.

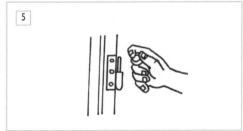

6 En raras ocasiones es el propio suelo el que produce el rozamiento. En estos supuestos será más sencillo rebajar la puerta que tratar el propio suelo.

Cristales

Indudablemente, la operación más delicada a la hora de cambiar un cristal es tomar las medidas, ya que éstas deben ser exactas. Para tomar una medida exacta del cristal deberá quedarse con la medida menor de las dos medias de alto y de largo y restar 3 mm de margen de seguridad. Una vez con esas cifras, encargue el cristal.

Lo primero de todo es retirar el cristal roto, operación que debe realizarse con sumo cuidado para no dañarse las manos o los objetos de alrededor.

Cambio de un cristal

El proceso de cambio de un cristal es el siguiente:

1. Proteja las manos con guantes o un paño para retirar el cristal roto o los trozos del cristal roto.

2. Después, retire los junquillos de sujeción del mismo y elimine la masilla o silicona vieja.

3. A continuación, extienda un cordón de silicona en el rebaje donde va encajado el cristal.

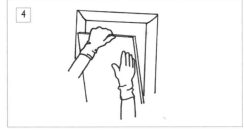

4. Por último, coloque el nuevo cristal, que deberá ser unos milímetros más pequeño que el hueco donde va a ser colocado, y déjelo secar.

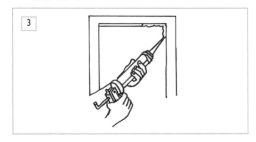

Reparar un grifo

Las averías en los grifos pueden deberse a distintos motivos, sin embargo la reparación de todas ellas es bastante sencilla.

Además, se da la circunstancia de que los recambios en grifería son fáciles de encontrar y la reparación de los mismos es similar, a pesar de que el modelo del grifo sea distinto.

Sin embargo, hoy en día, el alto grado de calidad de los grifos ocasiona que cada vez las averías en los mismos sea menor.

El problema más frecuente sigue siendo la pérdida de agua, que puede producirse por tres maneras diferentes, según las causas que las provoquen: goteo por el propio caño del grifo, desgaste de las piezas de ajuste y estancamiento de agua producido en el cuerpo del grifo.

Otra de las pérdidas frecuentes de agua se produce en la parte inferior de la manija del grifo, debido fundamentalmente al desgaste de las juntas tóricas, o por pérdidas en la base del caño, entre el grifo y el sanitario, debido a un mal asiento del cuerpo del grifo.

En la mayoría de los casos, el arreglo consiste en cambiar la parte sensible de las juntas; es decir, las piezas blandas de goma. En ocasiones, una vez cambiadas estas partes, el grifo puede seguir goteando, en cuyo caso será preferible sustituirlo por uno nuevo.

Tipos básicos de grifos

Existen en el mercado cuatro tipos básicos de grifos: de compresión, de discos cerámicos, de bola y de cartucho, aunque los más utilizados son los de compresión y los de discos cerámicos.

Grifos de compresión

El modelo de grifo de compresión es el más conocido. Se trata de un elemento con dos mandos, uno de agua fría y otro caliente, que se cierran a rosca sobre una zapata o junta de goma que es la que controla el flujo de agua que sale. Normalmente, son las zapatas las piezas del grifo que más se deterioran, éstas son fáciles de cambiar y resultan muy baratas. En el supuesto de que haya puesto en la casa grifos de este tipo, es recomendable que disponga en la vivienda de zapatas a medida para cualquier cambio.

Grifos de bola y de cartucho

Son los denominados grifos sin zapata y suelen funcionar con un solo mando. Son grifos que dan menos problemas que los de compresión y son igualmente muy sencillos de reparar.

Grifos de discos cerámicos

Son monomandos y suelen sufrir muy pocas averías. Los únicos problemas que dan son la acumulación de suciedad o de restos calcáreos que se solucionan con una limpieza.

Cambiar una zapata de un grifo

Para cambiar una zapata de un grifo, que es el problema más usual en la mayoría de los grifos, deberá proceder de la siguiente forma: retire con la punta de un cuchillo o con un destornillador el tapón de color rojo o azul de la cabeza del grifo; después afloje el tornillo que está alojado en su interior y retire la cabeza o manilla, tirando de esta hacia arriba. A continuación, desenrosque el eje del grifo y compruebe el estado general del eje y del cuerpo del grifo. En el caso de que esté muy deteriorado, deberá cambiar la pieza en cuestión o incluso el grifo entero; si está en buenas condiciones, quite el tornillo que se encuentra en la base y saque la zapata de goma.

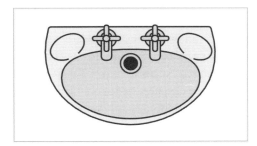

Después, vuelva a armar el grifo y compruebe que el funcionamiento del mismo es perfectamente correcto.

Reparar una fuga

Si lo que tiene que reparar es una fuga de un grifo de disco cerámico, que es monomando, seguramente el problema se deba a que está sucio. En este extremo, tendrá que limpiar las juntas y los agujeros de entrada por si se han depositado restos calcáreos y obstaculizan el paso del agua. La limpieza de un grifo de disco cerámico se realiza con un estropajo de fibra o con una lana de acero muy fina.

Cambiar el cilindro

En el supuesto de que el grifo siga goteando después de la limpieza, es cuando deberá cambiar el cilindro, ya que la avería puede ser debida a que uno de los discos cerámicos esté roto o rayado. Para proceder a la sustitución del cilindro, se deben realizar las siguientes operaciones: haga palanca suavemente bajo el disco embellecedor y levántelo; quite el tornillo que sujeta el mando y sáquelo; y desenrosque el capuchón que cubre el cuerpo del grifo. Será entonces cuando verá el cilindro. Proceda a retirar los tornillos que sujetan el cilindro y extráigalo. A continuación, limpie perfectamente los huecos y las arandelas con un estropajo de fibra. Vuelva a poner las juntas en su sitio y coloque de nuevo el cilindro. Apriete los tornillos hasta que la base encaje perfectamente y enrosque el capuchón embellecedor. Por último, ponga el mando apretando el tornillo correspondiente.

¿Cómo colocar un lavabo?

A la hora de colocar un lavabo nuevo hay que tener presentes tres situaciones: el lavabo debe estar situado aproximadamente a 80 cm del suelo, la anchura del lavabo debe ser de 1 m, y la distancia del lavabo a la pared más lejana debe ser de unos 70 cm.

Lavabo de pared.

En principio, la colocación del lavabo puede presentar algunas dificultades, como conducir las tuberías a la columna de bajada de aguas; en este sentido, la tubería de desagüe debe presentar, como mínimo, una caída o pendiente de 6 mm por cada 30 cm de recorrido, sin que llegue a exceder, en ningún caso, de una longitud superior a los 3 m. En el caso de no seguir estas recomendaciones, los problemas de evacuación del lavabo pueden llegar a ser importantes.

Para determinar el lugar preciso de la columna de bajada al que se debe empalmar la tubería de desagüe de un lavabo, se debe marcar en la pared dónde llega la parte alta del sifón del lavabo y prolongar esa marca hasta la columna; después se calculará la inclinación del desnivel y se volverá a trazar una nueva marca. Todo ello referido a las líneas maestras que hay que seguir antes de proceder al montaje de la pieza.

Una vez hecho esto, se abordará el montaje del lavabo fijado a la pared. En este sentido, en la parte posterior de la pieza, el fabricante del lavabo habrá perforado los agujeros que señalan los puntos de enganche para fijar la pieza con la ayuda de unos tacos que se colocarán en la pared.

En ocasiones, los lavabos van empotrados en un armario de baño. En estos supuestos, para abordar el montaje del conjunto, conviene comenzar por montar primero el mueble; una vez realizada esta tarea, se fijará con silicona el lavabo en el hueco que ha sido habilitado para ello en la parte superior del mueble.

A continuación, se procede a introducir el grifo en la abertura practicada a tal efecto. En algunos lavabos, la abertura está señalada, pero será la persona la indicada para realizar la perforación. Después de realizado el agujero, se deberá fijar la platina debajo del lavabo con una tuerca, y los mezcladores se unirán directamente con la llave de paso. En los modelos más modernos, el dispositivo consiste en una barra metálica que sobresale tras el grifo; en estos casos, se debe unir la barra a la palanca metálica atornillada bajo el tapón.

Las llaves de paso de agua fría y caliente irán montadas sobre la toma correspondiente, por lo que conviene enroscar los tubos de tal modo que los codos queden mirando hacia arriba.

Fijación de un lavabo a la pared.

Colocación del grifo.

A continuación se montará el grifo deseado en la apertura realizada al efecto, sujetando el platillo con la junta y la tuerca por medio de una llave inglesa o de una llave articulada.

Para terminar de montar el lavabo y una vez que esté montado el grifo, se deberá acoplar el sifón al desagüe. Además de los modelos convencionales de sifones en forma de «U» o «S», sifones orientables para lavabos con columna, y sifones de tipo botella. A la hora de elegir un tipo de sifón u otro, se debe seleccionar la forma dependiendo del gusto particular, ya que desde un punto de vista funcional, todos los sifones son igual de eficaces.

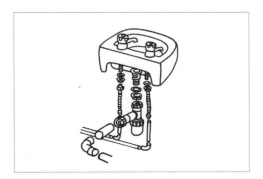

Conexión del sistema de desagüe.

Es recomendable también aplicar un pequeño hilo de silicona entre el lavabo y la pared antes de colocar el lavabo empotrado.

La cisterna

No cabe duda de que las averías en las cisternas son uno de los problemas más frecuentes y molestos de los que se producen en una vivienda. De hecho, suele ser bastante habitual que una cisterna pierda un hilillo de agua constantemente y haga ruido.

Dependiendo del tipo de mecanismo de la cisterna, de las válvulas que lleve y del material, las averías pueden ser más comunes o menos. Así, las válvulas de entrada de agua y los flotadores son las que más se estropean. El flotador es una especie de globo o cilindro hueco de plástico ligero que va sujeto a un brazo de varilla metálica y acoplado a la válvula de admisión de agua de la cisterna; al elevarse el flotador sobre el agua a medida que la cisterna se llena, éste cierra la válvula de entrada.

El flotador es una pieza que se fabrica sobre un molde en dos partes que luego se sueldan entre sí, por eso la junta suele romperse con el tiempo y permitir que pequeñas cantidades de agua entren dentro de ella, lo que ocasiona que la boya eleve su línea de flotación y no interrumpa completamente la entrada de agua.

Reponer el flotador de una cisterna

Para reponer el flotador de una cisterna debe proceder de la siguiente manera:

1. Primero, desmonte el mecanismo de entrada de agua y saque el flotador.

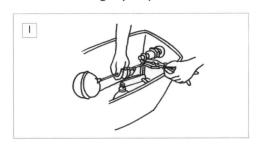

2. Dependiendo de la gravedad de la avería, puede ser recomendable sustituir
todo el bloque de admisión, además del
flotador.

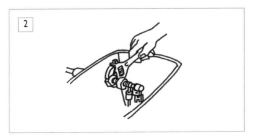

3. Una solución temporal puede ser doblar un poco el brazo del flotador para
que el cierre sea completo.

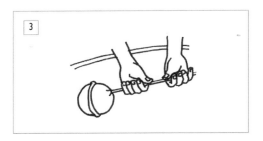

La segunda causa más frecuente de avería
en una cisterna es la válvula de descarga o
salida del agua. En el caso de que elevando
la boya a mano, el agua deja de entrar y el
ruido deja de producirse, es que tiene que
cambiar el flotador; en caso contrario es
que tendrá que cambiar la válvula de descarga. En el caso de que la avería provenga
de la válvula, es recomendable que por un
poco más de dinero se cambie conjuntamente tanto el flotador como la válvula.

Para cambiar todo el conjunto, deberá
acometer los siguientes pasos: corte el
agua en la llave que se encuentra bajo la
cisterna; con una llave inglesa desenrosque el latiguillo que va desde la llave de

paso hasta la cisterna; y compruebe que la
medida de la rosca del latiguillo coincide
con la del nuevo mecanismo del flotador.

Deberá comprobar el mecanismo del flotador antes de instalarlo. Coloque en la parte más corta del codo de cobre la tuerca, la
arandela cónica, la junta de goma y finalmente el mecanismo. Apriete firmemente
la tuerca y regule la altura del flotador. Coloque en el otro extremo del tubo de cobre la arandela, la junta de goma. En la parte inferior instale las juntas de seguridad,
un poco de teflón en la rosca del tubo y conecte la tuerca del latiguillo.

Una vez que todo el conjunto esté
montado y las juntas estén bien cerradas,
abra la llave de paso y compruebe que el
conjunto funciona perfectamente.

Igualmente, deberá limpiar todas las
juntas y tuercas con un paño seco y observar atentamente durante unos minutos si se produce la formación de alguna
gota de agua en algunas de las tuercas. En
caso positivo, vuelva a cortar el agua y
rectificar o apretar la tuerca que no esté
ajustada hasta que todo funcione perfectamente.

Cambio de la válvula de la cisterna

La segunda avería más común en las cisternas es el desgaste de la goma que cierra la válvula de descarga o salida del agua
o, incluso, el deterioro de la rosca que
mantiene esta pieza sujeta a la cisterna en
su base. La frecuencia de esta avería se
debe a que el propio sistema de acciona-
miento de la descarga produce un deterioro muy rápido de estos componentes.

Si en lugar de cambiar todo el sistema —de válvula y flotador—, como se ha descrito antes, opta por cambiar únicamente la válvula, primero debe comprobar si la válvula se puede reparar. Para acometer esta reparación, siga estos pasos: corte el agua en la llave de paso de la cisterna y vacíela; saque la pieza de la válvula por completo; sustituya la goma de asiento de la válvula situada en el extremo del émbolo central, que se trata de una arandela del mismo diámetro que la cabeza del émbolo; coloque el mecanismo en su lugar; y apriete el conjunto a mano. Por último, deberá comprobar que el sistema funciona y que la avería está reparada.

En el supuesto de que el goteo continúe, deberá reponer la válvula completa. Para ello, primero tendrá que desmontar la cisterna, que es una operación más sencilla de lo que parece: afloje las tuercas, que suelen ser de mariposa, que sujetan la cisterna al inodoro; saque las tuercas; quite la cisterna inclinándola con cuidado y vaciando el contenido de agua que tenga dentro del inodoro; ponga la caja de la cisterna en el suelo boca abajo y quite la rosca grande que se encuentra en la base, y que es la rosca que sujeta el mecanismo de descarga de la cisterna; coloque en su lugar las arandelas y la tuerca que viene en la caja de montaje del nuevo mecanis-

mo. Una vez colocada la pieza de ajuste entre el cuerpo de la válvula y la caja de la cisterna, coloque la válvula nueva antes de volver a colocar la cisterna en su lugar.

Tenga especial cuidado en recolocar en el orden correcto las arandelas y juntas de goma de los tornillos de sujeción de la cisterna, tanto los de la cisterna como los de fuera. Además, este tipo de mecanismo lleva incorporado un pulsador que se coloca en el orificio de la tapa de la cisterna; para ello, deberá sustituir el pomo de la tapa por el émbolo que acciona la válvula.

Purgar un radiador

Los radiadores necesitan unas sencillas operaciones de mantenimiento del circuito para que éstos se conserven en buen estado, así como para prevenir daños mayores. Una de las averías más frecuentes es la aparición de bolsas de aire.

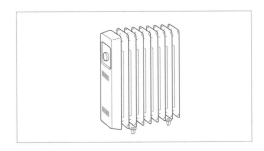

Es conveniente que cuando comience la nueva temporada de calefacción se realice una revisión a fondo de todos los radiadores de la casa. En el caso de que encuentre un radiador que no calienta o que no alcanza la misma temperatura que el resto, ello será debido a que contiene bolsas de aire. Para corregir esta pequeña avería deberá purgar el radiador; para realizar esta operación tendrá que colocar un recipiente bajo la válvula de purgado del radiador, abrir la mencionada válvula y recoger el agua y aire retenido. Deberá cerrar la válvula cuando considere que se ha vaciado todo el aire. Suele ser habitual que junto al aire acumulado salga algo de agua.

Atascos en los desagües

En el caso de que alguno de los sanitarios o aparatos de la casa tarden en evacuar el agua más de lo necesario, será urgente revisar el sifón y el tubo de desagüe de los mismos.

Es conveniente que tenga en casa un desatascador tradicional de ventosa de goma, una sonda manual y algún desatascador químico para acometer esta operación. Seguramente, con uno u otro método, el atasco desaparecerá.

El primer sistema que debe utilizar para desatascar un sanitario es la ventosa de goma. Si la ventosa no resuelve el problema, habrá que recurrir a algún

disolvente químico, utilizado siempre con precaución. Tan sólo se debe recurrir a la sonda manual en último caso; para ello tendrá que introducir la sonda con cuidado y lentitud para no dañar ningún componente de la instalación, haciéndola girar por el extremo para que la sonda se mueva dentro del tubo y disuelva las posibles adherencias de grasa y jabón que pueda tener dentro la tubería.

Reparar muebles

Es frecuente que con el paso del tiempo y los cambios de humedad y temperatura, la cola de los muebles tienda a despegarse y, en consecuencia, el mueble se desarme.

Si esto ocurre, debe evaluar el alcance de los daños y decidir si es conveniente reparar el mueble entero o solamente la parte desencolada.

Sea de una u otra forma, el proceso a seguir es el siguiente:

Ensamblar una silla
1. Primero deberá quitar todos los clavos, tornillos y herrajes que sujetan las uniones del mueble.

2. Después, con ayuda de vapor caliente, desencole las diferentes partes del mueble en cuestión.

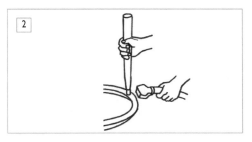

3. Una vez lijadas todas las zonas a ensamblar, ponga cola blanca de buena calidad en las uniones.

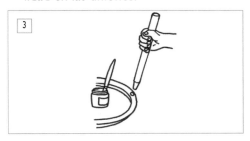

4. Por último, sujete las uniones firmemente hasta que la cola seque por completo.

¿Cómo restaurar un mueble?

Las reparaciones más habituales en los muebles de la casa van desde golpes a rayones, sin olvidar las manchas o la carcoma.

Golpes

Contra las marcas que los golpes dejan en la madera tierna, conviene aplicar un poco de agua caliente con un pincel. Con este sencillo procedimiento se hinchan las fibras comprimidas y se rellena la depresión que originó el golpe. Si el golpe es sobre una madera dura, lo aconsejable es colocar un trapo húmedo hasta que la madera se humedezca y recupere el volumen inicial.

Humedecido de madera dura.

Manchas blancas

Los puntos o circunferencias blancas se forman a causa del agua o de las bases de los platos calientes. Se recomienda para su eliminación la utilización de trapos de algodón empapados en aguarrás vegetal, un trapo de algodón humedecido en alcohol, una solución a base de trementina y aceite de linaza, o un pulimento para latón.

Manchas negras

Si el agua penetra en una superficie barnizada, la mancha que se forma en la superficie de la madera es negra. La solución para este problema es blanquear la madera.

Otro tipo de manchas

Éstas pueden ser causadas por grasas o aceites. En estos supuestos, el corro de suciedad se eliminará utilizando benzol, bencina o gasolina. El modo de empleo de esta sustancia es sencillo: primero se impregnará un trapo de algodón con la sustancia elegida y se frotará, con cuidado, la superficie del objeto manchado.

En el caso de manchas de alcoholes, perfumes o medicinas sobre superficies barnizas, éstas suelen dejar señales blancas. En estos casos, el único tratamiento eficaz es el de volver a barnizar.

Quemaduras

Lo primero que se debe hacer a la hora de tratar una quemadura es lijar la zona quemada. Para ello, deberá proceder con sumo cuidado para no lijar el área circundante y que no resulte dañada. Una vez que se haya eliminado la madera denominada tostada, se deberá poner una gota de blanqueador en la zona más oscura, utilizando para ello un poco de algodón. A continuación, se llenará el hueco con lápiz de goma de laca, que se trata de un lápiz grueso con el que se pinta, y se alisará la zona con un trapo de algodón. Por último deberá barnizar la zona quemada.

En el caso de que el lijado de la zona quemada haya sido muy profundo, será preciso rellenar el mismo con cera de abeja. Para esta operación habrá que utilizar entre 60 y 120 g de cera de abeja y un colorante vegetal que se mezcle con la madera pulida. Para realizar el relleno, se deberá fundir la cera lentamente al baño María mientras añade pequeñas cantidades de colorante. Una vez concluida la mezcla, se vierte la mixtura en un bote limpio y se espera a que se solidifique. Cuando haya endurecido la cera, deberá extraerla del bote y ablandarla con los dedos. Acto seguido, caliente la hoja de una rasqueta de emplastar una llama y coloque la cera sobre ella hasta que ésta gotee. El goteo de la cera servirá para rellenar la zona dañada. Cuando el hueco esté rellenado y la cera asentada y seca, rasure el sobrante cuidadosamente con una hoja de afeitar.

Fisuras y rayones

Si lo que se desea es arreglar una fisura, primero deberá comenzar por desempolvar la zona erosionada. Una vez que el área esté completamente limpia, tendrá que rellenarla con pasta de madera del color adecuado.

Este tipo de pasta se puede encontrar fácilmente en cualquier establecimiento especializado. Antes de aplicarla en la zona afectada debe asegurarse de que pasará desapercibida en el mueble y aplíquela en una zona no visible para asegurar la reparación correcta.

Para aplicar la pasta se debe utilizar una espátula. No debe olvidar que la pasta cuando seca tiende a encoger, por lo que será necesaria una segunda pasada de pasta para que la fisura quede perfectamente delineada. El último paso consistirá en pulir cuidadosamente la superficie por medio de un papel de grano fino.

En el caso de que las grietas sean más profundas y no sigan una trayectoria rectilínea, la reparación de la misma es más compleja. Lo primero es conseguir una tira de madera del mismo color al de la madera que ha sufrido el deterioro, para proceder, a continuación a pegarla con cola blanca sobre la superficie dañada.

Las rayas o muescas pequeñas pueden rellenarse perfectamente con masilla de tornero.

Nudos

Los nudos son aquellas partes del tronco del árbol de las que salen las ramas. Normalmente, los nudos sólo suelen aparecer en maderas verdes, sin embargo, en ocasiones, los nudos aparecen cuando se levanta la sustancia que protege al mueble, como barnices. Una manera eficaz para sellar los nudos consiste en disolver 141 g de goma de laca y 28 g de resina amarillenta en 568 cm³ de alcohol desnaturalizado y colocar la solución en un cedazo de malla de alambre. A continuación, con una brocha gorda, se procede a aplicar la sustancia obtenida sobre el nudo y la zona circundante.

Desconchado de barniz

En el caso de que el problema sea el desconchado del barniz, lo que se debe hacer es aplicar varias capas de barniz allí donde falte, para así crear una capa final más espesa que el original. Después, deberá pulirse el sobrante con un papel de lija fino y aplicar una última capa de barniz.

Abolsamiento

Para corregir un abolsamiento, primero hay que realizar un corte en la zona abolsada con una hoja de afeitar o un cuchillo afilado. A continuación, se debe introducir, entre los labios del corte, agua caliente por medio de una jeringa, y eliminar con un algodón el agua que rebose de la raja. A continuación, y por medio de un papel poroso o de periódico, se debe pasar una plancha eléctrica por la zona afectada para que el calor penetre. Por último, se debe colocar una tabla sobre el papel y poner encima diversos objetos pesados o, mejor aún, utilizar un tornillo de apriete, un gato o cualquier sistema a presión.

Carcoma

Bajo el nombre de carcoma se agrupan distintos insectos cuyas larvas roen y perforan las partes blandas de la madera del mueble. Una vez que ya ha pasado cierto tiempo, estos insectos afloran al exterior. Es en ese momento cuando el propietario percibe la presencia de estos silenciosos intrusos. La destrucción de

estos animales se manifiesta en agujeros de un diámetro de entre 3 y 15 mm en diversas partes del mueble afectado. La única manera para eliminar al parásito es por medio de la fumigación del mueble. En estos casos y dependiendo del estado de la madera, se puede optar porque la fumigación sea realizada por un profesional o por uno mismo. En cualquier caso, los productos que se utilizan para fumigar son considerados como muy tóxicos. La fumigación profesional tiene que ser realizada en un local adecuado, además de resultar altamente gravosa. Si por el contrario, se opta por fumigar uno mismo, se puede encontrar un amplio abanico de productos en el mercado para realizar esta operación.

Para fumigar de manera doméstica, lo primero que se debe hacer es aislar el mueble o la pieza en cuestión, después se tratará la madera con petróleo o aceite de parafina inyectado en uno de los agujeros. Una vez que se haya dejado reposar la sustancia 24 horas, se procederá a introducir alcohol de madera o amoniaco líquido, lo que eliminará el resto de petróleo y matará completamente al insecto. A continuación, se debe proceder a sellar los agujeros por medio de cera o con cola de carpintería coloreada y mezclada con serrín.

Para tapar los agujeros con cera se utiliza un lápiz de cera que imprima el mismo color que presente la madera. Es recomendable, después de aplicar la cera, realizar un encerado general del mueble para disimular mejor el tratamiento parcial de la zona afectada.

Para el procedimiento con cola, se debe crear una solución de cola con el mismo color que el mueble, para ello se mezcla la cola con colorante. La solución obtenida se extiende por el agujero con ayuda de un pincel. Acto seguido, se espolvorea serrín en la zona restaurada con un paño húmedo. Finalmente se limpia toda la zona tratada, eliminando los restos de cola. Una vez realizado todo el proceso, hay que abordar el trabajo del pulido en todo el conjunto del mueble con cera de abeja.

Pudrición

Suele ser poco habitual que un mueble de una vivienda habitada acabe podrido, ya que normalmente los hongos que producen la pudrición necesitan ciertas condiciones de calor y humedad para atacar a la madera. Habitualmente, la madera infectada o está en el exterior de la casa o se encuentra en un sótano en condiciones de humedad aceptables para los hongos.

La pudrición sólo puede ser atajada en su primera fase; es decir, cuando la madera infectada tiene mohos que forman manchas oscuras en la madera, el papel, la pared o la escayola de la habitación. Para atajar esta plaga, la única solución es limpiar rápidamente la superficie afectada, a pesar de que con esta medida sólo se eliminará la parte más gruesa del moho, quedando alguna mancha o marca en la madera, pero salvando la estructura del mueble. Para evitar que esta situación se vuelva a repetir, lo mejor es aplicar una solución que contenga 16 partes de agua templada y una parte de lejía.

La pudrición también puede ser combatida pulverizando las zonas afectadas por medio de un fungicida. Sin embargo, para este proceso es recomendable acudir a un profesional.

¿Cómo tratar metales que se encuentran en el exterior?

Para cuidar y mantener un metal hay que seguir distintos procesos hasta obtener un resultado enteramente satisfactorio. Primero, se deberán eliminar todos los depósitos ligeros de óxido existentes en el mismo frotando con un estropajo metálico o con papel abrasivo mojado en aguarrás. En el caso de que el óxido sea abundante y la superficie del metal esté picada, se debe usar un cepillo de alambre.

Eliminación del óxido con estropajo metálico.

Eliminar restos de óxido

Para eliminar los restos de óxido muy profundos o demasiado curvados, se deberá utilizar un desoxidante fosfórico.

Si la pieza presenta superficies grabadas, se debe optar por la inmersión del objeto en un recipiente de plástico repleto de desoxidante para eliminar el óxido que no puede ser retirado con el cepillo.

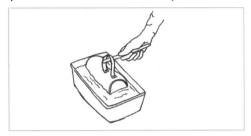

Inmersión de un objeto en desoxidante.

En el supuesto de que aparezcan depósitos de grasa una vez que se ha aplicado el producto desoxidante, habrá que proceder a limpiar las zonas que así lo demanden con aguarrás y estropajo de alambre. Cuando el objeto esté limpio y seco, se aplicará sobre él un tapaporos.

Eliminación de óxido con cepillo de alambre.

Para limpiar el típico mobiliario metálico de la terraza o del jardín, como un banco victoriano de hierro fundido o una silla de metal, el proceso de limpieza es

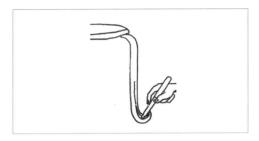

Rascado con un cuchillo del óxido alojado en muebles curvos.

Pintado de un banco victoriano.

diferente, debido, principalmente a las formas retorcidas de algunos de estos muebles. Por eso, el procedimiento a seguir, en estos casos, es el siguiente: utilizar un cepillo de alambre rígido para eliminar las partículas sueltas de óxido; un cuchillo viejo o un cincel para quitar el óxido que se encuentra más agarrado; aceite de parafina con un paño para el óxido rebelde; una pintura antióxido para eliminar todos los elementos sobrantes; y dos capas de pintura para exteriores para cubrir la pintura antióxido y proporcionar una protección máxima al mueble.

Consejos para limpiar metales

Cobre
Además de las sustancias que venden los establecimientos especializados, el propietario de objetos de cobre puede fabricar un producto adecuado para luchar contra la suciedad que acaba afeando los elementos de cobre. La manera de elaborar la solución es la siguiente: 30 g de óxido de hierro y 85 g de piedra pómez molida, al tiempo que se añade poco a poco ácido oleico hasta que se forme una pasta limpiadora.

Una vez que se ha obtenido la solución adecuada, ésta se aplica sobre la superficie con una almohadilla de algodón. Por último, se elimina la humedad sobrante del objeto de cobre con un trapo limpio.

Latón
Primero se deben eliminar los restos de barniz de la pieza por medio de acetona humedecida en un algodón. Después, se lava la pieza de latón con jabón neutro y agua; y acto seguido, se frota el latón sucio con un pulimento comercial para que quede completamente brillante.

Latón dorado
Se elimina primero cualquier resto de barniz o laca por medio de un algodón humedecido en acetona; después se cepilla la pieza con agua y jabón para eliminar todas las trazas de suciedad; y por último, se aclara y se seca el objeto con un trapo limpio, seco y sin hilachas.

Bronce
En principio, el bronce no se oxida, por ello, tan sólo se necesita agua, jabón, un buen aclarado y un secado minucioso para obtener una limpieza perfecta.

Aluminio
El aluminio es un metal que no tiende a corroerse tanto como otro tipo de metales ferrosos, no obstante, en condiciones muy adversas, el aluminio puede llegar a deteriorarse, adquiriendo un color gris mate y produciendo cristales blancos en su superficie.

Para eliminar las huellas de la corrosión, se puede frotar el aluminio con un papel abrasivo fino, que se acompañará de aguarrás y que servirá de lubricante. Para quitar las partículas y los restos de grasa, lo mejor es frotar el metal con un trapo mojado en aguarrás; una vez que la pieza esté seca es conveniente aplicar un producto tapaporos de cromato.

La limpieza de cazuelas o de ollas de aluminio que, con el paso del tiempo, adquieren un color grisáceo es sencillo y barato. Para restaurar el brillo original de estos recipientes nada mejor que hervir en su interior unas cáscaras de manzana o

los sobrantes de la preparación de unas espinacas; una vez hecho esto, se debe pasar un paño por el interior del recipiente para obtener el brillo deseado. Para la parte externa de los elementos de cocina, hay que mezclar jabón en polvo y ceniza de cigarrillos en partes iguales y frotar la cara de fuera.

Cromo
Si se desea alargar la vida de los objetos cromados, conviene frotarlos con vaselina. A continuación, se lavarán con agua caliente y se frotarán hasta que estén completamente secos.

En el caso de que el cromo esté muy sucio, tan sólo se debe usar agua o jabón, o como mucho una pequeña cantidad de líquido suave para pulir la plata.

Para abrillantar el cromo, sirve un trapo empapado en harina y realizar con él distintos frotamientos hasta obtener el color deseado.

¿Cómo decapar metales pintados?
Para mejorar el aspecto de determinados remates, como elementos de muebles de jardín u objetos en hierro fundido, conviene eliminar primero la pintura vieja y el óxido. En la mayoría de los casos, el método más seguro es el decapado químico.

Primero se debe aplicar una gelatina o líquido antióxido para neutralizar el óxido de la pieza, después hay que limpiar el metal decapado con un cepillo de alambre, y por último lavar la pieza con aguarrás.

¿Cómo se debe pintar una pieza de metal?

Es importante seguir unos consejos generales antes de proceder a pintar una pieza metálica. Así, se evitarán pequeñas sorpresas finales y acabados imperfectos. En este sentido, se debe tener en cuenta que cualquier indicio de óxido en el objeto dificultará el agarre de la pintura, por esta razón se requiere un buen acabado antes de comenzar a pintar.

También se debe tener presente el tipo y forma del elemento a pintar para elegir la brocha o el rodillo más adecuado, ya sea para pintar una tubería o un objeto en forma de «V», por ejemplo. Igualmente, el sistema elegido para pintar será decisivo para conseguir un acabado perfecto de la pieza. En este sentido, pintar a pistola un objeto pequeño o alargado puede resultar poco ventajoso. Por ello, es recomendable, en la mayoría de los casos utilizar una simple brocha para pintar todo tipo de superficies metálicas.

¿Qué es una caja de distribución en la electricidad de una casa?

La caja de distribución es el corazón de la instalación eléctrica de la casa, ya que todos y cada uno de los circuitos de la vivienda pasan a través de ella. Existen diferentes tipos y modelos de cajas de distribución, pero todos ellos funcionan a través de los mismos principios.

Cada caja de distribución de una casa dispone de un interruptor general de tamaño mayor que puede desconectar toda la instalación eléctrica de la casa. Por eso, antes de reparar nada eléctrico de la vivienda, se debe hacer uso de dicho interruptor para que no haya electricidad en ningún punto de la red.

Es preciso recordar, igualmente, que en la caja hay un cable que conecta el contador a dicho interruptor y que este cable continúa aún activo, por lo que se debe proceder con cuidado si el lugar de trabajo es precisamente ése.

La caja de distribución dispone de tres tipos de cables: los conductores neutros están provistos de un aislamiento azul que van a parar a un borde neutro común,

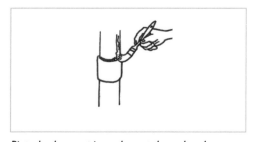

Pintado de una pieza de metal con brocha.

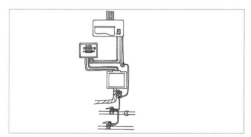

Caja de distribución de electricidad.

donde, a su vez, se conectan a sus respectivos terminales individuales; los conductores de puesta en tierra disponen de un aislamiento de color verde y amarillo a van a dar a un borde común de conexión a tierra; y los conductores provistos de aislamiento marrón, negro o gris están conectados a los terminales individuales de derivaciones para fusibles.

¿Cómo identificar los fusibles?

Cada circuito eléctrico tiene una derivación por fusible en la que se encuentra instalado un portafusibles con enchufe que sirve de puente entre el interruptor y el circuito. En el caso de que se desenchufe este fusible, se creará un corte en la línea.

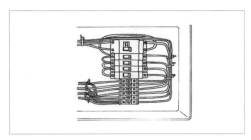

Caja con los fusibles.

Existen dos tipos de portafusibles: los que contienen un fusible de tipo cartucho —es un tubo de cerámica que tiene un alambre insertado en arena muy fina—, y los automáticos.

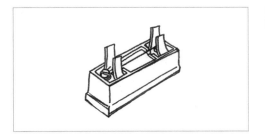

Fusible antiguo.

Los portafusibles de cartucho son de porcelana, de alto poder de ruptura y contienen en su interior un alambre que está conectado en sus dos extremos a las cabezas metálicas de los extremos del cartucho.

En el caso de que haya un cortacircuito en la casa, el alambre del portafusibles se rompe y debe ser reemplazado por otro del mismo grosor.

Para conocer cuál es el portafusibles deteriorado hay que comprobar todos y cada uno de los portafusibles hasta localizar el que tiene el alambre roto.

Los interruptores automáticos se encuentran en las cajas de distribución de construcción más reciente y en lugar de disponer de un portafusibles convencional, disponen de una serie de interruptores.

En estos casos, cuando se produce un fallo en el circuito, el interruptor salta automáticamente a la posición de desconexión, y el usuario conoce de inmediato cuál es el circuito defectuoso al comprobar el interruptor bajado. Los interruptores automáticos protegen el circuito contra sobrecargas y cortocircuitos.

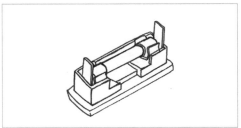

Interruptor automático.

¿Cómo localizar un fallo en el circuito?

Lo primero que se debe hacer cuando existe un fallo en la red es desconectar el interruptor general de la caja de distribución y comprobar cuál es el circuito afectado. Si se trata de portafusibles de cartucho, habrá que revisar cada uno de ellos hasta encontrar el que tenga el alambre roto; si, por el contrario, la caja de distribución dispone de interruptores automáticos, descubriremos en seguida el circuito que ha saltado.

En ambos casos, deberá desconectar todos los aparatos eléctricos del circuito defectuoso y volver a conectar el interruptor que había fallado. Si el circuito vuelve a saltar, deberá desconectar de nuevo el interruptor e inspeccionar las cajas de toma de corriente de la pared y los aparatos de luz, para comprobar si el fallo puede venir de un conductor que se haya soltado.

En el supuesto de que todas estas operaciones no ayuden a encontrar el fallo, deberá llamar a un electricista profesional para que localice y arregle el desperfecto de la casa.

¿Cómo cambiar un fusible de alambre?

En los fusibles de alambre, un simple examen visual servirá para detectar el fallo del fusible que ha saltado. Para extraer el alambre roto habrá que aflojar los dos terminales de sujeción y extraer los trozos partidos del alambre. Después, se cogerá un nuevo alambre y por el extremo del mismo se irá enrollando a uno de los terminales, finalizando la tarea apretando el tornillo de fijación correspondiente.

Cambio del alambre.

A continuación, se lleva el alambre hasta el extremo del otro terminal, fijándolo de la misma manera que en el primer caso, y cortando, en el caso de que proceda, el alambre sobrante.

Si un fusible cambiado se vuelve a fundir tan pronto como se conecta de nuevo a la red es que en dicho circuito existe, o un fallo, o una sobrecarga; es decir, que hay demasiados aparatos conectados al circuito. En estos casos, deberá subsanar esa sobrecarga antes de conectar de nuevo el fusible.

¿Cómo instalar un enchufe?

La altura ideal para instalar una base de enchufe en una habitación de una vivienda es de 20 cm sobre el nivel del suelo, aunque en la cocina conviene instalarlos a una altura aproximada de 25 cm sobre el nivel de la encimera.

En principio, para la colocación de un enchufe, habrá que romper las membranas delgadas de plástico que tapan los orificios de sujeción existentes en la parte posterior de la carcasa de la caja. Para realizar esta operación será suficiente con que se utilice un destornillador del tipo de los de electricista.

A continuación habrá que ajustar la carcasa contra la pared y marcar en la misma los agujeros de sujeción en la pared por medio de un punzón para clavos. La marca se realizará a través de los orificios de la carcasa. Más tarde, se practicarán los agujeros y se introducirán en ellos los tacos correspondientes, que normalmente son del número 8.

Después, se selecciona el orificio más adecuado para introducir el cable. En el caso de los cables tendidos superficialmente, conviene que el cable penetre por uno de los laterales de la caja; para los cables empotrados, el orificio más adecuado para introducirlos es por la base.

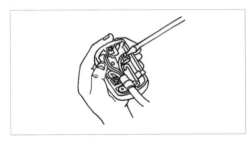

Introducción del cable en el enchufe.

Una vez hecha esta operación, se debe poner el cable en la carcasa, de modo que forme un lazo de aproximadamente unos 7,5 cm de longitud, para después sujetar la caja a la pared de la habitación. Por último, se cablea la base del enchufe y se monta la base.

Para cablear el cable al enchufe habrá que proceder a pelar la funda aislante exterior del cable, que suele ser blanca o negra, y conectar los tres conductores interiores a sus respectivos terminales: el azul al terminal neutro, el negro al terminal activo y el conductor de puesta a tierra al terminal de tierra.

¿Cómo reparar una lámpara de mesa?

Lo primero que se debe hacer es comprobar el estado de la bombilla. Si la bombilla está fundida, tan sólo habrá que cambiarla; pero si el problema no reside en la bombilla, habrá que desenchufar la lámpara, examinar el enchufe y el cable y asegurarse de que todas las conexiones están bien fijadas. En el caso de que el cable esté raído o estropeado, habrá que cambiarlo.

En el supuesto de que no se detecte ningún problema en los elementos descritos anteriormente, puede que la avería se encuentre en el interruptor.

Para cambiar el cable de una lámpara de mesa, primero habrá que quitar la tapa de la base, de manera que queden a la vista todas las conexiones; después tire del tubo hasta sacar el portalámparas del cono de la lámpara, haga girar el casquillo en sentido contrario a las agujas del reloj para aflojarlo y retire la tapa exterior del interruptor; a continuación desconecte

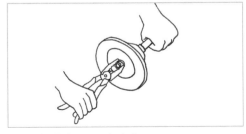

Retirada de la tapa de la base.

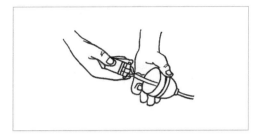

Retirada del portalámparas.

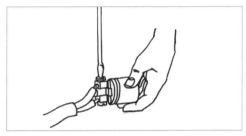

Desconectado de cables.

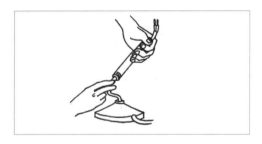

Cambio de cable.

los cables de los tornillos de trasmisión y examine el interruptor por si desea cambiarlo; ahora, vuelva a conectar los cables del nuevo cordón al interruptor tal y como estaban en el viejo. Por último, vuelva a montar todo.

¿Cómo detectar averías en un electrodoméstico?

Los electrodomésticos proporcionan un servicio continuado en la casa sin apenas sufrir averías durante años. Sin embargo,

cuando se usan con regularidad durante mucho tiempo, hay que esperar que sobrevenga algún que otro problema.

Las averías suelen resultar irritantes, sobre todo porque cuando uno compra un aparato da por supuesto su funcionamiento, empero muchos de esos problemas pueden repararse rápida y fácilmente, ya que se trata, en ocasiones, de simples cables desconectados o fusibles fundidos.

Cuando un aparato eléctrico deja de funcionar, la causa más usual de ese parón es la pérdida de alimentación eléctrica. En estos supuestos merece la pena efectuar algunas comprobaciones sobre el enchufe o el cable antes de pasar a analizar averías más específicas.

Comprobación de los cables
Deberá abrir el enchufe y comprobar que las fases con funda de color se hallan fijamente conectadas a los bordes que les corresponden. Después deberá comprobar que el cable está firmemente anclado en la base del enchufe con el fin de que las fases no puedan soltarse.

Comprobación de fusibles
Normalmente, los fusibles saltan si existe una avería en el aparato, aunque también pueden fallar si hay alguno de ellos fundido. En ambos casos, deberá probar poniendo un nuevo fusible del mismo amperaje, reponer el enchufe y conectarlo a la red. Si el aparato funciona, sólo había que cambiar un fusible; pero en el caso de que los fusibles salten de nuevo, deberá aislar el aparato para repararlo. Otra manera de

comprobar si un fusible está fundido es desenroscar una linterna metálica de mano y hacer contacto con un extremo del fusible en el polo metálico de la linterna y con el otro en el polo de la pila; un fusible en buenas condiciones encenderá la bombilla, mientras que uno fundido no lo hará.

Comprobación del cable

Deberá examinar primero el cable en busca de posibles signos de avería. Si no parece que esté roto, compruebe las conexiones del cable en el interior del aparato, no sin antes desenchufar el electrodoméstico.

Si el cable está gastado, no es recomendable utilizar cinta aislante para su reparación, en lugar de eso deberá reemplazarlo. Si el cable resulta ser demasiado corto, aproveche la oportunidad para cambiarlo por uno más largo.

TÉRMINOS USUALES
TÉRMINOS USUALES

Abisagradora: herramienta eléctrica que sirve para crear los huecos de las bisagras en las puertas y muebles. Dispone de diferentes accesorios para distintos modelos y tamaños.

Abocardador: se trata de una herramienta de fontanería que sirve para ensanchar la boca de un tubo o agujero.

Abrazadera: pieza de metal, de madera o de plástico que sirve para abrazar, ceñir o asegurar piezas. Las abrazaderas pueden ser rectangulares, con los ángulos cuadrados o redondeados o con los extremos en disminución.

Aceite de linaza: aceite que se utiliza para limpiar el pavimento de gres; para que las brochas y los pinceles nuevos duren más tiempo y para enderezar las cerdas torcidas de un pincel.

Acepillar: consiste en suavizar una tabla, escuadrar el borde o recortar el contrahilo.

Acero inoxidable: material que puede mantenerse brillante con una limpieza habitual por medio de detergente y posterior secado.

Achaflanar: dar a una esquina forma de chaflán; es decir, suavizar al esquina con la unión de dos parámetros o superficies planas que forman un ángulo.

Acrílico: se trata de un material plástico que se vende en láminas, tubos y barras transparentes o coloreadas en tiendas de bricolaje y manualidades. El acrílico se puede cortar con una sierra fina y puede ser utilizado para hacer maquetas, bisutería o cajas. Para pegar las láminas de acrílico se pueden emplear diferentes adhesivos especiales.

Acuchilladora: herramienta eléctrica que raspa la madera y repara marcas y desperfectos de los suelos de parqué.

Adoquín: bloque cuadrado de piedra, normalmente de granito, utilizado para la pavimentación de aceras y caminos.

Afiladora: herramienta para afilar una superficie.

Aglomerado: tablero artificial elaborado con astillas de madera aglutinadas con un adhesivo y prensadas hasta conseguir un producto compacto y de un grosor determinado.

Agujero pasante: o agujero guía. Orificio de pequeño diámetro que se taladra antes de insertar un tornillo para servir de guía a la rosca del mismo.

Alabeo: vicio que toma una pieza de madera u otra superficie al adquirir una forma combada.

Alicatar: consiste en revestir una pared de azulejos.

Alicates: los alicates universales sirven como mordaza para agarrar piezas. El ojo del alicate; es decir, la zona media, es útil para apretar tubos; al tiempo que la cabeza de la misma (el final de la boca) es perfecta para cortar cables, alambres y similares. Existen alicates de electricista para cortar conductores de circuito y unir los extremos; alicates de corte, para cortar conductores gruesos; y alicates pelacables, para quitar los aislantes de colores que cubren el positivo, el negativo y tierra de los cables.

Alisadores: son rodillos de caucho y fieltro que eliminan las burbujas de aire que quedan debajo del papel pintado. Con los papeles delicados y con relieves es necesario utilizar un alisador de fieltro.

Amolar: afilar, sacar corte o punta de una herramienta.

Andamio: la torre de andamiaje es mucho más ventajosa que una simple escalera, sobre todo si el trabajo a realizar es el exterior de la casa o se trata de una reforma amplia en el interior de la vivienda. El andamio posee una plataforma en la que se puede trabajar con comodidad y moverse con absoluta libertad; además, en el andamio se dispone del sitio suficiente para poner las herramientas y los materiales que se van a utilizar, y permite trabajar con mucha más seguridad. El andamio suele venir en secciones de fácil manejo en forma de «H» y fabricadas en tubos de acero o de aleación que se encajan unos con otros. Dos personas pueden montar perfectamente un andamio de unos 4 m en un tiempo de diez minutos. El andamio debe estar bien sujeto al suelo tanto en la base como en la parte de la pared interior o del muro exterior donde se vaya a trabajar.

Aplacadora: herramienta eléctrica que sirve para pegar los cantos encolados.

Argamasa: mezcla hecha con cal, arena o cemento y agua que se emplea en las obras de albañilería. Las proporciones varían según la consistencia que se quiera obtener, aunque lo normal suele ser un 30% de cal o cemento y un 70% de arena; la cantidad de agua dependerá de la solidez que se quiera conseguir.

Áridos: derivado de la piedra, ya sea arena, grava o gravilla, que se agrega a los morteros y hormigones para conseguir una mayor consistencia. Se utiliza sobre todo en la construcción.

Artesa: es un cajón cuadrilongo de tronco de pirámide invertido que sirve para amasar los productos de albañilería.

Astil: mango, principalmente realizado en madera, de las hachas, azadas, picos y otros instrumentos similares.

Avellanar: perforar una superficie de modo que la cabeza de un tornillo quede empotrada en ella. El avellanado se realiza con una broca especial llamada avellanador.

Azuela: la de corte recto permite retirar rápidamente los deshechos de la madera y desbastar la pieza; la de filo curvo o de gubia es útil para vaciar la madera en la fabricación de cuencos o similares.

Azulejo y baldosa: se trata de un recubrimiento de paredes y suelos. Existe en este apartado una amplia gama de colores, diseños y terminaciones en baldosas y azulejos para suelos y paredes.

- Azulejo para suelo: se suelen cocer a una temperatura superior a la de los azulejos para la pared, además de ser algo más gruesos y más difíciles de cortar.

- Azulejos para las paredes: sirven para cubrir la superficie mayor de una pared. La fila superior de una serie de azulejos de pared se puede o se suele terminar con piezas de orla; es decir, con tiras estrechas de un azulejo de borde redondeado.

- Baldosas no vidriadas: son aquellas que proporcionan un suelo resistente en cocinas, lavaderos, pasillos y lavabos.

Baquetón: moldura de retención formada por listones que mantiene el vidrio de una ventana en su correcta posición.

Barandilla: barra horizontal destinada a la protección de una escalera. La parte superior se cubre con una balaustrada.

Barniz: disolución de una o varias sustancias resinosas en un disolvente volátil. Los barnices pueden tener un acabado brillante, satinado o mate, también pueden ser incoloros o con distintos tonos. Igualmente, existen barnices especiales para exteriores, suelos o metales.

Barnizado: consiste en un acabado transparente para la madera. En esencia, el barniz es una pintura que no contiene pigmentos, por lo que el acabado final es transparente.

Barrena: instrumento de acero con la punta terminada en una rosca que sirve para taladrar o realizar agujeros en madera, metal o piedra.

Base de enchufe: enchufe hembra, en donde se introduce el enchufe macho o clavija. Las bases de los enchufes pueden ser de empotrar, de superficie o aéreas.

Base schuko: base de enchufe tipo europeo –redondo y de dos puntos– con toma de tierra lateral.

Bastidor: armazón de listones de madera o de barras ligeras de metal sobre el que se extiende un lienzo o papel pintado. También sirve para armar vidrieras y similares.

Batidor: se trata de un peine de púas largas y gruesas que sirve para batir productos de albañilería o pintura.

Batiente: parte del marco o cerco de una puerta, ventana o similar en que se detienen y baten cuando se cierra.

Berbiquí: es un instrumento usado en carpintería para traspasar algo de parte a parte.

Betún de judea: producto mezcla de varios ingredientes –principalmente cera, betún y resina– que se utiliza para proporcionar un aspecto envejecido en muebles o en figuras.

Bisagra de cazoleta: bisagra con un resorte para mantener las puertas de los muebles cerradas. Uno de los extremos es en forma de cazoleta (semicircular) y va empotrada en la puerta.

Bisel: o chaflán. Superficie plana y estrecha que corta otra en un ángulo distinto del recto (generalmente forma un ángulo de 45° en las superficies adyacentes). Se utiliza principalmente para suavizar las esquinas de un mueble o de una pared.

Biselar: dar un corte en bisel –oblicuo– al borde de una superficie, a un cristal o a una moldura.

Bituminoso: pinturas de imprimación que, al secarse, forman una película sólida. Se dividen en dos tipos: pinturas de imprimación de base asfáltica y pinturas de imprimación de base alquitrán.

Bloque: ladrillo de gran tamaño fabricado en hormigón. Se suele utilizar para cierres o construcciones bastas. Existen también modelos de bloques con acabados decorativos para que el muro no resulte tan basto.

Bocallave: embellecedor para el orificio de la puerta por donde pasa la llave para entrar en la cerradura.

Borne: botón de metal al que se unen los hilos conductores en un aparato eléctrico. También es el tornillo en el que pueden sujetarse el extremo de un conductor para poner en comunicación el aparato en que va montado con un circuito independiente de él.

Botador: es un instrumento de hierro que sirve para arrancar clavos o para embutir sus cabezas.

Brida: pieza metálica que abraza a otra y que, por medio de tornillos u otro método, hace que ésta quede fija a otra pieza. Existen bridas plásticas que se utilizan en electricidad.

Broca: es una barrena sin manija de las máquinas de taladrar.

Burlete: tira autoadhesiva, de goma, espuma o caucho, que se pega en el borde del marco y que sirve para aislar puertas y ventanas.

Buscapolo: herramienta con forma de destornillador que permite comprobar si hay tensión en la corriente eléctrica.

Cable extensor: es un cable que sirve temporalmente para llevar la energía o electricidad a un determinado punto de la casa.

Cableado: el cableado eléctrico es el circuito de luz y de electricidad de una vivienda. Los cables se usan para la instalación eléctrica permanente de una casa y llevan la energía desde la acometida hasta las luces del techo, los enchufes, interruptores eléctricos y conectores. Los cables pueden ir empotrados en la pared, ocultos bajo el entarimado o sobre el techo. Igualmente, un cable también puede fijarse sobre la superficie de una pared o techo u ocultarse con forros de plástico. Lo recomendable es que los cables se fijen a la pared cada vez, a una distancia media de unos 25 cm, por medio de grapas.

Cabrestante: es un torno de eje vertical accionado por un motor que sirve para levantar o desplazar grandes piezas.

Caja de conexiones: caja empotrable o de superficie destinada a alojar empalmes de cables.

Caja de elementos: caja empotrable destinada a alojar los interruptores y bases.

Caja de empalmes: caja de conexiones.

Caja: hueco, normalmente realizado en madera, en donde se encaja una pieza, como por ejemplo una bisagra.

Cal: óxido de calcio, o sustancia blanca comercializada en polvo que se utiliza para pastear (capa de cal en estado pastoso que se aplica con una llana sobre el cemento) o para calear (pintar con cal muy disuelta en agua). La cal se puede presentar viva (en este estado, la cal está muy cáustica) o apagada. Normalmente, la cal viva se apaga al mezclarse con agua.

Calibre: o pie de rey. Instrumento que se utiliza para medir el espesor y el diámetro de un objeto.

Calzado: elemento que mantiene un panel contra el techo, dejando las manos del trabajador libres para clavar.

Cáñamo: fibra textil natural utilizada en fontanería para proporcionar estanquidad a las roscas y consistencia a la escayola.

Cantear: técnica que consiste en labrar los cantos de una tabla, piedra u otro material.

Caolín: arcilla blanca, muy pura, que se utiliza para la fabricación de porcelana.

Carcoma: polvo que produce la larva de un insecto coleóptero muy pequeño y de color oscuro, cuando roe, taladra y digiere la madera. Suele atacar las vigas de los desvanes, el entarimado o cualquier otra madera no tratada. Es recomendable realizar una inspección ocular al final de la primavera en busca de señales de carcoma (agujeros de unos 2 mm de diámetro).

Carraca: mecanismo de rueda dentada y linguete que tienen algunas herramientas para que el movimiento de vaivén del mango sólo actúe en un mismo sentido.

Cartabón: utensilio en forma de triángulo rectángulo utilizado para dibujo lineal.

Cartón-yeso: es una capa de yeso recubierta en ambos lados por papel resistente. Puede utilizarse para forrar paredes y tabiques de madera o para forrar un techo. Un lado de la placa de cartón-yeso es un papel de color marfil que no necesita preparación y que puede ser pintado o empapelado; y el otro lado es gris y al que debe aplicarse una leve capa de yeso antes de ser usado.

Cemento cola: producto presentado en polvo para amasarse en agua y que se utiliza para adherir baldosas o azulejos.

Cenefa: especie de cortinas muy cortas que cuelgan alrededor de la base de una cama o similar para ocultar las patas o, en el caso de las ventanas, para disimular la barra de las cortinas. Pueden ser fruncidas para cama o diván o para cortinas.

Cepillo bocel: se trata de un cepillo con hierros semicirculares que se utiliza en carpintería para hacer medias cañas o inserciones semicirculares en la madera.

Cepillo de púas: instrumento de madera o de metal que lleva incorporada una cuchilla de acero regulable para alisar superficies y rebajar milímetros de una zona concreta.

Cerámica: las arcillas para cerámica tienen distintos componentes:

- Barro cocido: estas arcillas permiten una gama de colores muy amplia, aunque son porosas cuando están cocidas.
- Gres: en el caso del gres cocido, el material resultante es duro, resistente u no poroso.
- Porcelana: es difícil de trabajar por su escasa plasticidad y la elevada temperatura que requiere su cocción. Estas arcillas, una vez cocidas, proporcionan un material blanco traslúcido.

Cerradura: mecanismo de puertas, ventanas y tapas para impedir que se abran. Las cerraduras pueden ir embutidas; es decir, empotradas en la madera, o aplacadas, atornilladas en el exterior de la puerta o de la ventana.. Están las cerraduras denominadas de seguridad, que disponen de llaves de distintos formatos y sistemas antipalanqueta, y que pueden llevar un picaporte accionado por una manilla o pomo.

Chapeado: chapear o cubrir con chapas una superficie para protegerla de cambios bruscos de temperatura y de la lluvia.

Chimenea: cañón o conducto para que salga el humo que resulta de la combustión. El punto más débil de una chimenea suele ser el trashoguero o la losa situada detrás del hogar. Debe comprobarse periódicamente esta zona para ver si aparece alguna grieta que deje escapar el humo y el calor, debilitando los ladrillos de la misma.

Cianocrilato: adhesivo universal que une con consistencia diferentes materiales: metal, cristal, cerámica, fibra de vidrio y plástico. Se presenta en tubos dosificadores y se utiliza en pequeñas cantidades.

Cimiento: parte de una construcción sobre la que descansa toda una obra o edificio. Está por debajo del nivel del suelo.

Cincel: es un elemento de acero con punta plana afilada y con doble bisel para labrar piedra y hormigón. Se utiliza golpeando el cincel con un martillo o una maceta.

Cincha: cintas de cáñamo, lana, cuero o esparto, de diferentes grosores, que se utilizan como soportes elásticos en los trabajos de tapicería.

Cinta adhesiva: son las más apropiadas para trabajos domésticos y caseros. Las cintas adhesivas pueden simplificar multitud de labores caseras, reparaciones o tareas de bricolaje. Las cintas adhesivas por los dos lados sirven para hacer paquetes con papel de regalo, y las de gran resistencia sustituyen a otros materiales en la confección de paquetes.

Cinta de carrocero: cinta que sirve para delimitar la superficie que vamos a pintar y para evitar manchar las zonas que no queremos pintar.

Cinta métrica: las cintas métricas más comunes miden entre 1 y 8 m, y presentan anchuras que oscilan entre los 4 y los 13 cm. Las utilizadas para grandes distancias, es decir de 5 a 30 m, suelen tener una anchura mínima de 25 mm.

Cisterna: depósito de agua para los inodoros. El mecanismo de entrada del agua se denomina válvula y consta de un flotador que al bajar el nivel de agua acciona la válvula. La descarga es la parte destinada a impedir que el agua baje del inodoro, al tiempo que también sirve de salida para accionar la palanca o tirador del depósito, que es la cisterna.

Cizalla: instrumento utilizado para cortar en frío planchas de metal y cartones en pequeñas cantidades.

Clavadora: máquina eléctrica utilizada para clavar clavos con gran rapidez y precisión.

Clavija: herraje metálico fabricado con alambre que se utiliza para cerrar puertas y ventanas.

Clavo: o punta. Pieza fabricada a partir de un alambre con cabeza y punta. La medida se indica por su grosor (por medio de una numeración) y por los milímetros de longitud. Por ejemplo: 17 x 70, equivaldría a un clavo de 3 mm de espesor y 70 mm de longitud. Existen en el mercado distintos tipos de cabeza:

- Cabeza plana, que son los clavos más corrientes.
- Cabeza cónica y cabeza perdida, con pequeñas cabezas para que se introduzcan en la madera.

- Cabeza ancha, especiales para asegurar una pizarra o materiales del tipo blando.

Los clavos también se comercializan en distintos materiales, como el latón, o el acero, para clavar en hormigón. El acero cobreado se trata de un clavo en acero con un baño de cobre para que la pieza disimule en la madera y esté protegida contra el óxido. El hierro galvanizado ayuda a que el clavo tenga más resistencia al óxito.

Clema: pieza de material aislante y forma cuadrada que se utiliza en electricidad para realizar empalmes eléctricos.

Codo: tubo curvado en ángulo que se usa para modificar la dirección de una tubería. Si el codo es en forma de arco se denomina curva. Los más usados son los de 90°, 67° y 45°. La inclinación se expresa en grados y se mide por la parte exterior, por eso el de 45° es más abierto que el de 67°.

Cola de contacto: adhesivo que se aplica en las dos piezas que se van a pegar o unir. Una vez que hayan trascurrido unos segundos de su aplicación, las dos piezas se juntan y quedan adheridas.

Cola de milano: se trata de un sistema de ensamblado de dos tableros. Consiste en tallar los extremos de las tablas realizando un dentado con dientes en forma trapezoidal, con la parte exterior más ancha que el arranque; de esta form,a las dos tablas, al unirse, quedarán perfectamente trabadas.

Compás: instrumento formado por dos varillas, afinadas en un extremo y unidas entre sí en el otro extremo por un eje para que puedan abrirse y cerrarse. Es un elemento que se utiliza para trazar curvas, círculos y medir distancias.

Compresor: se trata de una máquina, que puede ser eléctrica o manual, que se utiliza para producir aire a presión. El aire se utiliza para pistolas de pintar, pistolas de clavar puntas o para cualquier herramienta neumática.

Comprobador de corriente: instrumento que comprueba si un circuito está completo o si un aparato eléctrico no dispone de toma de tierra. También se puede fabricar conectando una batería de 9 V y una bombilla con un cordón eléctrico y unas pinzas.

Conectores: se trata de dispositivos para un aparato eléctrico fijo. El conector puede sustituir a un enchufe convencional en un circuito anular, también se puede sacar una derivación de un enchufe existente para alimentar al conector. El conector se suele instalar en una caja de montaje igual que las del enchufe. Lo habitual es elegir un conector con interruptor, ya que algunos disponen de una luz roja de neón para indicar si están conectados o no.

Conexión: se trata de un enchufe de potencia añadido a un circuito anular.

Contador: es un aparato que sirve para el cálculo del consumo de electricidad y gas. Hay dos tipos de contadores para electricidad: los antiguos disponen de una serie de esferas y agujas, y los más modernos tienen una ventanilla numérica en la que se lee de izquierda a derecha.

Contrachapado: tablero formado por varias capas finas de madera encoladas de modo que sus fibras queden entrecruzadas para que la pieza tenga mucha más consistencia.

Cortacircuitos: dispositivo para producir un corte en la corriente eléctrica cuando se produce un cortocircuito o una sobrecarga eléctrica al fundirse un fusible. Es un instrumento de seguridad valioso para la vivienda, ya que corta la corriente si ocurre algún fallo en el dispositivo o en un aparato eléctrico. El cortacircuito opera comprobando continuamente el flujo de corriente a tierra; en cuanto la corriente sufre una alteración de nivel, el cortacircuito la interrumpe y no permite su restauración hasta que el fallo haya sido reparado.

Cortador de azulejos: herramienta eléctrica que sirve para cortar azulejos con una cuchilla.

Cortavidrios: es un instrumento que permite cortar discos y círculos de vidrio o de cristal de diferentes diámetros.

Corte al contrahilo: superficie de la madera cuando el corte efectuado no es perpendicular a las fibras.

Corte al hilo: superficie de la madera tras haberla cortado en dirección perpendicular a las fibras.

Cortocircuito: contacto accidental de dos cables con distinta polaridad.

Craqueado: técnica por la que se consigue un conjunto de grietas superficiales en una porcelana o en una pintura, obteniendo un aspecto cuarteado.

Cuadradillo: pletina de sección cuadrangular, de 6 a 8 mm de sección, que une las dos manillas y que al pasar por la cerradura acciona el picaporte.

Cumbrera: pieza horizontal que soporta una carga por medio del apoyo de sus extremos en las jambas o en los pies verticales.

Cuña: se trata de una pequeña pieza de madera, plástico o metal que, clavada en el extremo de una madera, provoca que se ensanche y apriete la otra pieza evitando que se separen.

Decapadora: instrumento que proyecta aire caliente y sirve para eliminar de forma rápida y sencilla capas viejas de pintura, barnices y otros acabados.

Decapante: producto químico que arranca pinturas y barnices.

Decapar: arrancar barniz o pintura por medio de un producto químico o de calor. Hay diversos tipos:

• Decapado en seco: algunas superficies, como las redondeadas, pueden decaparse utilizando un rascador con una hoja muy afilada.

• Decapado químico: existen dos tipos de decapado químico, en líquido o en pasta. Todas las maderas no toleran los decapantes químicos, por lo que deberá comprobar antes por medio de una prueba si la madera se decolora o no.

• Decapado por calor: se puede utilizar un decapador eléctrico de aire caliente para ablandar la pintura.

Defensa: mecanismo de seguridad que suelen tener algunas herramientas de corte, eléctricas o manuales, para evitar accidentes durante su manipulación.

Desagüe: tubo o abertura destinado a la salida de aguas. Existen dos grandes tipos de desagües domésticos:

• Los sumideros están debajo del suelo y fuera de la casa y reciben las aguas sucias provenientes de fregaderos, bañeras, lavabos, lavadoras y lavavajillas, así como el agua de lluvia recogida por las tuberías del desagüe. Un sumidero tiene una rejilla a la altura del suelo que puede levantarse para alcanzar el sifón inferior en forma de «U».

• Los desagües cerrados reciben las aguas de los sumideros y de los desagües de los inodoros, llevándolas hacia la red de alcantarillado general. Están enterrados, pero puede accederse a ellos quitando la tapa de la boca de registro.

Desatascador: herramienta que se utiliza para limpiar cualquier atasco que se produzca en un fregadero o retrete. Produce un efecto bombeo gracias a la goma, que provoca que se disperse el aire y el agua y se retire la obturación en la tubería.

Desbastadora: se utiliza en carpintería para el vaciado de la madera. El modelo básico consta de una hoja, recta o curva, que está biselada en uno de los bordes. Los extremos acaban en una espiga apoyada en un mango de madera.

Descalcificación: consiste en mantener las cañerías de la vivienda libres de cal. En las tiendas especializadas se pueden encontrar productos especiales contra la cal, ya sea en polvo o líquido, en cuya composición se encuentra el ácido fórmico.

Desconchado: pérdida del enlucido de una parte de la pared, normalmente debido a hecho de clavar o taladrar una punta.

Desporrilladura: mella, fragmento o astilla que se separa del borde o canto de un objeto de madera accidentalmente durante el lijado o cortado.

Destornillador: herramienta para extraer tornillos. Los hay para ranuras de tornillos rectas, cruciformes y estrelladas. Los mangos más seguros son los elaborados en material aislante. Suele ser la herramienta más solicitada y utilizada en el hogar. Las aberturas más habituales son las de 3-4 mm, 6-8 mm y 10-12 mm; los calibres cruciformes más usados son los que corresponden la diámetro de 5-6 mm y 8-10 mm.

Diferencial: interruptor eléctrico de seguridad que corta la corriente al producirse una descarga eléctrica o un cortocircuito.

Disolvente: sirve para disolver pinturas y barnices y para la limpieza de los utensilios de pintura. Los más usuales son el disolvente sintético (indicado para esmaltes, barnices y productos sintéticos) y el disolvente nitro o disolvente universal (utilizado para productos nitrocelulósicos). Este último no se debe utilizar en productos sintéticos.

Embellecedor: detalle decorativo que se utiliza para embellecer un mueble o una puerta.

Empalme a media madera: unión de dos piezas de madera a las que se las ha rebajado la mitad del grosor en uno de sus extremos. Cuando se las une, el conjunto guarda una continuidad en el grosor.

Empapelado: este término se aplica, en sentido amplio, a una serie de materiales para revestir paredes, como papeles, telas, vinilo, viruta de madera o corcho. En el caso del papel pintado, éste se sirve en rollos de papel estampados con dibujos. En el caso que se vaya a proceder por primera vez con el papel pintado, se deberá elegir uno fuerte, ya que los finos tienden a rasgarse o arrugarse fácilmente.

La eliminación de un recubrimiento de papel pintado moderno es, en la mayoría de los casos, fácil y sencillo de quitar; ya que la superficie puede eliminarse con un simple tirado. Para ello, es preciso primero levantar una esquina de una tira para comprobar si se despega bien. Si es así, continúe con el proceso de eliminación del mismo.

Emulsión: líquido de betún de látex que se utiliza como aislante en las paredes que van a ser enlucidas o revestidas en seco; también se utiliza como adhesivo en los suelos de parqué y baldosas y como capa superior en los suelos de hormigón.

Enchufe: aparato que consta de dos piezas esenciales que se encajan una en otra cuando se quiere establecer una conexión eléctrica. La mayoría de los aparatos eléctricos dispone de un enchufe que forma una sola pieza.

Encofrar: formar un molde con tableros o chapas de metal en donde se introduce el hormigón hasta que fragua. Una vez que el hormigón ha fraguado se desmonta el aparataje.

Encolado: se trata de seleccionar el pegamento adecuado para cada trabajo. Normalmente, para los diversos trabajos caseros de bricolaje se necesitará diferentes pegamentos. En todas las reparaciones con pegamento deberá mantener las piezas que se van a unir limpias y secas; en las reparaciones complicadas, deberá proceder lentamente y dejar secar la pieza antes de comenzar a pegar la siguiente pieza. Los pegamentos más utilizados en las reparaciones de bricolaje son los siguientes:

- PVA: se trata de un adhesivo no inflamable disponible en numerosas presentaciones. Es de color blanco, de consistencia cremosa y puede diluirse en agua. Una vez que está seco, es un compuesto resistente al agua y casi transparente. Es eficaz para la madera, para unir el mortero a las tejas, ladrillos y baldosas, y para sellar un suelo de hormigón.

- Resina transparente: es un pegamento doméstico universal que sirve para pegar cartón o materiales flexibles como el cuero, así como para construir maquetas, aunque es un adhesivo no muy resistente.

- Resina epoxídica: se suele suministrar en un juego de dos tubos: uno contiene el adhesivo propiamente dicho y el otro una sustancia que lo endurece. Se deben mezclar cantidades iguales de cada tubo para conseguir un compuesto adecuado. Una vez mezclado, el pegamento se endurece sin que se pueda detener o frenar el proceso.

- Espuma flexible: está prevista para rellenar huecos, aunque este tipo de material dispone también de la cualidad de ser altamente adhesivo. Puede emplearse para fijar baldosas o tejas sueltas.

- Formaldehído: es la cola ideal para la madera, especialmente para los exteriores, ya que se trata de un adhesivo resistente al agua y al calor, y proporciona una unión fuerte y segura.

- Pegamentos con base de caucho: uno de estos pegamentos es el látex blanco, que se emplea para unir textiles, tejidos y cuero; y otro es el llamado cola de contacto a base de resina de caucho, que se emplea para pegar grandes superficies de tableros. Son pegamentos que no son apropiados para la madera, ya que disponen de mucha flexibilidad. En el caso del adhesivo de caucho negro, es muy resistente al agua, lo que le hace ideal para reparaciones de juntas de goma, botas impermeables, lonas y embarcaciones, caravanas o vehículos similares.

- Cianoacrilato: también conocido como pegamento instantáneo. Se trata de un líquido transparente y poco denso que une las piezas a pegar en cuestión de segundos. Se suele aplicar directamente sobre la superficie y juntar inmediatamente las piezas a unir.

- Adhesivo activado por radiación ultravioleta: es un pegamento líquido y transparente para vidrio. Se trata de un compuesto que no deja señal y que una vez endurecido es resistente al agua y a los detergentes. No se endurece hasta que se expone a la luz solar.

- Adhesivo para paneles: es un pegamento que se suministra en cartuchos que se aplican por medio de una pistola de sellado. Se puede utilizar para fijar a la pared paneles de escayola o de madera, para colocar rodapiés o molduras y, en general, para sustituir a los clavos en muchas aplicaciones domésticas.

- Pegamento de PVC: ablanda la superficie del PVC, garantizando una unión óptima entre ambas piezas a pegar.

- Cemento de poliestireno: este adhesivo ablanda el plástico sobre el que se aplica, al igual que el pegamento de PVC. Se usa, sobre todo, para hacer maquetas.

Enlucir: aplicar una capa de yeso o de mezcla a las paredes, techos o fachadas de un edificio.

Enmoquetado: consiste en colocar una moqueta en una sala o habitación con dos métodos: clavar con tachuelas la moqueta a los bordes del suelo, o fijar con tiras de madera especiales que se clavan alrededor del perímetro de la habitación.

Enrasar: consiste en igualar una o varias superficies para que queden al mismo nivel.

Ensambladora: pieza que une, junta o ajusta piezas diversas.

Enyesado: acción o efecto de enyesar; es decir, tapar o acomodar una cosa por medio de yeso. Cuando hay que reparar grandes agujeros o grietas en el enlucido, se debe utilizar un yeso especial para esta labor. Se pueden encontrar piezas de mezcla de pasta ya preparada o en polvo al que tan sólo hay que añadir agua para obtener el compuesto deseado. Si las grietas son pequeñas, se suele utilizar relleno de celulosa.

Ergonomía: es el estudio de la relación entre las dimensiones medias del hombre y las de los objetos utilizados por éste, para conseguir de esta forma que los objetos utilizados sean lo más adaptados al hombre.

Escantillón: regla utilizada para enrasar hormigón.

Escarpia: clavo con cabeza acodillada, en forma de codo.

Escayola: yeso cristalizado calcinado. Se trata de un tipo de yeso de alta calidad y servicio.

Escofinas: son un instrumento que sirven para eliminar la madera con rapidez, ya sea a hilo o a contrahilo. Puede ser gruesa, media o fina, dependiendo del tamaño y distribución de los dientes.

Escoplo: es un instrumento de una hoja fuerte, lisa y de sección rectangular que se utiliza para cortar la madera sobrante. Se trata de una herramienta lo suficientemente fuerte como para poder ser dirigida por medio de un mazo o martillo.

Escuadra de tacón: instrumento que se utiliza para marcar los ángulos rectos y comprobar su elasticidad.

Escuadrar: comprobar con la escuadra que dos líneas o superficies son perpendiculares entre sí.

Esmaltado: adornar de varios colores y matices una cosa u objeto. Los esmaltes son en polvo de vidrio coloreado con óxidos metálicos que se extienden sobre un soporte de metal y se fija a la pieza de forma térmica. Al exponer el esmalte al calor, se funde y se fusiona con el metal formando una superficie dura, brillante y decorativa. Los materiales o esmaltes pueden ser transparentes, opalescentes y opacos. Los metales más adecuados como soporte son los compuestos de un 90% de cobre puro y los dorados.

Esmeril: es una piedra de lija o artificial que se utiliza para afilar instrumentos, pulir o desgastar superficies u objetos.

Esmerilar: afilar un extremo cortante o bien pulir un objeto con un esmeril.

Esparabel: utensilio de madera o plástico que se utiliza para alisar el enlucido. Suele tener forma cuadrangular y un asa para agarrarlo.

Espátula: herramienta de hoja de acero duro que sirve para quitar la masilla de las ranuras donde se coloca el cristal de las ventanas o puertas. La forma de proceder es colocar la punta de la espátula entre la masilla y el marco, golpeando la herramienta con un martillo. La espátula también es muy apropiada para despegar el papel pintado de las paredes, rellenar con yeso una grieta de la pared o cubrir con masilla la hendidura de un tablón de madera.

Espiga: parte sobresaliente en el extremo de una pieza de madera para que ésta encaje en la mortaja.

Esponjado: técnica que consiste en pasar una esponja o un trapo por una superficie recién pintada, para crear un efecto poroso.

Estañar: soldar dos metales con estaño.

Estaño: aleación de estaño con plomo o plata en distintas proporciones. Se utiliza para soldar metales y se presenta en barra o en rollo.

Estanquidad: efecto que se produce cuando se incomunican dos compartimentos entre sí para evitar que pase el agua.

Estarcir: estampar dibujos, letras o números haciendo pasar el color con un instrumento adecuado, a través de los recortes efectuados en una chapa o plantilla. Es una técnica que sirve para copiar modelos sobre todo tipo de superficies: madera, yeso, metal, cristal, papel, tela, paredes y muebles. Las plantillas se pueden adquirir con letras, números y diferentes motivos. Además, también se puede usar cualquier tipo de agente colorante para pintar los diseños. Cuando se utilice pintura, ésta deberá mezclarse hasta conseguir una consistencia lo suficientemente cremosa; aunque también se puede aplicar un agente colorante más débil. Es conveniente que antes de comenzar el trabajo, pruebe el color en un trozo de papel o en una superficie que no sea visible. Luego, deberá colocar la plantilla y extender el color por encima con una brocha, desde los bordes hacia el centro.

Estropajo metálico: se trata de una agrupación de filamentos finos de acero que se utiliza para limpiar de óxido y de suciedad los metales, así como para eliminar las rebabas que pueden quedar en un objeto metálico, una vez que ha sido limado.

Estucar: aplicar en una superficie estuco. Cuando la pasta es de poca consistencia, el estuco se utiliza para blanquear.

Estuco: también llamado escayola. Es una pasta de cal apagada y mármol pulverizado que se aplica a las paredes con una paleta.

Fenda: raja o hendidura al hilo en la madera .

Fibra de vidrio: material fabricado con vidrio hilado que se utiliza como aislamiento. También existen mantas tejidas completamente con hilos de vidrio que sirven como refuerzo para moldear piezas o aislar paredes, suelos y tejados.

Flexómetro: cinta métrica flexible de diferente longitud, normalmente oculta en una carcasa de plástico o de metal.

Formón: instrumento metálico plano y afilado en la punta que se utiliza en carpintería para labrar o tallar la madera.

Fosa séptica: en las zonas rurales donde no es posible disponer de alcantarillado general, las fosas sépticas son el tratamiento más adecuado para la eliminación de aguas residuales. Los desagües de las casas conducen directamente las aguas negras hasta una cámara en la que, en uno o dos días, se licuan por la acción de las bacterias. La acción de estos organismos produce una espuma en la superficie que no deja salir los olores; además, se da la circunstancia de que los residuos que entran a esta cámara se realizan por debajo, por lo que la superficie de la misma no se altera. Para proceder al vaciado de la fosa es conveniente avisar al servicio de saneamiento municipal o a la autoridad competente. Los líquidos que se encuentran entre la espuma de arriba de la fosa y el sedimento de abajo se descargan a través de un tubo a una segunda cámara anexa provista de filtros de carbón. Después, desde está segunda fosa, el propietario ya puede verter el líquido resultante a una acequia o arroyo sin peligro de contaminación.

Fosfatotrisódico: producto desengrasante que elimina el calcio en el agua y se utiliza para el lavado de metales.

Fraguar: endurecimiento del hormigón, yeso o cualquier otra masa. También se llama así al forjado de los metales.

Fratás: paleta que sirve para aplicar y alisar el cemento. El de madera se utiliza para proporcionar una suave y fina textura a los revoques de cemento y hormigón.

Freón: gas o líquido no inflamable que contiene flúor y que se emplea especialmente como refrigerante.

Fresa: utensilio de corte con aristas o cuchillas que se utiliza como una fresadora, ya sea eléctrica o manual, y que sirve para cortar la madera y los metales.

Fresadora de superficie: herramienta eléctrica que se utiliza para labrar madera y metales. La cuchilla de la fresadora produce un corte limpio.

Fresadora ranuradora: pieza que dispone de dos cuchillas simétricas para abrir una ranura paralela al borde de la pieza de madera, metal o plástico.

Fresar: labrar, ranurar y tallar madera, metal o plástico con una fresa.

Frisa: arandela de goma de forma circular que se utiliza en fontanería para hacer hermética la unión de dos piezas.

Fungicidas para madera: producto químico que elimina los hongos y el moho en la madera.

Galce: es una ranura en donde se encaja el canto de una pieza o una lengüeta.

Galones: cintas de tejido fuerte y estrecho, de diferentes formas y colores, que rematan los trabajos de tapicería.

Garrucha: rueda acanalada en su circunferencia, que es móvil alrededor de un eje, y por la que se pasa una cuerda o cadena. Se suele utilizar para levantar grandes pesos. Puede haber garrochas o poleas fijas o móviles.

Gato: se utiliza para apretar fuertemente piezas encoladas.

Gaveta: artesa pequeña que sirve para amasar y para transportar el yeso.

Goma laca (goma arábica): sustancia segregada por la cochinilla de la laca, disuelta en alcohol industrial y utilizada en la elaboración del barniz que se aplica como acabado de la madera. Se presenta en discos y en escamas, y en diferentes tonalidades.

Gozne: bisagra metálica que se usa para fijar las hojas de las puertas y ventanas al quicio y para que, al abrirlas o cerrarlas, giren sobre él.

Gramil: instrumento de carpintería que sirve para trazar líneas paralelas al borde de una pieza cuadrada. Hay gramiles para cortar, marcar, perfilar o hacer bordes curvos.

Granate de marcar: sirve para marcar el centro de los agujeros que después van a ser taladrados.

Grano: grado de aspereza de la lija. Se expresa en números, correspondiendo la cifra más baja al grano más basto.

Grapadora eléctrica: sirve para sujetar losetas de fibra mineral o listones a cualquier superficie.

Grasa: mezcla de aceites minerales con otras sustancias –litio, bario– que, en estado semisólido, se utiliza para lubricar piezas metálicas móviles, rodamientos y otras herramientas.

Grifo: llave de metal colocada en la boca de las cañerías, en calderas y en otros depósitos de líquidos para regular su paso. Existen dos tipos básicos de grifos, el de boca curva y el de columna; los primeros suelen tener una entrada de agua horizontal y los segundos en vertical. Respecto a la salida del agua, ésta se suele controlar por medio de un obturador, en el primer caso, o a través de unos discos de dos discos de cerámica, en el segundo de los casos.

Guardavivos: pieza que sirve para proteger las esquinas. Suele estar fabricada en hierro galvanizado de aluminio o de PVC. Hay guardavivos de uso interno, recubiertos de yeso; y de uso externo, recubiertos de cemento.

Gubia: formón de mediacaña o semicircular que se utiliza en trabajos de carpintería para labrar superficies curvas.

Hacha: herramienta cortante compuesta de una pala acerada, con un filo algo convexo, y un palo de madera. Ya sea nueva o vieja, siempre habrá que afilarla justo antes de utilizarla.

Hidrolimpiadora: equipo eléctrico que elimina rápidamente los residuos en piscinas, coches o maquinaria.

Hilada impermeabilizante: capa de material impermeable que evita que la humedad del suelo entre en las paredes de un edificio.

Hilo de línea: cable eléctrico de un solo conductor destinado a instalaciones empotradas o en canaleta. Su espesor se mide en milímetros cuadrados; y puede ser de uno o varios filamentos de cobre. Se fabrica en distintos colores: negro para la fase (positivo); azul para el neutro (negativo); verde-amarillo para la toma de tierra (masa); y blanco para comunicar los interruptores con las lámparas y los conmutadores, y para los cruzamientos entre sí.

Hormigón armado: tipo de hormigón reforzado con varillas o rejillas metálicas. La armadura queda introducida en el hormigón aportando al conjunto una gran consistencia.

Hormigón: mezcla de cemento, arena, grava y agua. Una vez que el hormigón está fraguado, éste es muy consistente y ofrece una gran durabilidad. Las proporciones dependerán del tipo de cemento empleado, así como de la resistencia del hormigón que se quiera conseguir. La mayoría de los trabajos caseros que requieren hormigón se pueden realizar con algunas de las siguientes tres mezclas:

- Primera mezcla: de uso general, sirve para rellenar el piso de una entrada para personas o vehículos: una parte de cemento, dos partes y media de arena y cinco de grava por unidad de volumen.

- Segunda mezcla: se utiliza cuando se necesita resistencia y cierta fuerza adicional para rellenar senderos, piscinas o escalones. Se selecciona una parte de cemento, dos partes de arena y cuatro partes de grava por unidad de volumen.

- Tercera mezcla: sirve de argamasa para adherir losas al suelo, y se utiliza una parte de cemento y tres partes de arena por unidad de volumen.

Hormigonera: instrumento eléctrico de forma ovalada que gira sobre un eje y que se utiliza para mezclar homogéneamente el hormigón.

ICP (interruptor de control de potencia): es el interruptor automático que coloca la empresa suministradora al inicio de la instalación eléctrica de cada vivienda, de acuerdo con la potencia que el cliente ha contratado. Va precintado, para evitar ser manipulado por personas ajenas a la compañía.

Impermeabilidad: cualidad de un cuerpo a la hora de no dejar pasar los fluidos o líquidos.

Impermeabilizante: producto utilizado para sellar una superficie para que no permita pasar el agua o la humedad.

Impermeabilizar: proteger un material para impedir que pase el agua o la humedad.

Imprimación: producto destinado para aplicar en una superficie. Una vez aplicado y pintada la pared, el producto seca. Las imprimaciones se suelen utilizar para dar una mayor adherencia a las superficies, impermeabilizarlas o protegerlas del óxido o de otros elementos.

Ingletadora: herramienta que se utiliza para realizar los cortes a inglete. Además suele disponer de una regla graduada de medición y de reglas ajustables.

Ingletar: cortar el extremo de una pieza en ángulos de 45° para que, al unirla a otra con el mismo corte, formen un ángulo de 90°. Este tipo de uniones se suele utilizar para los cuadros. En el caso de que se vayan a realizar muchas uniones en esquina, será recomendable comprar una ingleteadora, pero si se va a realizar tan sólo un inglete ocasional, se puede usar un juego de escuadras o de cartabones deslizantes en ángulo de 45°.

Inglete: corte a 45° del extremo o extremos de una pieza.

Insecticida: producto químico destinado a matar insectos.

Insectos xilófagos: insectos que producen daños en árboles, en madera verde, en rollizo o aserradas, en material seco almacenado y madera en uso. Las larvas perforan la madera para obtener alimento y protección, abriendo galerías o agujeros característicos.

Interruptor doble: interruptor regulable que permite variar la intensidad de la luz emitida por una bombilla. En casi todos los casos se puede instalar un interruptor regulable en lugar de los tradicionales, sin llegar a alterar el cableado antiguo. Existen diversos mecanismos de regulación, desde los giratorios a los lineales y al tacto, pudiéndose combinar con un interruptor de encendido y apagado.

Interuptor: mecanismo dedicado a interrumpir y restablecer el paso de la electricidad hacia una lámpara o una máquina de casa. Existen interruptores conmutados para accionar la misma lámpara desde dos sitios; e interruptores de cruzamiento, combinando un cruzamiento y dos conmutadores se consigue encender y apagar una lámpara desde tres sitios diferentes.

Jamba: parte vertical de la estructura de un marco de la puerta o ventana.

Junquillo: moldura redonda o triangular, principalmente de madera, que se utiliza para sujetar los cristales a los marcos de la ventana.

Junta de tubería de cobre: suele haber tres tipos de modelos: de compresión, estañosoldadas y de ajuste. En los tres casos, las juntas pueden adquirirse en una ferretería, presentando diferentes configuraciones, como juntas en «T», rectas y en codo. En todos los casos, las juntas requerirán que las tuberías tengan los extremos cortados en ángulo recto, para ello deberá utilizar una sierra fina para metales y eliminar cualquier rebaba o aspereza de la tubería con una lima.

Junta tórica o dentada: frisa de goma de sección circular que se utiliza en fontanería .

Kiloamperio: unidad de electricidad equivalente a 1000 A.

Kilovatio: unidad de potencia en el Sistema Métrico Decimal, equivalente a 1000 V.

Kilovatio: unidad de tensión eléctrica equivalente a 1000 V.

Labrar: técnica en la que se trabaja una materia u objeto hasta conseguir un labrado (detalle decorativo).

Laca: barniz o esmalte que consigue en los elementos o muebles un acabado fino y liso.

Lacar: técnica que consiste en cubrir o barnizar con laca un objeto o superficie.

Ladrillo: bloque de arcilla utilizado para construir, entre otros construcciones, paredes y muros.

Laminador: máquina, eléctrica o manual, que se compone de dos cilindros lisos de acero y que sirve para comprimir masas de metales maleables.

Lana de acero: se utiliza para pulir y limpiar las zonas del tubo de cobre, accesorios y racores que se van a soldar.

Lechada de cal: mezcla de cal y agua, en proporción de 2 kg de cal por 1 kg de agua, que sirve para blanquear las juntas de los azulejos o de las lozas. Debe ponerse siempre que el borde entre las baldosas y azulejos esté agrietado o descolorido. Una vez retirada la lechada vieja, deberá retirar el polvo que se haya levantado con un cepillo. Normalmente, la lechada suele venderse en forma de polvo blanco que se mezcla con agua o mezclada ya en un tubo.

Deberá aplicarse con un rodillo de goma o con un a esponja limpia y mojada. Para obtener un acabado perfecto, deberá pasar una espiga de madera delgada por cada línea de lechada; después habrá que dejar secar y frotar con un trapo suave. Además de la tradicional lechada blanca, también existen en el mercado lechadas de diferentes colores y tonalidades, según el acabado que se desee.

Lengüeta: espiga prolongada que se labra a lo largo del canto de una tabla, generalmente de un tercio del grueso de la pieza, con objeto de encajarla en la ranura de otra.

Lezna: instrumento compuesto por un hierro de punta fina y mango de madera que se utiliza para agujerear diferentes materiales, facilitando la inserción de tornillos o tuercas.

Lija: papel de lija o papel abrasivo. Sirve para alisar la madera y los acabados endurecidos. Puede tener diferentes grados, según el tamaño de la partícula abrasiva, y se clasifican en grano muy grueso, grueso, medio, fino y muy fino.

Lijado: suavizado de las superficies de forma manual o mecánicamente. Las superficies deben lijarse para suavizarlas perfectamente antes de pintarlas o tratarlas. Las lijadoras mecánicas también pueden emplearse para dar forma a la madera o redondearla. Para lijar se suelen emplear papeles o telas recubiertas con granos abrasivos, como el carburo o el silicio. Normalmente, el abrasivo se clasifica numéricamente, desde el 60 hasta el 400, es decir, cuanto mayor sea el número, más fina es la lija en cuestión. Cuando se trabaje en madera, primero se deberá lijar en la dirección de la veta. Entre los distintos abrasivos disponibles figuran los siguientes:

- Papel abrasivo de arena o polvo de vidrio: se utiliza en seco para objetos de madera cuando no tengan que quedar muy suaves, por ejemplo antes de pintar la superficie.
- Papel de polvo granate: se emplea para el acabado fino de muebles antes de proceder a su barnizado.
- Tela de esmeril: sirve para limpiar y pulimentar metales.
- Papel de carburo de silicio: se utiliza para eliminar el esmalte antes de repintar.
- Limas de carburo: tienen una base metálica sobre la que se adhiere un material duro. Se utiliza para un lijado grueso.
- Bloques abrasivos: son bloques de espuma recubiertos de abrasivo. Se usan para lijar la pintura antes de repintar.
- Lana de acero: se usa para quitar el brillo a los barnices.
- Lijado manual: sirve para suavizar las zonas curvas.
- Lijado mecánico: se emplean abrasivos gruesos para dar forma y redondear las superficies y abrasivos finos para el acabado.

Lijadora de banda: utiliza una lija en forma de banda, que está sujetada por medio de dos rodillos, y cuyo desplazamiento se realiza de forma longitudinal a la máquina.

Lijadora delta: lijadora de superficie triangular que está adaptada para lijar aquellos rincones de difícil acceso.

Lijadora excéntrica: es una lijadora de base redonda y giratoria que se utiliza para lijar bases cóncavas.

Lijadora orbital: lijadora de base rectangular que se utiliza para acabados finos. Se usa para pulir.

Lima: instrumento de metal para alisar y suavizar rebabas y bordes afilados. Hay distintos tipos de limas: de media caña, planas, redondas, cuadradas y rectangulares.

Limitador: o térmico. Interruptor eléctrico de seguridad de aspecto similar a un interruptor de control de potencia , que corta la corriente al producirse un cortocircuito.

Líquido hidrófugo: sustancia que evita la humedad y las filtraciones. Suele presentarse como líquido transparente incoloro. Se usa para repeler el agua de la lluvia sobre las fachadas y superficies exteriores de las edificaciones.

Llaguero: hierro cilíndrico que se usa para señalar las juntas de los ladrillos o puntos de unión en una obra de albañilería.

Llana dentada: llana que presenta en dos de sus cuatro lados un dentado de mayor o de menor tamaño. Se suele utilizar habitualmente para aplicar colas o cementos-colas.

Llana: paleta de acero que sirve para enlucir con yeso y cemento las paredes u otras superficies.

Llave de allen: barras macizas de sección hexagonal que sirven para cerrar y abrir tornillos especiales.

Llave de tubo: instrumento de tubo de acero que sirve para trabajar tuercas en forma hexagonal.

Llave fija: herramienta de metal plana que se utiliza para acceder a la unión de las tuberías y para el apretado o aflojado de las tuercas.

Llave inglesa: herramienta de hierro o metal en forma de martillo y con una cabeza móvil adaptable a la tuerca para así poder desenroscar aquellas tuercas de difícil acceso.

Lubricante: producto destinado a lubricar piezas móviles que están en contacto entre sí. De esta forma, se evita que se calienten y se consigue una mayor movilidad entre las mismas.

Lustrar: consiste en abrillantar y bruñir metales y piedras.

Maceta: herramienta útil para trabajos de demolición o para hincar clavos de gran formato. Existen dos modelos: maceta cuadrada, que es similar a una maza; y maceta redonda, que es de forma cilíndrica y estrecha en el mango.

Madera plástica: emplaste con aspecto de madera que se utiliza para reparar ralladuras en la madera o para tapar agujeros provocados por las puntas. Se puede lijar, pintar, atornillar y perforar.

Marquetería: técnica de ebanistería que consiste en embutir pequeñas piezas de madera de colores con un sentido decorativo.

Martelé: esmalte sintético o antioxidante que otorga un efecto metálico martilleado.

Martillo de orejas: herramienta que además de golpear, sirve de tenazas para arrancar clavos. Hay martillos de madera, de acero, de fibra de vidrio y de otros materiales. Los martillos de orejas con mango de acero y con forro de caucho y perfil ergonómico facilitan el manejo del instrumento.

Martillo eléctrico: martillo que se utiliza para la rotura de pavimentos de asfalto, hormigón o mampostería, así como para la excavación y la construcción de pozos o zanjas.

Martillo perforador: martillo a motor que sirve para taladrar. La potencia de la máquina determinará las dimensiones y profundidad de los orificios que pueda realizar.

Mártir: tablero de madera que se coloca entre la broca y la madera a taladrar, para evitar que esta última se astille.

Masilla: pasta hecha de tiza y de aceite de linaza que se utiliza para la fijación de los cristales.

Maza: herramienta en forma de martillo que se usa para labrar y tallar la madera. Es muy útil para fijar las ensambladuras de la madera.

Minio: polvo de óxido de plomo de color rojo anaranjado, utilizado como pintura antioxidante para metales.

Mordaza: utensilio similar a las tenazas. Se usa para sujetar dos piezas y evitar que se muevan.

Moldura: listón interior de madera que cubre la unión entre el marco y la pared.

Montante: parte vertical central de una puerta de panel.

Mortaja: cavidad rectangular en la madera para encajar un listón.

Mortero de asiento: fina capa de mortero que se aplica para alisar una superficie de hormigón o para remodelar superficies con el objeto de decorar.

Mortero: conglomerado de agua, arena y cemento o yeso.

Mosaico: colocación de pequeñas piezas de cerámica o de vidrio de varios colores con un sentido decorativo. Normalmente, para fijar el dibujo creado, se utiliza argamasa, yeso o revestimiento de papel.

Muela: piedra redonda que se usa para afilar.

Nervadura: o nervio. Elemento constructivo plano o curvo que sirve de soporte a un arco o bóveda. También se suele utilizar como elemento decorativo.

Niquelar: técnica que consiste en cubrir con un baño de níquel objetos metálicos para protegerlos del óxido.

Nivel de burbuja: herramienta metálica de madera o de plástico, de forma alargada, que contiene una o varias cápsulas en su interior. Las cápsulas pueden ser, a su vez, de cristal o de plástico transparente con un líquido y una burbuja en su inte-

rior. El nivel de burbuja se utiliza para saber si una pieza, una pared o un muro está nivelado o no.

Nivelar: poner a igual altura dos o más piezas.

Orejeta: saliente de una tubería metálica que se utiliza para sujetarla a una pared.

Orificio escariador: agujero que se abre en un objeto de metal para evitar que éste se rompa al taladrarlo.

Orificio guía: orificio realizado en una pieza de madera para que sirva de enroscamiento en el tornillo. La medida de la broca a utilizar en estos casos será igual a la medida del núcleo del tornillo.

Ornamentación: colocación de piedras, ladrillos o baldosas de distintas características decorativas.

Paleta: chapa metálica de forma trapezoidal, punta cuadrada o redonda y con mango habitualmente de madera. La paleta se utiliza para aplicar cemento o yeso en trabajos de albañilería.

Palomilla: escuadra destinada a sujetar en la pared baldas para una estantería. Se trata de una tuerca con dos aletas que sirven para ser apretadas con una mano, sin necesidad de recurrir a ninguna llave.

Pandeo: deformación o curva que se presenta, fundamentalmente, en tableros de madera.

Papel de lija: abrasivo para alisar madera y pulir metales.

Paramento: cada una de las dos caras de una pared.

Pátina: pintura de textura similar al barniz que se utiliza para proporcionar a la madera y al metal un aspecto envejecido.

Pavés: ladrillo de vidrio que se utiliza para levantar tabiques de separación, ya sea en el interior o en el exterior de una casa.

Pavimentar: revestir el suelo con ladrillos, losas u otros materiales.

Pavonado: tratamiento que se proporciona al hierro o al acero para evitar su corrosión.

Pegamento: adhesivo de celulosa o acetato que es resistente al agua y es utilizado para fijar plásticos, madera o metal.

Peinazo: listón o madero que, colocado entre los largueros de las puertas y ventanas, forma cuarterones.

Pelacables: también llamado alicates pelacables. Se trata de un instrumento similar al alicate que dispone de un sistema a tornillo y diversas ranuras y agujeros de distinto diámetro, que sirve para pelar cables de distintos tamaños, sin llegar a dañar los hilos internos.

Pelatín: paleta de pequeño tamaño.

Pellada: cantidad de yeso o argamasa que se puede sostener en la mano o en la herramienta de la llana.

Pincel de estarcido: pincel con cerdas dispuestas cilíndricamente que sirve para estarcir, limpiar agujeros, aplicar colas o retocar alguna superficie dañada.

Piqueta: herramienta similar a un pico pequeño. La parte plana se denomina pala y la aguda pico. En las piquetas existen diferentes combinaciones: pico-pala, pala-pala y pala-martillo.

Pistola aerográfica: instrumento utilizado para esparcir pintura de forma gradual sobre todo tipo de superficies.

Pistola de silicona: herramienta con forma de pistola que permite extender, de forma gradual y uniforme, la silicona. Se utiliza para pegar o sellar objetos o zonas.

Pletina: pieza metálica de forma rectangular y de espesor reducido, que se utiliza para unir dos manillas –manijas de un pestillo– y accionar el picaporte de una cerradura.

Plomada: utensilio utilizado para comprobar la verticalidad de un muro o de una pared. Consta de un peso de plomo o hierro de forma cilíndrica o esférica, que está unido por una cuerda a una pieza metálica o de madera.

Portillo: abertura en una pared o tapia. También se suele utilizar en el caso de los huecos que queda en un objeto roto.

Pulidor: herramienta que pule, compone y adorna una pieza de madera.

Punteado: técnica de pintura en la que, encima de una capa base, se puntean las texturas del fondo con una esponja –natural o artificial– o con un cepillo especial para punteado. Se utiliza en paredes, madera y mobiliario en general.

Punzón: instrumento de hierro terminado en punta que se usa para realizar pequeños agujeros, para el grabado de monedas, medallas o botones y para hacer dibujos o crear efectos de relieve en la madera.

Punzonadora: máquina que sirve para hacer perforaciones en piezas de aluminio.

Rabera: espiga o extremo de una herramienta que se introduce o inserta en el mango.

Racor: pieza metálica con dos roscas internas en sentido inverso, que sirve para unir tubos y otros perfiles cilíndricos.

Radial: máquina eléctrica compuesta de un disco que permite cortar y rematar ladrillos, piedras, metales y otros materiales.

Rascador eléctrico: herramienta que tiene forma de cuchillo con una punta doblada que se utiliza para rascar la pintura, el papel pintado u otro tipo de materiales, así como para eliminar el exceso de mortero en las juntas de los ladrillos.

Rasillón: ladrillo delgado y largo que se usa en la construcción de tabiques y paredes.

Rasqueta dentada: plancha pequeña de hierro, de cantos afilados y con mango de madera que se utiliza para quitar la pintura vieja o el barniz de una pared. La rasqueta triangular se aconseja para superficies lisas y la combinada para molduras.

Revocar: técnica que consiste en la aplicación de una fina capa de cemento o de mortero de cemento y cal que se da a las superficies de las paredes exteriores de una casa. Suele utilizarse para impermeabilizar las paredes y también para conseguir un acabado mucho más decorativo.

Riglo: tuerca con una rosca exterior grande y una rosca interior estándar que se utiliza para empotrar o unir piezas de madera.

Ristrel: listón grueso de madera.

Roedora: instrumento eléctrico que permite cortar chapas de acero de pequeño tamaño y chapas onduladas.

Rotomartillos: taladradora eléctrica que se utiliza para hacer perforaciones de alta precisión en madera, metal o plástico, así como para atornillar.

Roza: consiste en un canal o surco que se abre en los muros y paredes para empotrar cables o tuberías.

Regla: elemento de madera, metal u otro material rígido, de forma rectangular, que se usa para trazar líneas rectas y para medir la distancia entre dos puntos.

Sargento: herramienta metálica de gran tamaño que puede sujetar la pieza por ambos lados. Se suele utilizar para encolar puertas y muebles grandes.

Secante: o aceite secante. Aceite, principalmente de linaza o de cáñamo, que se añade a barnices y pinturas para acelerar el proceso de secado.

Sellante: producto que se utiliza como imprimación para tapar cualquier poro en la madera o para poder impermeabilizar una pared.

Sellar: técnica que consiste en impermeabilizar una pared o en tapar los poros en la madera.

Serrar: cortar o dividir con una sierra o un serrucho madera o metal.

Serrucho de costilla: sierra de mango recto que permite cortar maderas estrechos en sentido longitudinal y que se utiliza para trabajos delicados de marquetería.

Serrucho de tronzar: sierra de tamaño mediano con mango de madera o de plástico y hoja de dientes, específica para serrar longitudinalmente tablones macizos.

Sierra circular: máquina compuesta por hojas de sierra circular que sirve para cortar en círculos de diferentes tamaños.

Sierra de arco: elemento compuesto por un mango y una hoja de acero de dientes finos, que sirve para cortar madera de forma longitudinal o para serrar pequeñas piezas de metal.

Sierra de calar: instrumento compuesto por un arco de metal y una hoja muy fina, tensada y sujetada por palomillas, que se utiliza para realizar serrajes en vertical, realizar agujeros y para otros trabajos de marquetería.

Sierra de corona: instrumento provisto de una hoja circular que se utiliza para realizar con precisión cortes y agujeros en madera y metales.

Silicona: producto químico que mantiene la elasticidad después de su aplicado. Se utiliza para pegar o sellar diferentes materiales. Cuando la silicona es muy sólida, se usa también como aislante térmico.

Soldador: herramienta provista de una punta de aleación de cobre y empuñadura aislante que se utiliza para soldar diferentes metales.

Soldar: pegar y unir sólidamente dos piezas con una sustancia igual o similar a ellas. Las soldaduras más comunes se realizan con estaño.

Soplete: instrumento provisto de un tubo metálico por el que pasa el gas inflamable y que sirve para soldar o fundir elementos u objetos.

Taco de expansión: pieza tubular plástica que se introduce en un agujero de un muro o de una pared, en la que a su vez se inserta un tornillo o una alcayata.

Taladradora: máquina provista de un taladro que sirve para perforar. Existen taladradoras manuales para taladrar pequeños agujeros, y eléctricas para aquellos trabajos de mayor envergadura.

Tapagrietas: o masilla de madera. Pasta selladora que se utiliza para rellenar agujeros y grietas en la madera antes de pintarla o barnizarla.

Tapajuntas: listón, de madera o de metal, que se utiliza para tapar la unión del cerco de una puerta o de una ventana.

Tapaporos: producto químico que se utiliza como imprimación base para las pinturas acrílicas y como acabado de la madera después de aplicar un tinte.

Tela asfáltica: material recubierto de asfalto que se utiliza para impermeabilizar terrazas, tejados y patios. Existen tres tipos diferentes de tela asfáltica:

- Negra: está compuesta de antiadherente, oxiasfalto y fieltro de fibra de vidrio.
- Aluminio: compuesta por aluminio gofrado, oxiasfalto, tejido de fibra de vidrio y antiadherente.
- Pizarra: compuesta por oxiasfalto, fieltro de fibra de vidrio, antiadherente y capa de autoprotección mineral.

Tenaza: herramienta de metal compuesta por dos brazos trabados por un clavillo que sirve para sujetar fuertemente una pieza, para arrancarla o cortarla.

Tijera para metal: instrumento especial para cortar superficies chapadas.

Tiralíneas: instrumento de metal con forma de pinzas que se usa para trazar y marcar líneas de tinta más o menos gruesas. Las pinzas del tiralíneas se pueden graduar por medio de un tornillo.

Tiro: corriente de aire que produce el fuego de una chimenea.

Tope: pieza que sirve para impedir que el movimiento de un mecanismo pase de un cierto punto, por ejemplo, en una puerta o en una persiana.

Tornillo: pieza metálica compuesta por cabeza y rosca, destinada a unir distintas piezas. Existen en el mercado una infinidad de tipos de tornillos, siendo los más habituales los siguientes:

- Tirafondos: se trata de los tradicionales tornillos para madera, que disponen de la cabeza avellanada o esférica. También los hay de estrella o ranura, de latón, de acero inoxidable o de hierro.
- Tornillo de aglomerado: consta de una rosca hasta la cabeza y está disponible en distintas cabezas y materiales.
- Tornillo abc: es el tornillo de cabeza de estrella avellanada o esférica. Este tipo de tornillo es de acero inoxidable o acero.
- Tornillo de chapa: se utiliza para atornillar en metal, es de acero o acero inoxidable y tiene cabeza avellanada.

- Tornillo de barraquero: se trata de un tirafondo con cabeza hexagonal, de hierro o de acero inoxidable.
- Tornillo mecánico o tornillo de tuerca: suele ser de hierro, de acero, de acero inoxidable o de latón. Su forma es de cabeza hexagonal, avellanada o esférica. Además, también existen un sinfín de tornillos especiales para maquinaria o ensamblaje de muebles.

Torno: es una herramienta que se utiliza para tornear piezas metálicas o de madera. Las piezas se sujetan con unas mordazas para que éstas puedan ser trabajadas con unas cuchillas especiales de tornero.

Trementina: resina de pinos, abetos, alerces y terebintos que se utiliza para la limpieza de pinceles y como disolvente de algunas pinturas y barnices.

Triscado: consiste en la disposición de los dientes de una sierra, que están orientados de alternativamente a derecha e izquierda. El triscado sirve para que la abertura resultante del serrado sea más ancha que la hoja de la sierra. El utensilio para triscar se llama lizador o triscador.

Triscador: se trata de un instrumento de acero que permite torcer alternativamente, a uno u otro lado, los dientes de una sierra para que la hoja pueda correr sin dificultad por la hendidura.

Tronzadora: se trata de una máquina compuesta de dos mordazas horizontales y de un disco graduado giratorio que, mediante un sistema neumático, permite el corte de perfiles de aluminio y materiales plásticos.

Tronzar: dividir o hacer trozos de metal o aluminio. Se puede realizar de forma manual o con una herramienta eléctrica llamada tronzadora.

Tubillones: espigas o pequeños tacos de madera cilíndricos que permiten realizar uniones o ensambles en la madera.

Unión de solapa: o junta de solapa. Unión de dos piezas de madera sobrepuestas una encima de la otra.

Unión en horquilla: o ensamble de horquilla o tenaza. Ensamble de piezas en el que la espiga de la junta es, generalmente, un tercio del grosor de la madera. Se utiliza principalmente para el montaje de bastidores de sillas.

Unión en «T»: o ensamble en «T» a media madera. Unión en la que la cabeza de una de las piezas queda nivelada con el canto exterior de la otra.

Urdimbre: conjunto de hilos que se colocan en un telar para formar una tela.

Valle: ángulo del tejado en donde coinciden las dos superficies de una cubierta.

Válvula de mariposa: válvula compuesta por un disco que gira alrededor de uno de sus diámetros y que permite el paso del agua o del líquido en cuestión dependiendo de la posición más o menos abierta del disco.

Válvula de retención: válvula que evita el retorno del agua en una tubería.

Válvula de retención: se trata de una válvula que retiene el flujo del agua o de otro líquido por medio de un cierre automático.

Vano: parte de un muro en donde no hay un apoyo expreso para el techo o para la bóveda. Por ejemplo, en el caso de los huecos de las ventanas, de los huecos de las puertas o de los intercolumnios.

Vejiga: bolsa pequeña que se forma en diferentes superficies al pintar o colocar papel.

Vierteaguas: hoja o tira se material impermeable, principalmente metal flexible, que se usa para evitar el paso del agua entre la cubierta y otra superficie.

Viga: elemento de madera o acero que soporta el suelo o el techo en una edificación o casa.

Virola: collarín de metal que sirve para reforzar el mango de una herramienta. Es, también, parte de una herramienta que se introduce en el mango.

Yeso de París: se trata de un yeso muy fino que se utiliza para enlucidos interiores. Su nombre deriva de los grandes depósitos de yeso existentes en las cercanías de la ciudad francesa.

Yeso laminado: yeso que es utilizado en la ejecución de tabiques y particiones de interiores. Suele proporcionar acabados continuos y planos, además de mantener un elevado aislamiento acústico y protección al fuego.

Zanca: es un tablón entre dos pisos de altura de una casa, en donde se acoplan los escalones y las tabicas. Las tabicas son unas tablillas que cubren el hueco. La zanca del lado abierto de la escalera se llama exterior, y la adosada a la pared, zanca de pared.

Zapata: parte ajustable de un tornillo de apriete.